高速公路建设管理与养护技术

古传威　李少林　胡　杰　编　著

吉林科学技术出版社

图书在版编目（CIP）数据

高速公路建设管理与养护技术 / 古传威，李少林，
胡杰编著. -- 长春：吉林科学技术出版社，2022.11
　　ISBN 978-7-5578-9865-6

　　Ⅰ．①高… Ⅱ．①古… ②李… ③胡… Ⅲ．①高速公
路—道路建设②高速公路—公路管理③高速公路—公路养
护 Ⅳ．①U412.36②F540.3③U418

中国版本图书馆CIP数据核字（2022）第201505号

高速公路建设管理与养护技术

编　　著	古传威　李少林　胡　杰
出 版 人	宛　霞
责任编辑	安雅宁
封面设计	长春美印图文设计有限公司
制　　版	长春美印图文设计有限公司
幅面尺寸	185mm×260mm
字　　数	320 千字
印　　张	20
印　　数	1–1500 册
版　　次	2022年11月第1版
印　　次	2023年4月第1次印刷

出　　版	吉林科学技术出版社
发　　行	吉林科学技术出版社
地　　址	长春市福祉大路5788号
邮　　编	130118
发行部电话/传真	0431-81629529 81629530 81629531
	81629532 81629533 81629534
储运部电话	0431-86059116
编辑部电话	0431-81629518
印　　刷	三河市嵩川印刷有限公司

书　　号	ISBN 978-7-5578-9865-6
定　　价	120.00元

前　言

　　针对高速公路建设管理中存在的工程资料反复返工、工地例会形式化、工序安排不合理、监理责任心不强、试验检测工作不到位等问题进行了总结，提出了以管理为先和以人为本的理念、重视对人员的合理配置和管理、重视施工质量及进度和成本的管理、重视安全生产管理、做好文明施工、做好档案管理工作、强化质量责任的落实、强化标准和规范的执行等措施，取得了良好的效果，值得进一步学习和推广。养护是道路管理工作的主要组成部分，其养护效果与道路使用年限及使用安全性间存在着密切联系，特别是高速公路交通荷载较大，一旦养护技术运用不得当则直接影响高速公路正常运营。除重视养护环节外，持续优化养护技术手段对于提升高速公路性能及保证其运行效率具有不可比拟的积极作用。

　　沥青路面的养护是一项长期性的工程，但是在这个过程中必须贯彻"预防为主"的方针政策，对于路面中出现的问题要及时解决，而在正常运行的过程中则需要市场加强检查和处理，一旦发现问题就要及时解决。一般来说，沥青路面的养护包括预防性的养护以及修复性的养护，这两种养护都是针对于不同的路面情况进行的措施维护，但其核心的目的就是要提前发现路面的病害并及时处理，进而打造良好的路面环境，提高路面的运行质量，而在路面出现问题的时候则及时地进行修护。

　　本书从广义的高速公路项目建设管理过程入手，全面、系统地论述了高速公路的规划设计、建设实施、运营管理、企业化经营的全过程管理等内容，提出了高速公路建设以及管理工作中适用的基本理论和原理。本书的特点体现在：①本书根据相应的规范和法规进行编写，并接合实际管理经验，使得实用性较强。②本书增加实例内容，使得内容丰富、指导性强。

　　本书共八章，三十二万字，由广东交通实业投资有限公司西部沿海分公司古传威、广州市中心区交通建设有限公司李少林、广州快速交通建设有限公司胡杰共同撰写，其中具体撰写分工如下：第一章、第五章、第七章、由古传威撰写，共十二万字；第二章、第三章、第四章由李少林撰写，共十一万字；第六章、第八章由胡杰撰写，共九万字；全书由古传威负责审校、统稿。

本书既可作为交通管理、交通工程等相关专业辅导用书，也可作为从事高速公路建设、管理工作有关人员的参考书籍。

目　录

第一章　高速公路现代化管理系统

第一节　概述

高速公路现代化管理系统，包括通信系统、监控系统、收费系统、电源系统等。可以说，现代化管理系统是采用先进的电子设备，对交通、收费、路况等进行监控和管理的总称。它涉及系统工程、交通工程、电子通信、计算机、电视摄像、录像广播等专业技术，是一个多学科的、技术密集的系统工程，是高速公路管理的中枢，其管理的好坏，直接影响高速公路安全、快速、舒适和高效能的发挥。下面详尽地介绍现代化管理系统的构成、功能及设施、设备在系统中的作用。

现代化管理系统投资大、技术复杂，占用人员较多。刚修建的高速公路交通量在一些地区不会立即上去，因而可根据各地情况，分期、分段实施，但一定要在高速公路建设初期，就应统一规划，考虑发展，预留各种管线、机房、道口位置等。

高速公路现代化管理系统的分类，一般有两种方法：

一是按系统功能划分，主要包括通信系统、监控系统、收费系统和电源系统四部分。每个系统又包含若干功能单元，每个功能单元可完成一些特定的功能。

通信系统，包括干线通信（微波、光纤等）、移动通信、程控交换、紧急和指令电话等系统设备。完成的主要任务是：根据规定的技术要求确保全系统数据、命令、图像及语音信息传输的及时性和准确性。

监控系统，包括数据采集（主干线和匝道）、中心控制、情报显示、电视监视等系统设备。主要完成实时采集、记录和显示交通流数据、事故信息、气象信息，并据此判断各路段交通状况，发布交通控制信息，对全线交通状况进行控制和调度。

收费系统，包括出、入口检测和收费控制等系统设备。实现的主要功能：收费口交通量统计和车辆分型，按标准收取通行费并发放收据，汇总、整理收费的有关数据和交通流数据，传送到上一级计算机和监控中心进行处理，并根据监控中心发布的命令，对出入高速公路的车辆进行控制和调节。

电源系统，包括交流供电、直流供电、接地系统及路面供电系统等设备。主要功能：按照规定的技术要求，不间断地对机房内部设备和外场终端安全供电。

二是按信息流程划分，主要由信息采集系统、信息传输系统、信息处理系统及信息提供系统四部分组成。

信息采集，主要包括路面信息采集、匝道信息采集与收费口信息采集等。

信息传输，主要是通过信息传输媒介（光纤、微波、电缆等媒体）传输数据、话音和图像等信息。

信息处理，主要包括对数据、话音、图像等信息的处理和分析，通过人工或自动决策，提出相应的控制命令。

信息提供，主要是将决策的命令信息，通过道路和收费口可变情报板、可变限速标志及路侧广播等终端设备，提供给司乘人员。

下面分别对通信、监控、收费、供配电四个系统予以介绍。

第二节　通信系统

一、通信的基本概念

通信是人与人、人与机器间的信息交换。发信者称为信源，收信者称为信宿。在现代通信中，信源和信宿可以是人，也可以是计算机或其他机器设备。人类很早就用吼声、击打声、火光等传递有关信息，自从有语言和文字以后，为了交流和沟通就有了通信的要求。真正的通信技术始于19世纪40年代，在这一年美国的塞缪尔·莫尔斯和艾瑞德·维尔发明了电报（莫尔斯电报），它是一种简单的通信媒体。20世纪中晚期发展起来的现代通信逐步形成了信息网络，它是一种现代通信网系统，是集信息服务与计算机技术为一体的现代通信网，它是一种复杂的通信媒体。现代通信技术发展日新月异，在人们的生活和生产中发挥着越来越大的作用。

（一）媒体

现代，将通信系统看成传送信息的媒体。媒体（media）一词用来描述信息传输系统，可能更概括一些。国际电信联盟，电信标准化部ITU-T将媒体分为以下几类：

1. 感觉媒体（Preception medium）

是指能够直接作用于人的感觉器官，使人产生直接感觉的媒体。例如引起听觉反应的语言、音乐、自然界的其他声音；能引起视觉反应的文字、图形、图像和自然景象等，均属感觉媒体。

2. 表示媒体（Representation medium）

是指传输感觉媒体的中介媒体。例如，声音、图形、图像的各种编码等，均表示媒体。

3. 显示媒体（Presentation medium）

是指电信号和感觉媒体之间的转换媒体。例如，计算机键盘、光笔、扫描器、摄像机、话筒等，称为输入显示媒体；而计算机显示器、可变情报板、大屏幕投影仪、喇叭、打印机等，称为输出显示媒体。

4. 存储媒体（Storage medium）

是指存储表示媒体的媒体。例如，磁带、硬盘、光盘（CD、DVD）、半导体存储器等，均属存储媒体。

5. 传输媒体（Transmission medium）

是指传输表示媒体的物理实体。例如，电缆、光缆、大气空间等，均属传输媒体。

通常也可将载送信息的媒体分为：记录媒体（record media）和实时媒体（real-time media）。书籍、资料、报纸、书信、电影、录音带、录像带、光盘（CD、DVD）等，均是记录媒体，它们都携带有信息，它们提供的是非实时信息；实时通信系统（如对讲、电话通信等）、现场直播电视等，均是实时媒体，它传送的是实时信息。

所谓多媒体（medium）信息，既有实时信息，如电话、现场直播电视等，也有非实时信息，如文字、情报、资料等，现代通信媒体应能传输多媒体信息。

在光纤传输技术高速发展的今天，多媒体通信将成为今后的基本通信方式。多媒体通信技术，将通信的分布性、电视的真实性和计算机的交互性融为一体，为人们提供丰富多彩的信息享受。随着多媒体通信技术的广泛应用，将改变人们的工作、生活和娱乐方式。

（二）传输方式

电磁波，就是在真空中以光速传播的交变电磁场，在通信系统中作为信号的载体，按电磁波传播的介质不同，可分为有线传输和无线传输两种形式。

1. 电磁波的有线传输

将电磁波束缚在波导空间，由波导引导的传输方式，称为电磁波的有线传输。这里所指的波导可以是双绞线传输线、同轴电缆传输线和光纤传输线等。现代通信以光纤通信为主体，采用电磁波有线传输。

2. 电磁波的无线传输

电磁波不受波导空间约束的传输方式，则为电磁波无线传播，此时的电磁波通常称为无线电波。无线电波传播虽不受波导空间的约束，但却受地球表面及其外围空间的影响。严格地讲，这也是一个"波导"空间，是一个比有线传输的波导空间更广阔更复杂的波导空间。现代微波通信、移动通信和卫星通信，均采用电磁波无线传输。

（三）信号类型

通信的实质并不是直接传递感觉媒体的实际物理量，而是将表达消息的感觉媒体（通常是一些非电物理量）通过显示媒体转换为电物理量（电流、电压）。例如，电话机的送话器（显示媒体）将发话人的声压转换为相应变化的电流；电视摄像机将图像景物的光感，转换为相应变化的电压等，都是通信中的转换过程。于是，消息经过转换、调制和编码等处理转换为信号。信号是消息的载体，信号按其本质特征，可区分为模拟信号和数字信号两类。

1. 模拟信号

消息经转换处理后，所得到的初始电信号是一种模拟信号，称它为连续信号，它是随时间连续变化的函数。传输模拟信号的通信系统，称为模拟通信系统。

2. 数字信号

如果将模拟信号经过所谓抽样、量化和编码处理，就可以得到相应的数字信号。数字信号在时间上、取值上均是离散的，是离散信号。传输数字信号的通信系统，称为数字通信系统。

（四）通信方式

对于点与点之间的通信，按消息传送的方向与时间关系，通信方式可分为单工通信、半双工通信及全双工通信三种。

单工通信，是指消息上只能单方向传输的工作方式，如遥控、遥测、广播等，就是单工通信方式。

半双工通信，是指通信双方都能收发消息，但不能同时收发的工作方式。如同一载频工作的无线对讲机，就是按这种通信方式工作的。

全双工通信，是指通信双方可同时进行收发消息的工作方式。如普通电话就是一种最常见的全双工通信方式。除了点与点之间的通信外，还有点与多点、多点与多点之间的通信，多点间的通信属于网络通信。显然，网络通信的基础仍是点与点之间的通信。

二、高速公路通信系统

（一）高速公路通信的网络结构

高速公路通信技术，从简单的无线对讲系统到800MHz的无线集群系统；从单纯的电话业务到包括话音、数据和图像等多种信息的综合通信；从小容量微波通信到SDH系列数字光纤传输系统。随着我国高速公路建设的飞速发展，作为支持和服务系统的高速公路通信系统，也在快速发展并日臻完善。它不仅要实现话音的传输，还要实现监控图像和收费数据的传输；它不仅要保证高速公路管理部门之间的联络，还要保证管理部门与社会各有关部门的通信联系。因此，高速公路通信系统，已是高速公路现代化管理必不可少的基础设施。

我国高速公路通信网的层次，一般是三级管理，即省高速公路管理局（公司或中心）负责全省高速公路运营管理，通信机构为通信中心；高速公路管理处负责所辖路段高速公路运营管理，通信机构为通信分中心；收费站负责高速公路运营管理，一般都设有监控室（通信站），负责站区内的通信。按照这三级管理模式，形成相应的三级通信网。

1. 省级网

它包括省高速公路管理局与各路段管理处，以及各管理处之间的通信，属主干线通信。网内主要是省局与各管理处之间的纵向业务，包括电话、数据、图像、报表、电视会议等。其特点是通信业务量大，网络结构复杂，通信距离长，属长途通信网。

2. 路段网

它包括各路段管理处与所属路段内的管理所、收费站、服务区等部门之间的通信，属区间通信。由于我国高速公路的管理体制基本上是以路段为单位，由各路段管理处具体负责该路段的运营管理、实施收费、交通监控和调度，所以通信业务主要为路段内部通信。其特点是通信业务量大，业务种类多，通信距离中等，属长途通信网。

3. 站级网

它是路段内各通信站与该站服务范围内各类用户之间的通信，属站内通信。其特点是通信业务量相对较小，实时性强，通信距离短，属局域网结构。

高速公路各站、所、处的地理位置是沿公路呈线状分布，省级网与路段网结合组成了主干线传输系统。

（二）高速公路通信系统建设的基本要求

（1）高速公路通信系统是交通专用通信网的重要组成部分，它的建设应该在交通专用通信网统一规划下进行。全网应采用统一的技术标准,建立统一的网络管理系统,以利于专用通信网的建设、运行、维护和管理。(2)为了便于分期实施,建设通信系统时,应贯彻信道优于终端设备的原则。设计方案不仅要满足本路段通信业务的需求,而且要考虑到各路段通信系统联网的要求。(3)根据交通专用通信网自建、自管、自用的原则,应在通信系统建设的同时,建立一支专业化的通信设备维护管理队伍,以保证通信系统的正常运行,充分发挥其作用。(4)当前世界已进入建设信息高速公路的新时代,通信技术发展迅速,更新换代很快。因此,高速公路通信系统的方案设计起点要高,尽量采用高新技术。在经济条件许可的前提下,设备选型时,应优先考虑先进性、可靠性和兼容性,便于将来的扩容和联网。

(三)传输对象

1.语音

广播、对讲及点对点电话等语音通信。

2.数据

有关收费的数据(车号、车型、吨位、行车里程、金额等);有关交通流的数据(车速、车流量等);有关环境的数据(温度、CO浓度、烟尘等)等数据。

3.图像

有关收费亭、收费车道及收费广场的收费及车辆通行状况;重点道路、大型桥梁及中大型隧道的交通状况;电视会议等图像。

(四)高速公路通信系统的设计目标

当前高速公路通信系统发展的趋势是,高速公路通信系统的建设主要以路段通信网和省级通信网两种方式建设,对于省际高速公路通信一般采用公共电信网进行通信。

1.省级通信网的设计目标

(1)实现省高速公路管理局与省内高速公路各路段管理处的通信联网,建立交通管理部门内部综合通信专用网。(2)根据交通行业管理的要求,专用网应确保话音、数据及图像等各类信息准确、及时地传输,在专用网内部建立电话交换网、数据传输系统和图像传输系统。(3)干线通信以数字光纤通信为主,数字微波通信为辅。采用SDH系列设备,构筑数字同步传输网。(4)以数字程控交换机为核心,建立数字交换网。不仅能满足电话业务的要求,而且能实现数据交换、调度指挥、电话会议等各种功能。(5)方案设计起点要高,积极采用高新技术,方案统一设计,统一技术标准,便于分期实施和联网,留有充分余量,便于扩展和升级。

2. 路段通信网的设计目标

（1）为本路段公路管理及收费、监控系统提供不间断的通信手段，保证实时的话音、数据、文字和图像通信，并有足够的能力适应综合通信系统的扩展。（2）数字程控交换系统具有话音、数据通信的能力，并能在今后适应综合业务数字网标准。（3）能满足远期扩容及与省级网、电信公用网的联网要求。（4）全线配置独立的应急电话系统，构成本路段专用安全电话网。

（五）高速公路通信系统的基本功能及组成

高速公路通信系统的基本功能是，确保话音、数据及图像等信息准确及时地传输。高速公路通信系统由以下部分组成：

1. 主干线传输

作为交通专用通信网的通信主干线，不仅要满足省、路段两级网的传输要求，还应考虑省内各地区交通部门的通信需要。

2. 业务电话

是通信系统基本的通信业务，包括网内各管理机构的业务电话和个人电话，应能实现专用网内用户和公用网用户之间的通话。

3. 指令电话

为在高速公路内部进行交通管理和调度指挥服务。指令电话调度台对分机应具有选呼、组呼、全呼等功能，它包括有线指令电话和无线指令电话。

4. 紧急电话

是高速公路内部专用的安全报警电话，它为高速公路使用者提供紧急呼救求援的通信手段。

5. 数据传输

包括收费系统内部的计算机数据通信网络和监控系统内部的计算机数据通信网络。通信系统要统筹为这三个系统提供信号传输通道。

6. 图像传输

包括CCTV交通监视图像及电视会议图像传输，通信系统应为各类图像信息提供传输信道。

7. 广播

包括路侧道路情报广播及交通信息电台广播。其中路侧道路情报广播由各路段通信系统实施，而交通信息电台广播一般由各省统一组织建台实施。

8.通信电源

包括交流供电系统、直流供电系统、柴油发电机系统、不间断供电系统以及通信机房的接地系统。

9.通信管道

为穿通信线缆而铺设的高密度聚乙烯（HDPE）管道及HDPE硅管。

三、有线对讲系统和紧急报警系统

（一）有线对讲系统

在收费站配备内部有线对讲系统，能够为收费站监控室与收费亭之间提供语音通道。内部有线对讲系统由主机、若干分机和通信线路以及电源构成，主机安装在收费站监控室控制台上，分机安装在收费亭内，分机由麦克风、扬声器和一个"呼叫"键及外壳组成。内部对讲系统由主机控制，主机可以24小时对每个收费亭实施监听。

内部对讲系统应满足以下功能要求：（1）主机向分机呼叫时，必须按下响应"呼叫"键才能进行通话，分机与主机的通话则采用免提方式。（2）各分机之间不能通话。（3）主机设有一个"全呼"键，以便通过主机向所有的分机进行广播。（4）分机通过按"通话"键也可向主机呼叫，此时主机上产生声音提示，并由可视信号显示相应的分机号。

在主机与一部分机通话时，若有第二部分机向主机呼叫，则在主机上有可视信号显示第二部分机号，但此时的声音提示将被抑制，直到第一部分机的通话结束。

内部对讲系统的设计应尽可能地减少交通噪声对语音传输的影响；设计时还要考虑主机的容量、主机与分机之间连接允许的最大距离等。

（二）紧急报警系统

紧急报警系统由设在收费亭内的报警开关、设在监控室的紧急报警器以及与闭路电视的矩阵切换器相联动的报警控制器和信号电缆所组成，报警开关根据具体情况可选用脚踏式或按钮式。当收费员触动报警开关驱动报警时产生报警信号，紧急报警器产生蜂鸣声，同时视频矩阵切换控制器中的报警自动切换器利用报警信号将收费亭内的图像切换到监控室指定的监视器及时用录像机或硬盘录像机，为增强效果，还可利用闪光报警器告警。紧急报警系统设计时，应注意报警开关的设置位置，既要方便收费员在不被察觉的情况下使用，又要防止正常收费操作时经常误触开关；另外，紧急报警器蜂鸣声应能使监控室内的人员清楚地听到。

四、程控数字交换系统

（一）程控交换机的基本组成

程控数字交换系统是以程控数字交换机为核心的通信网，在技术上实现传输和交换的数字化。程控交换机，是指用计算机控制的交换系统，它由硬件和软件两大部分组成。这里所说的基本组成只是它的硬件结构。

1. 话路系统

它由交换网络、用户电路、中继器和信号终端等组成。交换网络的作用是为话音信号提供接续通路并完成交换过程。用户电路是交换机与用户线之间的接口电路。中继器是交换网络和中继线之间的接口。信号终端负责发送和接收各种信号，如向用户发送拨号音、接收被叫号码等。

2. 控制系统

控制系统是整个交换机的核心，负责存储各种控制程序，发布各种控制命令。它由扫描器、驱动器、中央处理器、存储器、输入输出系统等构成。控制系统的功能是对呼叫进行处理，对整个交换机的运行进行管理、监测和维护。

3. 软件系统的结构

程控交换机的软件系统，从总体上可分为运行软件和支持软件两大部分。运行软件，是指交换系统进行呼叫处理、管理和维护等工作所需的程序和数据，是在线运行的；支持软件，是指编译程序、模拟程序和连接编辑程序等，它是在编写和调试程序时为了提高效率而使用的程序，是脱机运行的。

根据功能不同，运行软件又分为操作系统、数据库系统和应用软件系统三个子系统。

操作系统的功能与普通计算机的操作系统类似，它是交换机硬件与应用软件之间的接口，其作用是任务调度、硬件和软件资源的分配、作业流程的组织、交互协调、故障检测和处理等；数据库系统对软件系统中的数据进行集中管理，实现各软件对数据的共享访问，并提供数据保护等功能；应用软件是直接和交换处理及维护有关的程序，其作用是进行呼叫处理、设备维护和运行管理。

（二）程控交换机的功能

程控交换机能提供多种方便、灵活的服务功能。

1. 自动振铃回叫

当主叫用户拨完被叫用户号码以后，如果被叫用户正在通话，则主叫用户可以拍叉簧，拨自动回叫的业务号码，然后挂机等待回叫。一旦被叫分机通话完毕显示闲时，交换机便自动振铃先通知主叫，主叫摘机以后，再向被叫振铃，被叫摘机即可互相通话。

2. 缩位拨号

这项功能使得用户可以对使用频繁的电话号码用缩位码来代替，采用缩位码后使得用户便于记忆，并且节约拨号时间和减少错误。

3. 热线服务

有些电话使用频繁，如领导或调度的专线电话，最好不需拨号就能接通，这就是热线服务。用户事先可拨业务号登记某一被叫用户为热线服务用户，这样只要该用户摘机就可以自动接至所登记的被叫用户，不需要拨号。

4. 呼叫转移

呼叫转移，也叫电话跟我走。当用户外出时，可登记呼叫转移，将凡是呼叫本话机的电话，全都转至另一指定电话上。

5. 呼出限制

使用这项功能，等于为电话加装一把密码锁。可根据需要，限制对外拨打市话或长途电话，以便有效地防止电话被人盗打，从而节省通话费用，避免不必要的话费纠纷。

6. 呼叫等待

这是一种提高呼叫接通率、避免重复呼叫的方法。当具有呼叫等待功能的用户A正与用户B通话时，又有用户C呼入。由于呼叫等待功能，用户C可以听回铃音，而用户A则听到等待音，表示有新的呼叫打入。这时，他可以拍叉簧暂时中断与用户B通话，而先与用户C通话。通话完毕后再拍叉簧又可以恢复与用户B的通话。与两方的通话是互相隔离听不到的。

7. 三方通话

当具有此功能的用户和一方在通话时，可以根据需要拨叫第三方加入通话，这时三方可以共同通话，也可分别进行两方通话。

8. 免打扰

有些用户有时需要集中精力工作或者安静休息，不希望有电话打扰。此时可使用免打扰功能，以便得到一个安静的环境。

9. 闹钟叫醒

有些用户常由于事忙而忘记事先约会，或睡过头耽误要办的事情。如果开通闹钟叫醒功能，就不必担心上述问题了，交换机则按用户的设置，在指定时间自动振铃，提醒用户。

五、紧急电话系统

（一）紧急电话概况

紧急电话系统，为行驶中的车辆客户提供呼救求援电话，使管理部门能够及时处理各种紧急情况。为了安全可靠，它独立于其他通信系统。紧急电话有无线和有线两大类型，我国普遍采用有线紧急电话系统。

高速公路紧急电话系统，由安装在公路两侧的紧急电话亭（分机）和在高速公路管理部门配置的紧急电话中心控制台（总机）及信号传输系统组成。它是一种专用电话系统，不进入公用电话网。实践表明，紧急电话系统是高速公路发生意外后，及时获得信息并立即启动应急救援，保证高速公路安全、畅通的应急措施。

1. 系统功能要求

高速公路紧急电话系统的主要作用，是为高速公路的使用者提供救助，该系统应使用户能及时与高速公路管理部门取得联系，而管理部门则要立即确定呼叫者所在位置，以便迅速处理。因此，该系统应具有以下功能：（1）控制台对全线所有电话亭全部开放，无一闭塞。（2）免提呼叫，以便路上遇到困难的司乘人员或受伤人员的呼救。（3）用户在电话亭紧急呼叫，控制台可立即和电话亭建立线路连接并确定其位置。（4）控制台具有记录、存储呼叫信息和通话内容的功能，可直接联络交警等救援单位。（5）系统具有远端自动测试能力，能及时上传电话等设备的运行状态。（6）系统可靠性高，平均无故障时间保持在80000h～100000h（蓄电池除外）。（7）有条件的公路应设立隔音屏，以隔离车辆行驶噪声对通话的影响。

2. 线路网络组织

根据功能要求，线路网络以控制台为中心，采用连接器建立以若干条支线为主干的星形网，每一支线可连接上百门电话，以半双工方式工作。支线普遍采用星绞四芯铜缆，以减轻串音。四芯铜缆，由两对具有相同纹距的对绞线组成，一对用于控制台至话亭，另一对用于话亭至控制台。电缆一般铺设在预埋于路面下的通信管道内。现在也常直接用光缆作为传输介质，信号质量会更好一些。

3. 系统构成

紧急电话系统，由控制台、传输线路（传输媒质）和电话分机三个部分组成。

（二）紧急电话亭

紧急电话亭分主、副电话亭，按1对/km、最大间距300m，分别布设在高速公路两侧的路肩上，通常相对或错开成对出现，每个话亭都按它在公路上的位置编号。

1. 紧急电话亭的功能

（1）接受客户的呼叫，与控制台话务员进行通话。（2）接收和管理控制台的呼叫，响应控制台启动的测试。（3）测试和远程控制功能的呼叫管理。（4）向控制台呼叫时，对信号碰撞现象的安全保证。（5）亭前40cm处测得的额定声能级为90dBA。（6）安装事故报警闪光灯或粘贴反光膜，以利夜间辨识。

2. 主要结构

紧急电话主亭的结构：①上装配门；②扬声器；③按键；④话筒；⑤蓄电池；⑥下装配门；⑦亭基；⑧接线盒；⑨连接线；⑩集成电路模块。

副电话亭与主电话亭的区别是，没有集成电路板，其话筒、扬声器和按键功能，都由主电话亭电路板并接线路控制。

3. 紧急电话亭电源方式

（1）由紧急电话控制台进行直流电远距离供电。（2）分机配备蓄电池，平时由控制台进行直流电压浮充，分机工作时由蓄电池供电（3）各分机配备太阳能蓄电池独立供电。（4）各分机配备蓄电池独立供电，定期更换充电。

（三）系统控制台

紧急电话系统控制台，设置在公路监控（分）中心的监控室内，与其他监测（视）设备配合，有利于迅速、准确地判别交通事件发生地点、时间、严重程度和客户求援的内容。控制台可以像话亭一样并联到任一个连接器，与之相连的计算机通过它对整个系统进行控制。

1. 控制台基本功能

（1）识别、定位和显示话亭呼叫；建立控制台和电话亭的接续，并进行通话。（2）对系统进行人工和自动测试；储存和显示同时发生的呼叫。（3）呼叫保持，即中断与该电话亭的接续，存储和在屏幕上显示该电话亭号。（4）呼叫恢复，即与保持中的电话亭再建立接续。

2. 控制台的设备配置

控制台包括一台工控PC机及相应的外设；各支线连接器与主机（主连接器）连接，主机通过RS232C与计算机连接并管理其他连接器。机旁有两部电话，一部与路侧电话亭通话，并接录音机，以录存客户与值班员的通话；另一部通电话网。计算机显示器用以显示有关信息和测试结果；键盘和鼠标用于处理呼叫和键入运行命令；高速并行打印机，用于打印测试结果和运行报告；计算机的串行输出为大型动态显示屏幕提供数据；带有串行接口的打印机可设在远端，经调制解调器打印记录和测试结果；音响输出，可将值班员与客户的通话送至远端；数据输出供有关部门拷贝数据库。

控制台要定期对整个系统进行测试，以保持系统任何时候都可正常运行。

六、光纤数字通信系统

（一）光纤通信

光纤通信是以光导纤维为媒体，传输光脉冲信号的通信方式。近年来，我国光纤通信突飞猛进，已建成主要大城市的光缆互联通信网。高速公路通信目前也普遍采用光纤数字通信系统，将语音、数据、图像等信号送入光纤作专线传输，并对整个通信网络进行管理，以取得良好的通信效果。

1. 光纤数字通信特点

光纤通信特点为：信号载体是波长为 $0.8 \sim 1.61 \mu m$ 的单色近红外光；信号传输介质是以石英为原料的光导细纤维。通信质量由产生光波的光源和传输光波的光导纤维决定。

目前，光源有半导体激光器和发光二极管两种，都能产生稳定和方向性极好的红外光。红外光由于损耗低，可以搭载大量信息，以高速低耗传输而成为优秀的信号传输媒体。

光纤是一种直径为 jun 级的细石英丝的介质光波导体，具有将光封闭在其中并沿轴向传播的导波结构。光纤通信能高速发展与它的下述特点有关：（1）容量大、频带宽，传输速率高。（2）损耗低，目前100km长的光缆线路无须设中继站，超大规模集成电路使光电合成设备出现，极大地减小了设备功耗和设备体积，系统成本大幅下降。（3）可靠性高，平均误码率低于10-9（光缆长度小于480km），可用多芯光纤组成自愈环状网，当网络出现故障时，信号被自动切换到备用光缆。（4）抗干扰性强，光纤传输对外界无干扰，也不接受外界干扰，保密性很好。

2. 光纤数字通信系统基本组成

严格来讲，目前的光纤通信是光电通信。它将信源信息先转换成电信号，再将电信号变换为光脉冲输入光纤，以极高的速度传送至接收端进行光/电逆变换，最后将电信号转换为信宿可以理解的信息。系统的基本组成设备说明如下：

（1）DTE

数据终端设备，如计算机、电话、摄像机、监视器和传真机等；

（2）电发射端机

将DTE发来的各种信号（语音、图像等）转换成二进制电脉冲；

（3）输入接口

变换输入码型，以保证转输平衡码流；

（4）光发射端机

将电信号转换为光信号，即E/0变换；

（5）光接收端机

将光信号转换为电信号，即0/E变换；

（6）输出接口

码型变换；R、S为光通道接口参考点；

（7）电接收端机

将数字信号还原为DTE可以理解的信息；

（8）光中继器

当光信号幅度衰减和波形失真时，恢复信号原有脉冲形状；

（9）光缆线路

由多条光纤组成的传输线路；

（10）网管及辅助设备

对通信网的运行性能、配置、故障和安全进行管理；保证电源供给等。

（二）光纤导光原理

光束射到两种不同媒体的界面上会发生折射和反射，其规律可用菲涅公式表示：

$$n_1 \sin\theta_1 = n_2 \sin\theta_2$$

式中，θ_1、θ_2为入射角和折射角，n_1、n_2为纤芯和包层两种媒体的折射率。

（三）光纤和光缆

1. 光纤

光纤的全称为光导纤维，它由纤芯、包层和保护层组成。

纤芯为纤细的实心玻璃丝，直径5～50μm，以熔融石英为基质材料，掺杂少量硼、磷、锗，以提高其折射率，并使损耗降至最低。

包层材料为纯石英，包裹在纤芯外层，形成同心棒形式；其折射率略低于纤芯。

保护层有两个涂敷层，包层外的一层涂敷层很薄，材料通常为硅树脂，附着在包层外表面以隔绝空气中的水分和其他有害物质的侵蚀。一层尼龙类塑料，进一步增加光纤强度，以便进行成缆或其他施工操作。

光纤按传输光的模数来分可分为单模光纤和多模光纤。模数是光波模式的数量，模式是电磁波的一种分布形式。单模光纤是只传一种模式（主模）的光纤，没有模式色散，其带宽和容量很大，适用于大容量长距离的光纤通信。能传输多种模式光波的光纤称为多模光纤，多模光纤又可分为多模均匀性光纤和多模非均匀性光纤，一般应用较多的是多模非均匀性光纤，其带宽、容量等性能比多模均匀性能要好。单模光纤的性能比多模光纤要好，目前光纤通信主要使用单模光纤。

2. 光缆

光缆是由一根或多根光纤制成的符合光学、机械强度等要求，并能在各种环境条件下使用的

（1）光缆的结构

光缆由缆芯、加强元件和护层组成。缆芯常由多根经二次涂敷处理后的光纤组成。加强元件用钢丝、合成纤维、增强塑料制成，顺轴向布置在缆芯中心或四周。护层要求耐压、防潮、防燃和防腐等，常用聚乙烯作内层，外层用铝带或塑料。

（2）光缆的种类

光缆的种类很多，分类方法更多，根据结构、性能、材料、工艺、铺设方式、用途等，可有不同的分类。以下介绍几种分类：

在一般通信网中，光缆可分为市话光缆、长途光缆、海底光缆、用户光缆。若根据网络的类型还可分为有线电视网络光缆、计算机网络光缆、综合数字业务网络光缆等。

按光纤的种类可分为单模光缆、多模光缆；按光纤结构组成还可分为紧套光缆、束管光缆、带状光缆、多芯单元光缆等。

按芯线数可分为单芯光缆、双芯光缆、四芯光缆、八芯光缆、十二芯光缆、二十四芯光缆、四十八芯光缆。

按加强配置的方法可分为中心加强构件光缆、分散加强构件光缆、护层加强构件光缆等。

按铺设方式可分为管道式光缆、直埋式光缆、架空光缆、水底光缆等。

按传导介质状况可分为无金属光缆、普通光缆、综合光缆等。

目前，通信用光缆主要可分为室外光缆、室内光缆、设备用光缆、海底光缆、特种光缆等。

（四）光纤通信的主要硬件构成

光纤通信传输系统是由光传输设备（光发射机、光接收机、光中继器）、光路无源器件（光纤连接器、光定向耦合器、光衰减器与光隔离器等）以及远供电源、光纤（缆）所组成的。

1. 光传输设备

（1）光发射机

在光纤通信系统中，光发射机的作用是把从电端机送来的电信号转变成光信号，送入光纤线路进行传输。光发射机的关键器件是光源。

（2）光接收机

光在传输的途中，幅度衰减，波形被展宽变形，光接收机的任务是接收这些微弱信号，放大并转换为电脉冲信号。光接收机的关键器件是光电二极管。

（3）光中继器

光脉冲信号在传输过程中受光纤损耗和色散的影响，信号幅度衰减，波形扩展失真，从而限制了传输距离。为此，需要在传输一定距离后，加设一个光中继器，以放大衰减的信号，恢复失真波形，再生光脉冲。

光中继器先作光/电转换，再作电信号均衡放大，时钟提取和判决再生，最后作电/光转换。因此，光中继器是在光接收机和光发射机中间插入一个电信号中继器组成。

2. 光路无源器件

（1）光纤连接器

光纤连接器又称为光纤活动连接器，俗称活动接头。它用于设备（如光端机，光测试仪表等）与光纤之间的连接，光纤与光纤之间的连接，或光纤与其他无源器件的连接。它是组成光纤通信系统和测量系统不可缺少的一种重要光路无源器件。

（2）光定向耦合器

在光纤通信系统或光纤测试中，经常要遇到需要从光纤的主传输信道中取出一部分光作为监测、控制等使用，有时需要把两个不同方向来的光信号合起来送入一根光纤中传输，这些工作，都需要光定向耦合器来完成。

（3）光衰减器

当输入光功率超过某一范围时，为了使光接收机不产生失真，或为了满足光线路中某种测试的需要，就必须对输入光信号进行一定程度的衰减。

（4）光隔离器

光隔离器是保证光纤单向传输，避免因线路、器件等各种因素而产生的反射光再次进入激光器或其他设备的器件。

3. 远供电源

远供电源是为光中继设备特别是为远离市电的光中继设备提供专门服务的。

七、集群移动通信系统简介

移动通信，指移动体与固定体或另一移动体之间的信息交换，它必须采用无线方式。在高速公路的运营管理中，无论是养护管理、路政管理、交通管理，都可使用移动通信。

我国划定的移动通信频率从29.7~4999MHz、共分15个频段。小于100MHz频段的特点是传播损耗小，地形地物影响小，但噪声电平较高，适合在通信距离稍远（50~80km）环境噪声不大的情况下使用。频段高端（1000M左右）传播损耗大，但环境噪声小，电波穿透能力强，适合城市近距离使用。若信道间隔相同，则高频段可划分的信道数多。我国的集群通信使用的频率在800M频段，是指在806~821MHz和851~866MHz频段上，共有600个信道，信道间隔为25kHz。

在我国已建成的高速公路上，已建立了一些专用移动通信系统。但无论是简单的单信道一呼百应系统以及改进的选呼系统，还是后来发展的多信道自动拨号系统，都属于传统的专用移动通信系统。其特点是信道"专有"，即用户在通话过程中，双方使用的频率是固定的。因此用户一旦选择了某一信道，那么它只能在这一信道上工作，直到通信结束。如果这一信道被占用，无法选择其他空闲信道，就会出现阻塞。所以，其最大的缺点是：频率利用率低，有些信道出现阻塞，从而降低通信质量。无线电频率是宝贵财富，要充分利用有限的频率资源。为此，交通运输部有关文件明确规定以800MHz集群系统作为交通专用移动通信网的主要通信方式之一。因此，以下主要介绍集群移动通信系统。

（一）集群的概念

"集群"是专用业务移动通信系统高层次发展的形式，是针对传统的专用移动通信系统的缺点而产生的。"集群"的含义是"系统具有的全部可用信道可为系统全体用户服务，具有自动选择信道的功能"，它是共享资源、分担费用、共享信道设备和改善服务的多用途、高效能的无线调度系统。具体地说，是指有限通信信道在中心控制台的控制下，自动地、动态地、最优地指配给系统内全部用户使用。其中的关键是中心控制台按动态信道指配的方式将系统内信道分配给要通话的用户通信。集群通信系统是多个用户用一组无线信道，并动态地使用这些信道的专用移动通信系统，它主要用于专网的指挥调度通信。

（二）移动通信工作方式

根据通信状态和频率使用方法，移动通信可分为单频单工，半双工和双工三种制式。

单频单工制：单频指通信双方采用同一频率。单工指通信双方操作均采用"按一讲"方式。平时，双方接收机都处于守听状态。如A台需要发信，按下发射键，接收机关闭，发射机通电以频率F发出载有信息的电磁波；处于接收状态的B台则接收信息。A台发完信号，松开发射键，回至守听状态。B台如要发信，也按同样步骤操作。此制式的优点是设备简单、轻巧，收发信机相互影响小、造价低，组网也方便。缺点是按键通信，操作不方便，易造成通话的人为断续；邻近频道工作时，易产生较强干扰，且难于进入公用通信网。

半双工制：通信双方有一方（基地台）采用收、发信机同时工作的双工方式，而另一方（移动台）则采用按键通信的双频单工方式。两方的收与发分别使用两个不同的频率F1和F2，频率间隔不小于4~10MHz。其主要优点是，受邻近台的干扰较少；缺点是，仍需采用"按一讲"方式，移动台之间无法直接通信。

双工制：通信使用两种频率，发射与接收机同时工作，通信双方像会话式那样交换信息，无须按键通信。其优点是使用方便，通话自如；双工频率间隔为45MHz，相互不易干扰，易于接入公用网。其缺点是设备复杂，投资较大，有较严重的互调干扰。

（三）设备组成

1. 移动台

包括车载台、便携式台和手持台，由收发信机、控制单元、天馈线（或双工器）和电源组成。

2. 调度台

分有线调度台和无线调度台两种。无线调度台由收发信机、控制单元、天馈线（或双工器）、电源和操作台组成。有线调度台除操作台外，还包括与控制中心的接口设备。

3. 基站

由若干转发器、天馈线系统和电源等设备组成。天馈线系统包括接收天线、发射天线、馈线和天线共用器。

4. 控制中心

包括系统控制器、系统管理终端和电源等设备。它由无线接口电路、交换矩阵、集群控制逻辑电路、有线接口电路、监控系统、电源和微机组成。

5. 区域控制中心

区域控制中心的设备主要是多区控制器。

（四）频率配置

我国规定800 MHz集群系统上行工作频段为806～821MHz（移动台发、基站收）；下行工作频段为851～866MHz（基站发、移动台收）。相邻频道间隔为25kHz，双工收发间隔为45MHz。

集群移动通信方式在交通运输调度系统中有应用。目前，在高速公路通信中很少采用。

八、交通广播及路侧通信广播

在交通量很大或当能见度变差时，瞬间通过路旁或架空的标志传送给驾驶员的信息量受到了极大的限制。此时，可通过路侧广播使驾驶员获得道路信息。

利用汽车收音机提供信息是最直观的方式，它比视觉更方便，且不必分散精力去注意路边的标志或情报板。因此，不少国家的国营或私营广播电台都有专设的交通信息中心广播节目时间，用中波或调频（FM）定时播送高速公路及附近一般公路的交通情况。为了及时准确地广播，高速公路管理中心的中央控制室都附设有交通信息中心播音室，在交通节目时间里，所有广播电台都播送交通信息中心发出的同一内容。

但是，交通广播节目有它的局限性，不能完全满足高速公路的需要。原因是：

一是它只能在固定的时间里向大范围全域广播相同的内容，所以它不能随时提供重要信息，而重要信息的时间性是很重要的。

二是缺乏针对性，大部分驾驶员将不得不收听与他毫不相干的内容。

为了解决这个矛盾，一些国家已开始采用路侧通信广播系统。它首先开辟在城市高速公路及城间高速公路的大城市近郊、互通式立交桥、冬天气候恶劣的地段。

路侧通信系统是利用设在路肩或中央分隔带上的感应天线进行广播，不用播音员，广播内容是中央控制室根据收集到的信息由计算机编辑加工并经过声音合成后发出的。由于它可以通过路段所设置的发射天线，对不同的路段、不同的车流方向播送不同的内容，播送的信息量大，内容随时间地点而变，有针对性和很大的自由度，因此是对可变情报板的重要补充。此方式在欧洲一些国家有运用，我国高速公路上很少使用。

路侧通信系统由以下几部分组成：

1.信息处理及编辑装置

将信息收集系统得到的交通信息不断编辑加工，按照优先程度选择应该提供的信息内容。

2. 声音合成装置

中央控制室或终端利用大容量的话音存储器实时地将所选择的信息转换成声音。

3. 监测装置

监测合成的声音，必要时可以由播音员直接播音

4. 路侧广播装置

由天线与发送部分组成，将中央装置的模拟话音信号变成高频振幅调制信号从天线发射出去，供汽车收音机收听。

5. 指示标志牌

在提供路侧通信的路段起终点前预告广播的频率。

第三节　监控系统

一、高速公路监控系统

（一）监控的目的

高速公路监控系统，就其功能而言，主要是高速公路交通监视和控制系统，从广义来讲，也称为高速公路交通管理系统。

高速公路在规划设计过程中，就把车辆高速、安全、舒适行驶作为规划、设计的出发点。高速公路的主体工程和交通安全等静态设施，对稳态交通流提供了高速、安全、舒适的基本保障。但是，高速公路的交通状况和道路环境状况不是一成不变的，在很大程度上呈现着随机性。这种随机性主要表现在以下三个方面：

第一，交通流本身具有随机性。交通量、速度、密度等，每一天在不同的路段是变化的，车辆的驾驶行为，如加减速、转移车道等，也呈现出更大的随机性。

第二，交通干扰的随机性。交通事故、车辆抛锚、物品散落、道路维修工程等，都对高速公路交通流产生严重干扰，这些事件发生的时间、地点是随机的。

第三，道路环境的变化，如白天黑夜、进出隧道、恶劣天气等，都对驾驶行为造成影响。

诸如此类的问题，都是高速公路主体工程和交通安全设施难以考虑周全的。高速公路监控系统，正是针对这些变化而设置的，其目的是进一步确保高速、安全和舒适。

高速公路管理与普通公路管理有本质的区别。高速公路在管理上，要求更高、更

严格，约束条件也更多。这些靠人工是无法完成的，必须借助现代化的计算机网络、监控、通信、自动控制等技术手段辅助管理，才能确保行车"安全"和道路"畅通"目标的实现。

交通监控，就是对高速公路交通流运行状态及其交通设施和交通环境的监测（视）和对交通流行为的控制。由现场监控站和各级监控中心组成监控系统，是实现高速公路运行管理的主要手段。

（二）监控的对象

交通流情况：如交通量、车辆速度、车流密度、车辆占有率、车重等。交通流信息的采集主要是各种类型的车辆检测器。

气象情况：如风力、风向、降雨、降雪、冰冻、雾区等。这些信息的检测主要靠气象检测器。

道路环境情况：如路面情况、隧道内的噪声、能见度、有害气体浓度等。这些情况靠环境检测器检测。

收费情况：如收费员文明服务、执行纪律、服务质量等情况；收费亭、收费车道、收费广场秩序、收费过程等情况，全置于监控状态下，主要靠收费闭路电视监视系统（CCTV）。

异常事件情况：如交通事故、车辆抛锚、物品散落、道路设施损坏、道路施工现场等。这些信息主要靠紧急电话、闭路电视、巡逻车等设备和装备进行收集提供，也可以通过交通流信息进行辅助分析判断交通运行状态。

（三）监控的目标

1. 最大行车安全

从总体上讲，高速公路的安全性优于普通公路。但是，高速公路交通量大，车速高，一旦出现交通事故，车辆的排队长度、堵塞时间、车辆损坏和人员伤亡程度都比普通公路严重。大雾天气的偶然驾驶差错，能造成很多车辆追尾。因此，对高速公路的行车安全应有更高的要求，监控系统将行车安全作为主要工作目标之一。

事故原因主要来自车辆和交通环境两个方面：车辆不安全因素为驾驶员操作差错、酒后开车和车辆故障失控等；人们将天气恶劣、道路失修和交通事件（各种意外原因使车辆被暂时堵塞）归纳为交通环境干扰产生的不安全诱因。确定各种环境诱因，掌握它们诱发交通事故的机制，监测其状态值，做出预报或预警，采取相应对策是监控工作的任务。

高速公路交通事件出现频繁，事件一旦出现，跟随而来的是偶发性交通拥挤，而且容易诱发成交通事故；由于高速公路偶发性事件产生的地点、时刻具有不确定性，因此，监测交通事件的出现成为安全监控的重点，大型桥梁、中大型隧道等关键交通设施尤其需要重点监控。

2. 道路畅通

道路畅通是指没有堵塞现象，车辆能持续以理想车速运行的状态。这是公路运输最基本、最重要的条件。实际运行环境存在着各种各样影响道路畅通的干扰因素，交通监控的目的，就是通过对交通流状态的监视来预防事故，减轻拥挤程度，排除堵塞，恢复道路通畅的。

监控的主要对象是交通流。畅通和拥挤是交通流的两种对立运行状态，畅通受到干扰就会转变为拥挤。要维持道路畅通，就要检测交通流的状态、干扰和变化趋势，并对上述信息进行分析，提出减轻或消除拥挤的控制措施，并迅速执行。这里有两个问题：一是能否及时得到所需信息，即监控对象和干扰的可测性；二是控制措施能否实施，即对象的可控性。

最常见的道路堵塞现象为常发性拥挤。产生常发性拥挤的基本原因是道路通行能力和交通流量（交通供求双方）不平衡，外界干扰只起激发作用。及时测定拥挤路段、时刻、性质和程度，就可对交通流量进行调节控制，维持道路畅通。整个监控过程要求在尽可能短的时间内完成。若时滞过长，阻塞车辆增多，排除拥挤就会很困难。因此，应由具有快速响应能力的电子器件按自动控制原理组成监控系统，实现迅速消除拥挤的控制作用。但是，驾驶员的时滞性和不确定性，使整个控制过程显得薄弱，成为交通控制的一大特点。

3. 交通设施状态完好

任何公路交通设施失效，都将使公路运输系统丧失部分功能，影响正常运行。设备失效大都有一个从量变到质变的过程，即存在征兆，采用针对性强的检测器可以探测出来。监控系统应该通过各种检测设备轮回采集主要设施的工作状态，做出评价，当故障发生时，系统能快速做出诊断结论，并提供相应的处理方法。

机电工程投资，通常占公路总投资的10%～15%，但它可提高道路通行能力达30%以上。机电设备应具有自诊功能，在系统建设时，应明确提出主要机电设备的保护和自检要求，使各个子系统能保持良好的工作状态。

4. 其他优化目标

为了向用户提供优质服务，使高速公路获取更大的社会和经济效益，对监控提出若干优化目标，如用户总旅行时间最少，车辆行驶距离最大，油耗量小和对环境的污染最小等。人们正在对这些监控方案进行理论研究和系统试验，相信今后能投入使用。

综上所述，监控系统的任务是：减少高速公路常发性、偶发性拥挤的影响；获得最大运行安全；提供必要信息和最优质服务；帮助使用者有效利用高速公路的设施；减小劳动强度；为车辆提供援助；减小交通事故对环境和人类的危害。

（四）监控系统的基本功能要求

监控系统是保证行车"安全"和道路"畅通"，实现高速公路运行管理的重要手段。通过系统迅速掌握交通流和交通环境等多方面信息，科学地管理交通运行；全面制订交通控制方案并评价其效果，预防常发性拥挤的发生，及时制止和纠正交通违章行为；迅速探测出交通事件，对交通事故进行有效排除和救援；定时提出交通运行报表等。近年来，随着公路交通管理任务的扩大，监控系统功能也在不断增加。如通过监测获取道路冬季使用状态和特大结构应力应变数据，以制订冬季道路养护计划和对大桥实施按需维修等。一般说来，监控系统一般应具有以下基本功能：（1）准确及时地采集交通流、交通环境和主要交通设施的各种状态信息。（2）根据已掌握的信息，迅速做出有针对性的处理和优化控制方案，并立即执行。（3）建立多种信息发布渠道，为用户提供信息服务，通过驾驶员调整驾驶行为，达到交通流的动态平衡。（4）进行专项监控，如用视频系统监视某大桥的车流通过情况，探测和确认交通事件及冬季路面使用状态监测等。（5）对交通事故能做出快速响应，迅速排除事故对交通的影响和提供救援服务。（6）建立道路交通数据库，用以支持道路运行状态评价，为改善道路经营和交通管理的决策提供数据分析。

二、监控系统的组成

监控系统是利用电子技术和电子计算机系统，以高速公路通信网和电信通信网为传输媒介，从事高速公路交通管理业务，对道路安全、交通状况等进行实时的监视和控制，从而达到安全、高速、舒适、方便的目的。

为实现高速公路监控系统的功能，监控系统一般由信息采集系统、信息处理系统、信息显示系统和信息传输系统组成。信息传输系统所涉及的技术和方式与通信系统所介绍的相同，特别是中长距离的传输就是由通信系统完成的。

（一）信息采集系统

本系统实时采集路面、匝道口和收费口的交通参数及其他参数，通过信息传输系统实时传输数据和视频图像信息，汇总报送监控中心。

以下介绍的信息采集设备主要是一些传感器，功能是将被检测的非电物理量转换为电量，由传输系统将信号传给计算机进行处理和输出。

1. 车辆检测器

车辆检测器主要用于测量主干线上和匝道区行驶车辆的交通参数，如交通量、平均速度、占有率、车头距等，作为控制中心分析、判断、提出控制方案的主要依据。

（1）环形线圈检测器

环形线圈检测器是目前使用最为广泛的车辆检测装置。这种检测器通过流过线圈的电流产生磁场，车辆通过时金属部件干扰磁场，由检测器的电子装置进行检测。根据数组环形线圈检测器的输出信号就可以确定车道占有率、速度和交通量。

（2）磁性检测器

磁性检测器也是在检测磁场变化的基础上进行工作的。将具有高导磁率磁芯的线圈埋在路面下，当车辆靠近或通过线圈时，穿过线圈的磁场即发生变化，这样即可检测到车辆的信息。

（3）雷达检测器

雷达检测器按照多普勒效应原理工作。它由检测器部件在路面上向下发射一微波束，车辆通过这些波束时，引起波束反射回发送部件（天线）。利用车辆进入检测区域时和离开时产生的两个短脉冲，即可换算成所需交通参数。

（4）超声波检测器

超声波检测器的工作原理与雷达检测器一样，两者都发射一束能量到一个区域，并接收由车辆反射回来的能量束。超声波检测器可通过换能器记录下车辆存在或通过的信号。

（5）发光检测器

发光检测器利用光电管或红外线来接收中断光束或反射光束。

发光检测器由位于道路一侧的发光器和位于道路另一侧的光电管组成。车辆通过时，即中断光束并传动继电器，记录下检测到的车辆。

（6）红外线检测器

红外检测器使用红外光源，其工作原理与光电检测器相同。反射式红外检测器使用发射接收器，用来发射光束并接收反射光束，通过记录的路面和车顶反射率的变化对车辆进行检测。

（7）视频车辆检测器

视频车辆检测器是运用视频图像处理和计算机图形识别技术开发出来的新产品，它可以取代环形线圈，进行高效益的广域视频监视并现场实时采取各种交通参数。

在需要重点监测的路段，安装一台或多台（如4台）数字式摄像机，将一定范围的交通图像，经过一个图像处理硬件，输入计算机显示器；通过互动控制软件，用鼠标操作在屏幕交通图像上，设定和叠加检测区，其尺寸、数量可随时调校。操作设定一旦建立，车辆经过检测区，就会产生检测信号，经过分析和处理（软件），可得到交通量、平均车速、占有率、车头间距和排队长度等各种参数。

（8）车辆磁映像检测器

磁映像检测器利用车辆对通过地磁场的影响，检测车辆交通参数。它利用低功耗、高灵敏度的强导磁材料，将地磁磁通线集中约束在比较小的空间，当车辆停驻、慢速接近或通过时，被约束的磁力线发生变形，产生原始信号，经转换、处理后形成一个电压随时间变化的曲线。各种车辆车体的铁金属材料分布不同，对地磁通线产生的变形影响就不一样，所得出的电压与时间曲线形状也各不相同，各具特色，这一现象可以用来区分大货车和小客车、检测车身长度，也为识别车型提供了基础。

2. 气象检测器

气象检测项目有：风速、风向、气温、相对湿度、能见度等。

道路环境检测项目有：路面温度、路面相对湿度、路面积雪深度、路面冰冻等。

气象检测用来观测气温、路表下不同深度的温度及浓雾、风向、风力、雨量、路面积雪及冰冻状态等，其中最重要的是雾和冻结。

（1）温度检测器

铂具有良好的化学稳定性，铂电阻温度传感器也具有很好的稳定性。大气温度测量常采用薄膜工艺制作的铂电阻，路面温度检测常用绕线工艺制作的铂电阻。铂电阻温度传感器的电阻值与温度有一定的关系，当温度变化时，引起铂电阻值的变化，导致通过铂电阻的电流变化，用这一变化关系可以测出路面温度。

（2）湿度检测器

湿度传感器常用聚合物湿敏电容，它是由两块下电极、湿敏材料和上电极组成两个电容的串联电路，置于玻璃底衬上。湿敏材料为高分子聚合物，其介电常数随环境的相对湿度而变化，因此电路电容是相对湿度的函数。传感器的变换电路将电容变化转换成电压变化，反映出相对湿度的变化。此检测器结构简单，稳定性较好。

（3）风速、风向检测器

风速检测器的传感元件为安装在轴承上的三个风杯。风杯由碳纤维增强塑料制成，质量轻、强度高，具有优良的动态和抗腐蚀性能。风杯转速由固定在转轴上的磁棒盘及霍尔电路测出并转换成频率，输出信号频率与风速成正比。

风向感应元件是风标，其尾板用轻巧、坚韧的碳纤维增强塑料板制成，以改善动态性能。风标方向用固定在转轴上的导电塑料电位器测量，电位器电阻和转角具有良好的线性关系，改变电阻可以将风向转换成所期望的电压信号值输出。

（4）雨量检测器

常采用双翻斗式雨量传感器，每次降水达到0.1mm时，计数翻斗翻转一次；翻斗上固定有一块永久磁铁，磁铁翻转使磁铁附近的干簧继电器闭合，闭合次数由计数电路测量并转换成降水量信号输出。双翻斗结构具有高分辨率和较均匀的灵敏度。

3.能见度检测器

能见度定义为：正常人视力能将目标物从背景中区别出来的最大水平距离（m或km）。

光线通过空气，特别是当空气中含有一定浓度的悬浮颗粒物和气溶胶时（如水蒸气和烟雾），部分光线被这些颗粒物所吸收和散射（折射和漫反射），使穿透空气到达目的物的光通量大为减少。人们为此提出透射率概念，它定义为：光线穿透某透明体时，入射前的光通和通过透明体后的光通之比。

为了检测能见度，研制出透射和散射型能见度检测仪。前者将光发射器和接收器分别安装在两地，按上面所讲的原理检测出透射前后的光通量，从而得出能见度。后者考虑空气消光主要是由于散射，以测量空气的散射衰减系数来确定能见度。

4.环境检测器

大量车辆沿公路高速行驶，对公路附近地区的生态、大气和声环境产生污染。其中，对人的生存和人民生活影响较大的是大气污染和噪声。

环境污染检测项目有：一氧化碳、氮氧化物、总烃、总悬浮颗粒物等。目前，公路管理部门经常检测的大气质量项目是一氧化碳（CO），其他项目均为抽检。长隧道的一氧化碳和烟雾属必检项目。

一氧化碳浓度检测常采用非扩散型红外检测器，它的工作原理是基于大多数非对称分子对红外波段中的一定波长的光具有吸收能力，其吸收程度与被测气体的浓度有关。

（二）信息处理系统

信息处理系统能根据采集和监测到的各种数据、信息，通过分析、处理、判断，提出交通控制方案，并通过相应的设备对有关区段内的交通运行情况做出相应的管理与调度。

信息处理系统的设备主要由前置机、中心处理计算机和主控制台等组成。

1. 前置机

控制中心一般设置若干前置机，每个前置机处理若干车辆检测器采集的信息。

2. 中心处理计算机

中心处理计算机是集中处理前置机和收费站传送来的所有信息和数据，并按规定的准则判断出各区段的交通状况、路面状况。在将处理、判断的结果记录、存储、打印的同时，可通过道路模拟屏显示出上述信息，供管理人员决策时参考。信息采集自动进行，由微机程序控制，交通管理命令可自动或由人工通过微机键盘发布。

系统分三级管理：车辆检测器包括匝道车辆检测器是最低的一级；前置机或收费站计算机是中间一级；最高一级是中心处理计算机，形成树形结构。

3. 主控台

主控台是系统的核心部分，是实现人机对话的主要手段，它的主要功能是：（1）发布各种操作和控制命令；（2）接收应急电话，发布指令电话；（3）键入事故信息。

（三）信息显示系统

信息显示系统的主要任务是向道路使用者和管理者提供某个路段内的交通、气象、事故和道路情报以及速度限制情报，作为道路使用者的行车指南，辅助调节主干线上交通流，参与交通管理与调度。

信息显示系统主要由道路模拟屏、大屏幕显示系统、电视墙、可变道路情报板和可变限速板等组成。

1. 道路模拟屏

道路模拟屏与控制中心的中心计算机连接，接收中心计算机提供的有关系统运行的总体信息并能在屏上显示。通过适当的设计，从模拟屏上就能知道设备是否在线运行，或者是否在某个地区发生故障。模拟屏还能从视觉上确认事件的发生，并说明交通拥挤的蔓延程度。这样就能使控制中心对道路状况了如指掌，便于统一调度和管理。

道路模拟屏的显示信息：（1）有关路段的交通参数；（2）可变情报板和可变限速板的显示内容；（3）气象信息：地区、温度、风向、风力、降雨降雪量；（4）事故信息：事故发生的时间、地点、事故类型及伤亡情况；（5）外场设备工作状况；（6）显示沿线各路段交通状况：以不同颜色表示不同状况，如事故用红色灯光，拥挤用黄色灯光，正常用绿色灯光表示；（7）摄像机工作状态；（8）应急电话显示：沿线某公里处有人打来应急电话，则屏上对应桩公里处指示灯亮。

2. 大屏幕显示系统

大屏幕显示系统由高分辨率投影仪、大屏幕投影屏等组成，它是一种动态信息综合显示装置。大屏幕投影仪可以接收图形计算机输出的图形信息，也可以接收闭路电视系统输出的视频信号。因此，可用它显示：高速公路背景资料、道路交通情况、摄像机获得的收费过程实时画面、各类交通数据、可变情报板和可变限速标志实时显示的内容、系统各设备的工作状态等其他需要显示的内容。投影系统有前投式和后投式两种，前投式投影器安装在屏幕的前上方，以一定的俯角投射；后投式投影器安装在屏幕的正后方。投影方式有两种：多台投影器同时投射，组成一幅大画面，投射角较小，画面中心和边缘的清晰度、亮度相差不大，视感好；另一种是一台投射机投射一幅大屏幕，画面中心和边缘清晰度、亮度相差较大。

3. 电视墙

在高速公路交通监视系统中，由于对监视对象要进行全天候不间断监视，因此一般都选用专业监视器，并且监视器数量较多，放置监视器的架子往往占较大的面积，将其形象地称为"电视墙"，可作为电视监控系统的接收部分和信息显示部分的共用设备。电视墙的配置数量与摄像机数量及显示方案有关。在目前的应用系统中，对于收费广场摄像机大多采用与监视器一一对应的方式。为了显示重点车道及异常情况图像，常在控制台上设置一台主监视器，以便清晰观察。

4. 可变道路情报板

可变道路情报板是高速公路上专供控制中心提供随时变化的情报用的，所以是一种活动的信息。控制中心将收集到的各种数据和信息经中心处理机处理后，由管理人员通过键盘按钮或用显示屏幕编辑发出指令，通过联机方式的终端控制机在情报板上显示出文字或图形，向驾驶员提供关于交通事故、交通阻塞、道路维修施工或气象情况等各种随机情况，及时发出行车指示。

可变道路情报板一般设在城市高速公路的主线和城间高速公路互通立交出入口、收费处、隧道口及两个立交的中间位置。

可变情报板有文字情报板及图形情报板两大类。可变情报板操作简单，内容随时可以变化，可以远距离操纵，一次可给多块情报板同时下指令。

5. 可变限速板

根据控制中心的命令，可变限速板动态显示当前指定的车速，调节路段的车辆密度和平均速度。

控制中心根据车辆检测器检测到的信息和其他信息，认定某一路段内车辆出现异常情况，即车辆拥挤或出现事故，通过中心计算机向设在该路段前方的可变限速板发出限速指令，限定车辆行驶的最高速度，待排除事故或交通流恢复正常后再解除限制。

三、闭路电视交通监视系统（CCTV）

闭路电视系统广泛用于公路交通监视，使用初期主要用来获取固定区域的实时交通图像，凭借人的视力与经验探测交通事件。近年来，计算机图像处理技术迅速发展，CCTV监控功能进一步扩展，可以对交通参数自动检测记录，对交通事件自动识别报警。

（一）CCTV系统功能和基本配置

目前，监测所得到的种种数据还不能反映交通流的全部形态，也难于描述交通事故现场的具体细节。借助布设于重要地段的摄像机所拍摄的交通图像，利用闭路电视系统在监控室重现这些图像，以支持人对监控过程的介入。这些图像帮助人们实时掌握全路的交通运行情况，了解重要地段的交通运行细节，以便正确地做出事件探测和控制决策。对事故现场的电视图像加以录制，叠加时间、地点等附注，以备存档和事后分析。

电视系统所提供的活动图像应清晰、逼真、稳定；视场可在一定的范围内调整；系统长期在野外连续工作，应具有较强的抗干扰能力和较高的工作可靠性。

监控中心所属CCTV系统的监视点多达数十个，配置的设备很多。CCTV系统由前端和后端设备、传输等部分组成，下面分别予以介绍：

（二）前端设备

包括摄像机、镜头、云台和防护罩等。

1. 摄像机

目前广泛使用电荷耦合固体器件作为摄像元件的摄像机，英文缩写为CCD。这是一种金属氧化物半导体（MOS）集成电路器，它能将表示图像的各像素亮度转换成相应强度的电信号。它以体积小、质量轻、灵敏度高、惰性小、图像均匀性好和寿命长等突出优点而被广泛使用。

收费亭内、收费车道及收费广场都广泛使用摄像机。摄像机种类很多，应根据监视的需要和工作环境条件选择合适的机型及其配件。

选择摄像机应以监视地区的最低照度下能摄取到清晰的图像为主要指标。清晰度以水平和垂直方向的电视线数决定。按摄取图像的色调可分为黑白和彩色两种，前者清晰度较高，后者色调逼真，目前大都采用彩色的。按图像组成信号可分为模拟式和数字式两类，前者价格较低，通常都采用它；数字式彩色摄像机只在有特定需要的场合下使用。

2. 镜头

镜头的作用是把被摄景物成像在摄像管的靶面上，形成清晰的光学影像。影响图像清晰的镜头参数主要是光圈和焦距。光圈孔径和焦距之比愈大，进入的光通量就愈多。摄像机的光圈是根据环境照度自动调节的。焦距决定物像比例，当被摄景物与镜头间的距离改变时，焦距应能自行调整；否则，成像面可能落到焦点深度以外，而使图像模糊。

3. 云台

云台的作用是安装和支持摄像机，同时以两个伺服电动机带动摄像机作水平、俯仰运动，以扩大观察视域。交通监视要求摄像机水平回转能接近360度，上下摆动分别要求达到15度和30度。运动速度要求均匀，不能太快，不能有任何抖动，以致影响图像的稳定。云台有室外、室内之分，可按需要选择。

4. 防护罩

外场摄像机长年在野外环境连续工作，要经受风霜雨雪、阳光直射、飞沙侵袭。我国地域广阔，南北室外温度差异很大；沿海地区潮湿闷热，又存在腐蚀和霉菌问题。而摄像机为光电器件，对使用环境有一定要求，上述种种恶劣环境都会给正常摄取图像带来不容忽视的干扰。防护罩就是为解决这些干扰而设置的。

5. 解码器

接收后端切换控制设备发来的信号，对云台进行上/下、左/右运动控制；对镜头作远/近聚焦、广角/窄角变焦、光圈的开/关控制；对防护器进行风扇/电热/喷水/雨刷等项控制。

（三）后端设备

包括监视器、视频控制切换器、视频分割切换器和录像设备等。

1. 监视器

监视器和摄像机配套使用，在监控室重现交通图像。在确定CCTV系统时，需要确定监视器的数量、尺寸、色彩和清晰度。对一个监视点不多的系统，监视器和摄像机可以一对一使用，即监视器与摄像机的数目相等。如果监点很多，监视器可以少于摄像机，采用顺序切换、轮流监视或一个屏幕显示多个图像的方法实现监视目的。

2. 时序切换器

几台摄像机共用一台监视器时，需借助切换器将各个监视点的交通图像按预定的时序轮流显示在监视器上。过去用手动或顺序切换。目前，已出现微机视频控制器，配有键盘、解码器和专用软件，具有可编程时序、自动报警、字符叠加、前端控制、屏幕编辑和网络通信等多种功能。

3. 分割切换器

采用时序切换将使监视图像在一定时间内被隐藏，脱离监控者的视线，潜伏不安全因素。把监视器画面分割为几块，将多幅摄像同时显示在屏幕上，既可以节省监视器的设备投资，又可进行全面监视。需要时再将某画面作重点监视图像。

4. 图像存储设备

出现交通事件时，有必要将事件的发生、发展过程记录下来，进行事后分析。因此后端一般应配置可长期录制的长延时录像机和硬盘录像机。

长延时录像机的主要功能和特点是可以用一盘180分钟的普通录像带，录制长达12小时、24小时、48小时，甚至更长时间的图像内容。这种功能和特点，为电视监控系统的图像记录提供了减少录像带的保存数量、重放时节省观看时间等有利条件。

硬盘录像机的原理是将视频输入信号送入计算机中，通过计算机内的视频采集卡，完成A/D转换，将模拟视频信号转换为数字视频信号，并按一定的格式将图像信号录制在计算机硬盘内，通过视频管理软件，可以对存储的数据进行深入的处理和重放。

（四）传输系统

闭路电视监视系统（CCTV），目前常用光缆传输，其工作原理在通信系统中已介绍，这里不再赘述。

四、隧道监控系统

隧道往往是公路运营中的薄弱环节，其运营安全至关重要。隧道监控系统是一整套相互关联的复杂的机电工程系统，由变配电系统、通风系统、照明控制系统、消防报警系统、闭路电视监视系统（CCTV）、应急电话系统及交通信号系统组成。其功能特点如下：

1. 变配电系统

隧道内有风机负荷、照明负荷以及消防、监控及生活用电等，用电负荷一般比较大。对较长距离隧道，靠单侧供电则不经济。因此，可在隧道两侧供电，由一侧承担隧道供电负荷的一半。考虑到重要负荷的供电连续性，还应设置柴油发电机，主要在市电停电时自动切换到重要负荷如照明、监控、消防等设备上，投入正常运营供电，以防突发事故的发生。

2. 通风系统

车辆运行会排放大量污染物质。车辆行驶在露天公路所排放的污染物质，与空气不断混合扩散，逐渐稀释，最终稳定在一个相当低的浓度水平，不至于对人体健康和交通环境构成严重危害。隧道是一个管状半封闭体，车辆行驶在隧道内时，排放的污染物质得不到稀释，不断积聚，浓度逐渐加大，既损害人体健康，又影响行车安全。汽车排放的物质有一氧化碳（CO）、二氧化硫等气体和铅尘等，所有这些排放物都不同程度地对人体健康存在损伤机制。其中，CO由于排放量较多，对人体健康危害明显，在通风系统中作为首要排出和稀释对象。

隧道通风有两种方式：自然通风和机械通风。机械通风是在隧道内设置风机以利通风，设置时应使每台风机能按照要求起动与停止，并能按照消防的要求改变吹风方向（对吹或对排）。控制系统应尽可能操作简便灵活。

3. 照明控制系统

车辆通过长隧道，白天和黑夜的视觉环境变化不同。黑夜洞内只是洞外视环境的延续，白天则经历突然从亮到黑和由黑到亮的急剧变化过程，人的视觉产生强烈的不适应。因此，隧道的照明，对于白天与夜晚有不同的要求，对入口及出口应设置好亮度过渡变化的路段和提供足够的适应亮度变化所需的时间。

4. 消防报警系统

为保证隧道运营的安全畅通，对可能发生的事故进行监测，掌握事故发生的先兆，或使偶发事故不至于形成灾难，并尽可能使事故的发生能在短时间内予以排除，可设置一些必要的消防通报设备，如感温探测器、感烟探测器、消防报警器、紧急按钮等。

消防水泵控制可在监控中心及现场进行，平时高位水池水压应保持在足以消防的状态。

5. 交通信号系统

交通信号系统主要起控制隧道开闭、诱导车辆的作用，分设在车道口、洞口、洞中行车横洞附近。信号系统有自动、手动两种，手动时可切换关闭某隧道或使某隧道双向运行，以适应某些特殊情况的要求；自动即能按照消防警报按钮的信息和感温元件的信息自动切换，并相应改变救援车道以及行车横洞旁的指示灯色，以诱导车辆进入安全地带。

应急电话系统和闭路电视监视系统（CCTV）与通信系统中所述相同。

第四节 收费系统

一、收费系统硬件设备

（一）收费车道硬件设备

1. 收费车道硬件设备应具有的主要功能

（1）按车道操作流程，将收费数据实时上传收费站计算机系统。（2）接收收费站下传的系统运行参数（同步时钟、费率表、黑名单和系统设置参数等）。（3）对车道设备管理与控制，具有检查设备状态的功能。（4）可保存一个时间段的收费数据，可降级使用，但不丢失数据。（5）通信中断时，具有后备独立工作能力。（6）为车辆提供控制信息。（7）将各种违章报警信号实时传送到收费站控制室。

2. 半自动收费方式的硬件设备

半自动收费方式的硬件设备还应包括以下几项：

（1）控制柜

控制柜位于收费员操作桌下，以不影响收费员的操作活动空间为宜。控制柜内放置包括车道控制计算机在内的控制器件、通信接口、串行/并行接口板和保护电路等，要注意降温和防尘。

（2）雨棚信号灯

雨棚信号灯安装在雨棚下方、对准车道中间的位置。顶棚交通灯为24小时全天候工作，在可视条件较差的环境下，如阳光直射、黄昏、雾天、暴雨时，信号标识仍清晰可见。在车道迎车流方向的雨棚上安装红色（用×表示）和绿色（用↓表示）的一组信号灯，用于指示车道的开放和关闭。

（3）通行信号灯

通行信号灯安装在收费岛的后部，面向来车的方向，选用红绿双色信号灯，或红"×"和绿"↓"符号信号灯。通行信号灯由车道控制计算机控制，车辆未缴费时亮红灯（×），缴费结束亮绿灯（↓）放行。

（4）车辆检测器

车辆检测器由环型线圈和控制单元组成。控制单元与车道控制计算机相接，将检测到的车辆信息，传送给计算机。车辆检测器的主要技术指标是检测精度、频率范围及灵敏度。

（5）雾灯

安装于车道入口方向岛头上，在夜间或雾天打开，使进入收费广场的车辆能准确地判断收费车道位置。

（6）对讲机

通过有线对讲机，收费员可与监控室人员保持点对点，或一点对多点的直接通话。当出现任何异常情况时，比如，出入口判断的车型不一致、设备出现故障、甚至需要调换零钱等，都需用对讲机与监控室人员联系，经监控员确认后方能进行。监控员通过有线对讲机可向所有当班收费员发布信息和指令，以提高收费工作效率和事件响应能力。

（7）收费亭紧急报警装置

收费亭紧急报警装置，由安装在亭内的脚踏式报警开关和安装在收费站某一合适位置上的全天候报警警笛组成。脚踏开关的位置不易被人发现，收费员在进行正常操作时也不易触动它，但在紧急情况下，能在别人不注意时，被收费员触动而产生报警。

（8）闭路电视监视系统（CCTV）

CCTV收费监视系统的多台监视器，可为监控室人员提供收费广场的俯瞰全景、各车道收费过程和收费员操作行为的实时画面。可以说，全部收费活动都在监控室人员的视觉范围内，可及时发现任何异常现象，并做出迅速、有效的响应和处理。另外，监视系统对蓄意违章的人员具有一种心理上的威慑作用，有助于减少违章事件的发生。

由于闭路电视监视系统（CCTV）与通信系统中所述相同，故从略。

（二）收费站硬件设备

1. 收费站硬件设备应具有的主要功能

（1）轮流询问所有收费车道，实时采集收费车道每一条原始数据。（2）对收费车道的运行状况实施实时检测与监视，具有故障自动检测功能。（3）向收费中心或收费结算中心传输收费业务数据（收入、交通量、管理报表等）。（4）接收收费中心下传的系统运行参数（费率表、同步时钟、系统设置参数等）并下传给各收费车道。（5）收费员各班次实际收费额的管理。（6）值班员录入欠（罚）款和银行缴款数据。（7）机打票、定额票等票证的管理。（8）非接触IC卡的管理，包括站内调配和流失的管理。（9）图像的采集与管理，包括图像文档的生成、上传、备份、核查与打印。

2. 收费站主要硬件设备

（1）网络服务器

收费站服务器，是收费站所有计算机中配置最高的专用服务器，它不仅要存储收费站所有的收费数据、交通量数据、班次管理等数据和图像，还负责收费站局域网的管理。为了安装网络操作系统，收费站服务器内存应足够大；考虑到图像和数据应分开存储，服务器最好配备高容量硬盘和读写光盘机，用于定期备份数据和人工数据上传。收费站服务器功能主要包括：数据管理、系统管理、数据通信等。

（2）多媒体计算机

收费站要完成对车道数据和图像的管理，通常需要配备图像监控计算机，也称多媒体计算机。多媒体计算机应具备较高的分辨率，最好选用大屏幕显示器。多媒体计算机的主要功能包括：车道监视、图像管理等功能。

（3）管理计算机

管理计算机的选用，主要考虑完成各种数据处理、查询、统计、报表、打印功能所要求的响应时间，包括对图像数据进行统计查询所需的性能要求，最好选择速度较快的CPU和大存储空间的内存。

（4）打印机

收费站的打印机，主要用于打印各种统计报表和抓拍图像，根据一般需要，可选用点阵、喷墨或激光打印机。打印机的主要技术指标包括速度、分辨率、接口等。

（5）网络设备

收费站网络设备，包括网卡、调制解调器、集线器及路由器等。

网络设备的主要技术指标，包括接口、速度、端口数量等。

（6）辅助设备

收费系统附属设备，主要包括收费综合控制台、电视墙、光缆、电缆、配电箱及附属设备所需的电力电缆、信号电缆、子管、线槽等配套附属设备所必需的材料及设备。

（三）收费中心、分中心硬件设备

1. 收费中心、分中心计算机系统构成

收费中心、分中心计算机系统，一般采用双绞线星型开放网络结构，选用10M/100M以太局域网技术。该系统主要由微机服务器（小型机服务器）、交换机、客户机（管理计算机、多媒体计算机）、路由器、打印机、数据备份设备和UPS电源等组成。

为了保证系统正常运行，收费中心、分中心网络平台，应按以下原则设计：

（1）标准化原则

为了便于今后的扩展和升级，系统设计必须标准化。特别是涉及收费系统所共用的系统编码。如各收费处、所、站的编码和IP地址；收费人员的编码；车型的编码等。

（2）开放性原则

随着用户的不断发展，网络系统必然要不断扩充和更新，这就要求结算中心网络架构，必须坚持开放性原则，为今后的扩展升级留有余地。

（3）先进性原则

考虑到系统要适应联网收费的发展，在方案设计中应尽量采用先进成熟的技术和设备，确保系统投入运行后不至于立即就改进或更新。

（4）可管理性原则

为了保证系统稳定、可靠运行，必须具备先进的网络管理技术。

（5）安全性原则

安全是一个至关重要的问题，它要求网络能提供一种从端到端的安全解决方案，如加密机制、签名机制、安全管理、存取控制、防火墙、防病毒保护等。

根据上述原则，收费中心、分中心宜采用千兆以太网、快速以太网技术作为网络主干，宜选用Unix，Windows作为网络操作平台，网络协议采用TCP/IP，形成开放式网络架构，内部局域网传输介质采用五类非屏蔽双绞线（UTP）。要求服务器具有高可靠性和高存储能力，支持自动重新引导、磁盘热插拔，具有热插拔冗余电源、热插拔冗余风扇，以保证系统的稳定性。

2.收费中心、分中心的功能

（1）接收和下传联网收费系统运行参数（费率表、黑名单、同步时钟、系统设置参数等）。（2）收集管辖区内每一收费站上传的数据与资料。（3）处理收集到的数据与资料，形成各种统计报表和屏幕显示。（4）将有关数据和资料上传给收费结算中心。（5）IC卡和各种票证的管理。（6）联网收费系统中操作、维修人员权限的管理。（7）数据库、系统维护、网络管理等。（8）数据、资料的存储、备份和安全保护。（9）通行费的拆分（对联网收费系统）。

此外，收费中心、分中心还具有对抓拍图像的管理。如果在联网收费系统中，使用预付卡或电子不停车收费系统，对收费中心、分中心系统构成而言，一般无须增加其他硬件设备，但软件要预留。

二、收费系统软件功能

（一）收费车道软件的主要功能模块

1.登录模块

（1）车道软件系统初始化，包括系统变量初始化、屏幕显示模块初始化、串口初始化，I/O口初始化、通信协议初始化、设备初始化以及读取设置文件等。（2）登录界面显示模块，内容包括背景显示、日期显示、时间显示等。（3）上班登录模块，包括读身份卡、输入密码以及校验。

2. 入口处理模块

（1）入口界面显示模块，包括背景显示、日期显示、时间显示等。（2）入口发卡模块，包括输入车号、车型等和入口数据保存模块。

3. 出口处理模块

（1）出口界面显示模块，包括背景显示、日期显示、时间显示等。（2）输入车型模块。（3）正常出口收费模块。（4）紧急车处理模块。（5）无卡车处理模块。（6）车型不符处理模块。（7）违章车处理模块。（8）"U"型车处理模块。（9）超时车处理模块。（10）故障车处理模块。（11）免费车处理模块。（12）车队车辆处理模块等。

4. 维护模块

（1）检测设备模块，包括车辆检测器检测、IC卡读写器检测、费额显示器检测等。（2）收费数据磁盘备份。（3）车道设置。（4）输入车型。（5）收费系统数据磁盘安装。（6）收费系统软件网络安装。

5. 通信模块

通信模块包括收费原始数据、设备数据和班次数据的上传、通行费费率表、行驶区间时限表、人员数据、收费站代码、车道代码、设备代码和车情代码的接收、校对等。

6. 图像数据叠加模块

图像数据叠加，指将车道号、收费员工号、入口站编码、车型和车情叠加到图像上。

7. 车道设备控制模块

（1）I/O设备

包括自动栏杆控制模块、通行灯控制模块、雨棚灯控制模块、车辆检测器控制模块、费额显示器控制模块等。

（2）串口设备

包括显示器、键盘、IC卡读写器等设备。

（3）并行设备

包括票据打印机等。

（二）收费站软件的主要功能模块

1. 收费管理模块的功能

（1）录入

对需要进行人工调整和输入的数据表格，操作应简单、直观，应有相应的提示，数据确认后，不允许随意修改。

（2）统计

要求对软件需求文件中的交通流量和通行费收入报表进行统计计算，统计计算的时间不能过长，统计速度要快。

（3）检索（查询）

能根据给定的检索条件（车道、班次、车情、收费员、车型和车情等任意组合），对任意时间范围内的数据进行检索。对检索结果，可进行筛选、汇总、排序等操作，如有需要，应能和图像文件相连接。

（4）退出/登录

针对不同对象，设置不同权限；权限在登录时就要确定，权限不同，所操作的内容和范围就不同。

2. 实时监视模块的功能

能实时显示收费站各出、入口车道的运行状态（打开、关闭、故障、维修）、交通流量和收费情况。

3. 图像管理模块的功能

图像管理模块，安装在收费站多媒体计算机中，可对存储的图像根据检索条件进行调阅，特别是对一些特殊事件或突发事件图像进行分析或转存。

4. 数据维护模块的功能

数据维护模块，可完成固定时间范围内的数据备份与上报，并根据收费实际运行情况，调整数据库中相关数据等。

5. 数据通信模块的功能

数据通信模块，主要完成从收费站到收费分中心的通信。从功能上讲，主要完成收费站收费数据定时或实时的传输。

6. 帮助模块的功能

除提供帮助文档外，应能在系统中提供相关的在线（On-Line）使用帮助。

（三）收费中心、分中心软件的主要功能模块

收费中心、分中心软件，主要能对辖区内高速公路的收费、交通量、非接触式IC卡

进行统计分析，有效管理，并能提供图形、统计报表等结果，供决策部门参考。该软件包括：

1. 交通流数据统计分析模块

能以日、周、月、年或一定时间间隔，按日平均或流量变化曲线形式，提供所辖全线各断面的交通流数据和交通流数据的汇总分析。

2. 通行费统计分析模块

可按日、月、季、年统计方式，提供各收费站、管理所、管理处及全线通行费收入情况；若是联网收费系统，能对联网范围内的各条路通行费进行拆分、清账和统计。

3. 通行卡管理模块

能对非接触式IC卡进行有效的发行、使用管理、统计、分析和报表。

4. 身份识别模块

能判断操作者的身份及权限，杜绝非法操作者进入。无论哪一级操作，都不允许更改收费中心、分中心的收费数据。

5. 数据通信模块

主要完成管理分中心到管理中心的通信；管理中心接收由各收费分中心上传来的收费站收费数据，并下发时钟、费率、系统设置参数等指令信息至管理分中心。

三、电子收费和自动识别系统简介

当交通量较高时，人工收费方式和半自动收费方式，就会因处理速度问题而造成车辆排队，越来越不适应交通量发展的需要。若增设收费站或将收费站规模扩大、收费车道数增加，将会造成收费运行成本的增加，况且还有征地、建设等方面的问题。于是，不停车收费系统，就成为高速公路收费管理的迫切需要。

20世纪90年代初，陆续引入我国高速公路收费管理。实践证明，电子收费系统适用于开放式和封闭式两种收费制式，它将为高速公路收费管理开创一个崭新的局面。

（一）电子收费的定义与特点

1. 电子收费的定义

电子收费，英文称为Electronic Toll Collection，缩写为ETC。它是智能交通系统（Intelligent Transport System，缩写为ITS）的一个重要组成部分，是一种新型的高科技收费系统。

电子收费有三个显著的特征：一是广泛采用了现代高新技术，涉及电子技术、无线电通信、计算机、自动控制等多个领域；二是在收费过程中，流通的不是现金，而是电子货币；三是实现了不停车自动收费，车辆只需按限速要求直接驶过收费道口，收费过程则自动完成。

当电子收费被广大的用户所认识和赞同时，可采用自由流式电子收费。目前，国外趋向于取消匝道收费站，而在主车道上，每隔一定里程，设置一个横跨车道上空的龙门架，上面安装电子收费设备，实施分段开放式电子收费。车辆无须减速，以正常车速通过收费区域，就可完成收费过程，称之为自由流式电子收费。

2. 电子收费的特点

电子收费，是电子收费设备的天线与通行车辆的车载装置之间，自动进行通信、数据交换、接收、发送有关通行费支付信息的系统。电子收费有六个鲜明特点：

（1）方便客户长途旅行

持有车载识别卡的车辆，可在高速公路网上的任何路段行驶，而无须停车缴费。

（2）提高了收费车道通过率

与人工收费车道相比，通过率可提高5～7倍。

（3）提高了管理效益

可节省25%～40%的日常管理费用，可减少大量收费员。

（4）可杜绝费额流失

不需准备现金，车型判别和收费差错减少，费额流失杜绝。

（5）节约能源

与停车收费相比，车辆燃油消耗可降低15%左右。

（6）改善了收费站环境

由于不需停车，从而减少了通行车辆的加减速次数，也减少了车辆在收费站附近产生的废气和噪音等污染。

（二）电子收费系统的收费业务流程

收费车道入口端上方有电子收费车道的标志和信号灯。由于车辆密度不大，电子收费设备的天线并不连续工作。没有车辆通过时，天线处于休眠状态。在天线辐射区外的车道，埋设一个环形线圈。当车辆进入线圈检测区，线圈发出电信号，唤醒天线进入工作状态。此时，自动栏杆关闭，交通信号灯为红色。车辆进入通信区，在载波作用下，电子标签被唤醒，响应天线的询问，将客户身份与车型代码上传给车道天线，由天线转送给车道控制机进行审核。天线接收并确认电子标签有效后，以微波发出入口车道代码和时间信号，写入电子标签的存储器内，控制机指令栏杆打开，交通信号灯变绿放行，整个过程是在车辆行驶中完成的。

当车辆驶入收费车道出口天线发射范围，经过唤醒和相互认证有效性等过程，天线读出车型代码、入口代码和时间，传送给车道控制机；车道控制机对信息核实确认后，计算出此车此次的通行费额，由天线发出指令将费额写入标识卡。与此同时，车道控制器存储原始数据并编辑成数据文件，定时传送给收费站并转送收费结算中心。如要进一步交换信息，读写数据，可以继续通信，直到收费过程结束。此过程也是在车辆行驶中完成的。

如果持无效标识卡或无卡车辆，在收费车道上高速冲卡时，天线在确认无效的同时，启动快速自动栏杆，关闭收费车道，当场将冲卡车辆拦截。同时启动逃费抓拍摄像机，将逃费冲卡的车辆头部与车牌号摄录下来，随同出口代码和冲卡时间一并传送给车道控制机记录在案，以便事后依法处理。

银行收到汇总的车辆收费数据，则从各个用户的账号中，扣除通行费和算出余额，拨入收费结算中心账号。与此同时，银行核对各用户账户剩余金额是否低于预定的临界值，若低于，则及时通知用户补交，并将此名单（灰名单）下发给各收费站。如灰名单用户不补交金额，继续通行，导致剩余金额低于危险门限值，则应将其划归无效电子标签，编入黑名单，并通知各收费站，拒绝无效电子标签在高速公路电子收费车道通行。

（三）电子标签

电子标签是一种安装在车辆上的无线通信设备，允许车辆在高速行驶状态下与路旁的读写设备进行单向或双向通信，其结构、功能、工作原理与非接触式IC卡颇为相似，主要差别在于通信距离。它装有微处理器芯片和接收与发射天线，在高速行驶中（可达250km/h）与相距8m～15m远的读写器进行微波或红外线通信，比非接触IC卡的工作频率、通信速率高出很多。电子标签一般为有源器件。电子标签的类型，有只读型、读写型、带IC卡接口的读写型三种形式。

（四）电子收费系统的关键技术

为了使ETC能高效、可靠地完成收费过程，达到最大的车辆通过率且使顾客接受，它必须解决三个关键性技术系统，即自动车辆识别系统、自动车型分类系统和逃费抓拍系统。

1. 自动车辆识别系统（AVI）

自动车辆识别技术，是电子收费系统的基础。当车辆通过某一特定地点时，它利用装在车上的射频装置，向收费站的收费装置传送识别信息，如车辆ID号码、车牌号码、车型、车主、车籍等资料，以判别车辆是否可以通过不停车收费车道。从理论上讲，只要能读取车辆的车牌号码，就足以达到车辆识别的目的，这对人的眼睛来说，是极易办到的事，但对机器识别而言，却不那么容易了。

2. 自动车型分类系统（AVC）

自动车型分类系统，就是利用装在车道内和车道周围的各种传感器装置来测定车辆的类型，以便按车型收费。其基本原理是，车道传感器记录车辆的物理特征，处理器汇集各传感器输入的信息，并根据这些信息对车辆进行判断、分类，再将确定了车型的车辆信息发送到相关系统，以确保按车型实施正确收费。

判别车型的办法有两个：一是在标识卡上存储有车辆牌照和车型类别代码；二是对检测得到的车辆间接参数进行综合评判后确定车型类别。

第一种判别法，由于标识卡上存储的车类代码不可修改，无须增添新设施即可在通信过程中得到准确的车辆类型。但是，当用户将标识卡从原有车辆拆卸下来，安装到与车型代码不符的另一车辆上时，只靠通信所获取的车类信息，是无法分辨其真伪的。

第二种判别法，需要安装多种检测设备，以检测车轴数、轮数、几何尺寸、车重等参数，并用计算机专用软件作综合（或图像）辨识。这样做，既加大系统投资，又增加管理维护费用。

目前常用的车型分类方法是双管齐下，但有主有次，即以标示卡上获取的车辆信息为主，再用检测所得数据进行校核，加以确认。这样做的好处是，可降低差错率，节约设备投资。

下面介绍一种以车辆轴距、车轴数、车高为主要参数的车辆自动分类方法，这种方法简单、易行，主要用于收费站电子收费系统，目前我国部分高速公路已采用这种技术。

（1）车辆分离器

是自动车型分类系统中的一个重要设备，它能把通过的每辆车分离出来，正确区分正常车辆和拖车车辆，给车型自动分类系统提供准确信息，确保分类精度。

（2）车高检测器

一般与车辆分离器合并在一起。当车辆通过收费车道时，它利用红外线光束被遮挡的情况，可检测出车头或前轮处的高度，也可检测出车辆底盘高度。

（3）轴距与车轴数检测器

轴距检测，可利用红外线或踏板式检测器来测定，但检测出的轴距不是轴距的实际尺寸，而是轴距的所属范围，轴距的实际尺寸，则由轴距所属范围和车型分类标准来确定。

3.逃费抓拍系统（VES）

由于ETC系统在为车辆提供不停车缴费环境的同时，也给冲卡逃费提供了方便条件。所以，在ETC系统开通运行前，必须提供一种以法规为基础的强大威慑力，使大多数车辆不会产生冲卡行为，而对个别冲卡者，则能提供有力的冲卡逃费现场证据，以便事后受到严厉的处置，并给予相应的经济处罚。

逃费抓拍系统，就是利用收费系统的各种硬件和处理程序，对未付或未按正确费率付费的通过车辆，以收费车道、栏杆和收费员组成关卡形式，迫使车辆停车缴费，以扼制冲卡逃费行为，并对该车辆行为进行自动记录的系统。

逃费抓拍系统，在自动栏杆附近安装有与计算机连接的摄像机，用来抓拍使用不停车收费车道而未装有效标识卡的车辆前部或后部牌照图像，以便确定车牌号码和逃费车主，作为事后追查、索赔和处罚的依据。

下面介绍车牌识别技术。

由于车牌设计、制作和使用等原因，使抓拍到的图像清晰度不够理想，给计算机车牌自动识别带来一定难度。影响车牌图像质量的主要因素有四个：一是车牌脏污、损坏和存在遮挡车牌录像的障碍物；二是天气恶劣、光源不足或车牌的材料对光线反射不佳（如塑料蒙皮车牌照），导致成像模糊；三是车牌安装不当，或牌照遗失，或牌照安装位置特殊；四是难于辨识易混淆或相似的字母、数字。目前，科技界一直在改进光学字符识别技术，使车牌字符识别的质量有很大提高，但准确度还不能令人完全满意，还需要继续改进提高。

四、联网收费介绍

（一）联网收费的一般规定

1.联网收费的前提条件

实行联网收费的各收费单位，其收费系统的技术标准必须统一，应按照"统一规划、一次设计、分期实施、逐步联网"的指导思想进行，必须统一联网收费模式。

2.联网收费的技术要求

（1）车型分类标准统一；（2）付款方式统一，如果使用预付方式，需要统一发行和管理预付卡机构；（3）收费处理方法和各种特殊情况处理方法统一；（4）通行卡（券）类型和编码格式，以及通行卡（券）读写设备技术规格统一；（5）收费系统各级硬件结构基本统一，IP地址也应统一规划；（6）收费系统各级软件应基本统一，尤其是通行卡（券）读写系统；（7）收费车道、收费站、收费分中心和结算中心之间数据传输格式和协议应统一；（8）通行费清分和拆账软件应统一；（9）当路网出现路径不唯一时，需解决行驶路径的确定问题等。

（二）实施联网收费应考虑的问题

1. 收费制式

收费制式对高速公路的建设标准、规模、投资水平以及运营管理都有较大影响，因此在规划、设计阶段，就应根据路网和地区特点对收费制式进行合理选择与确定。高速公路联网收费系统一般采用封闭式。

2. 通行卡（券）的选择

联网收费系统中，应采用相同类型和数据格式的通行券。一般条件下，宜选择多次重复使用的非接触式IC卡、一次性使用的纸质磁性券、一次性使用的纸质二维条形码券。

3. 收费方式

收费方式的选择，对系统的投资与运营有重要影响。推荐以半自动收费方式为主，条件具备的地区可逐步发展为电子不停车收费。半自动收费方式，可以概括为"人工收费、计算机管理、电视监视、检测器校核"模式。

4. 收费标准的制定

联网收费区域内车辆通行费的收取标准，由各项目（路段）收费单位按照《公路法》规定提出各自项目（路段）的收费标准，报省（自治区、直辖市）交通主管部门会同同级物价行政主管部门审查批准。收费结算中心根据批准的收费标准，制定统一的费率表，并利用计算机收费系统，将费率表传送到各收费站和收费分中心，保证计算结果的唯一性。

5. 付款方式

付款方式以现金为主，积极推行预付卡付款方式，并不断地扩大预付卡的使用范围，扩展到在高速公路范围内加油、住宿、汽车修理等服务项目的支付上，使其更具通用性。

6. 清分方式

指根据车辆行驶信息计算全程通行费，由出口收费站收取全程通行费后，统一上解到高速公路收费管理中心在银行的账户，收费管理中心根据各路段的里程和费率表，将各路段的所得划拨到各路段财务部门在银行的账户。清分的方式必须透明、准确、及时，以减少不必要的疑虑和纠纷。

7. 车型分类与识别

为了最大限度地吸引交通量，收取尽可能多的通行费和提高收费效率，必须制定统一的车型分类标准，必须对车型进行合理分类，这是联网收费必须解决的首要问题，它体现了对用户的公正性和合理性，保证了路网收费操作的规范性。鉴于我国车型构成比较复杂，而适用的自动判别车型技术尚未达到实用阶段，所以目前应以人工判别车型的方法为主。

8. 行驶路径的确定

纵横交错的高速公路网，不可避免地存在着环路和相同起讫点的不同行驶路径，驾驶员可根据需求、沿线环境、个人爱好来选择不同路径。当某一路段发生拥挤和交通事故时，驾驶员可合理地确定行驶路径、计算全程路费。而行驶路径的选择，与路网管理规则有关。

（三）网络互联技术

局域网，以其高速度、高效率、简单、易维护、支持微机网络等优点，得到了广泛的应用。但是，局域网传输距离较短，连接计算机较少，网络操作系统单一，不能满足人们的需要。因此，如何把各种不同类型的局域网与相对分散的计算机互联起来，实现不同计算机、不同操作系统之间的数据交换，这就是互联网所要解决的技术问题。具体讲，就是要解决不同网络与主机之间的通信，解决不同操作系统之间的互相访问与资源共享问题。

1. TCP/IP协议

TCP/IP协议，即互联协议，是用于实现各种同构计算机、网络之间或异构计算机、网络之间通信的协议。各种计算机或网络，通常都有各自环境下的网络协议，它只适合特定范围内计算机之间的通信，或者说它们都是专用的网络协议。由于各专用网络协议互不相同，致使不同计算机之间、不同网络之间难以互联通信。而从用户的角度看，最好是在其计算机联网后，就能访问所有与该网相连的资源，包括异构的网络和主机上的资源。这就需要有一种公共的网际协议，把各个异构网络或主机连接成可以相互通信和资源共享的网际网。

TCP/IP成功地解决了不同网络之间难以互联的问题，实现了不同网络之间的通信，它是当今网络互联的核心协议，可以说，没有TCP/IP就没有今天的网络互联技术，也没有以互联技术为核心建立起来的因特网。

TCP/IP使各种单独的网络，有了一个共同参考的网络协议，实现了不同设备间的相互操作。TCP/IP协议有如下特点：（1）协议标准具有开放性，其独立于特定的计算机硬件与操作系统，可免费使用。（2）统一分配网络地址，使得整个TCP/IP设备在网中都具有唯一的IP地址。（3）实现了高层协议的标准化，能为用户提供多种可靠的服务。

2. 计算机网络通信设备

按照计算机网络系统的划分，总体分为通信子网（网络通信设备组成）和资源子网（服务器与存储系统），还包含一些输出设备，在这些硬件设备支持的基础上，通过网络操作系统、数据库系统、应用软件系统等软件的配置，才真正形成计算机网络系统。以下仅介绍用于网络通信的设备。

（1）网络接口卡

网络接口卡（NIC），通常称为"网卡"。顾名思义，它是一种网络接口，直接连接到局域网（LAN）中的每一台网络资源设备服务器、PC机、打印机和机顶盒等，都必须在其扩展槽中安装网卡并通过传输介质（双绞线、同轴电缆或光纤）与网络相连。网卡配合网络操作系统来控制网络信息的交流。网卡选择的恰当与否，将直接影响网络数据的传输效率。

（2）集线器

集线器（HUB），是对网络进行集中管理的最小单元。HUB是一个共享设备，其实质是一个多口中继器，而中继器的主要功能是对接收到的信号进行再生放大，以扩大网络的传输距离。正是因为HUB只是一个信号放大和中转的设备，所以它不具备数据转发和自动寻址能力，即不具备交换功能。所有传到HUB的数据均被广播到与之相连的各个端口。

（3）网络交换机

网络交换机，能有效地将网络分成小的冲突域，为每个工作站提供更高的带宽。与集线器的共享带宽方式不同，交换机采用的是交换方式。

共享带宽网络，利用帧广播方法，把帧广播到集线器上的每个节点，所有网络节点共享信道的带宽，随着网络节点数的增加，平均每个节点可利用的带宽将减少。

交换式网络，为终端用户提供独占的点对点连接，使帧在节点之间，沿着指定的路径传输，并且交换机的多对不同源端口和目的端口之间可同时进行通信而不发生冲突。

（4）路由器

网络技术的复杂性和技术进步的频繁性，导致了世界上现存的网络千差万别，为实现这些网络之间的互通互联，必须使用路由器。所谓路由，就是指通过相互连接的网络把信息从源地点移动到目标地点的活动。

路由器的使命是为不同网络类型、不同地理位置、不同网段的源节点和目的节点之间提供最优化的互通手段。

五、计重收费系统

为充分体现公平性、合理性和科学性，有效限制超限运输车辆对公路掠夺性使用，减少超限运输给人民生命财产安全带来的威胁，中华人民共和国交通运输部规定，对装卸不可解体货物、无法卸载且轴载质量超过限定标准以及擅自行驶的超限运输车辆，实行按吨公里计重累进加价收费制度。

（一）系统组成及工作原理

1.计重收费系统的组成

计重收费系统由称重台、称重传感器、轮胎识别器、红外光幕车辆分离器、线圈车辆检测器、数据采集器、中央控制单元等七部分组成。车辆分离器、线圈车辆检测器、秤台和轮胎识别器安装在车道上，负责动态称重和采集车辆数据；数据采集器安装在控制柜内，负责协调并采集数据信号，进行技术处理后，将检测数据通过标准接口（RS422）输出至收费控制室的中央控制器。

2.计重收费系统的工作原理

当车辆进入称重收费车道时，车辆分离器检测车辆到达，车辆各轴依次通过轮胎识别器、称重台时，轮轴识别器和称重台准确判断出车辆轴组类型（分类依据标准：中华人民共和国交通运输部《超限运输车辆行驶公路管理规定》）或轮轴数量，并实时测量各轴重量；当车辆完全通过后，车辆分离器产生一个信号，进入数据处理状态；在数据处理状态，数据采集器对所记录的数据进行处理，将车速、加速度、轴型、轴重、每轴的轮胎数、轴组载荷、总重、超限率等信息通过标准接口（RS232/485）按照收费软件要求的格式输出至中央控制器。

3.计重收费系统的硬件设备

（1）称重台

全钢材料制作，钢材表面要去除氧化皮，做除锈防锈处理，长期暴露在空气中不能被锈蚀。称重台下由称重传感器支撑，并设有独立的接地装置。

（2）称重传感器

采用压感元件将车辆的重量信号转换成电信号，送数据采集单元。

（3）轮胎识别器

采用压电元件及专用的密封材料和绝缘聚氨酯胶封装成长度为1600 mm或1900 mm

的条状轮胎识别器。

（4）车辆分离器（红外光幕分离单元）

通过红外光被遮挡，判断车辆通过与否。

（5）线圈感应车辆分离器

线圈和控制器构成一个振荡器，当车辆驶近时，振荡器频率信号发生变化，线圈控制器检测到频率变化，经过处理后发出一个车辆存在的信号。当车辆离开时，频率恢复正常，控制器发出一个车辆离开的信号。

（6）数据采集处理控制柜

为数据采集单元，采用快速采集器，完成重量信号、线圈感应信息、轮胎识别信息、红外分辨信息的采集，将车辆信息传送给中央控制单元。

（7）中央控制单元

即中央控制器，该部分是整个装置的核心部分，采用工业控制计算机，程序固化于固态盘内，无硬盘。对数据采集单元上传的重量数据、线圈感应、轮胎识别、红外分辨信息进行处理，得到车辆的轴重、总重、车型、轴型、超限、速度、加速度等信息。

（8）软件系统

主控制器的软件是整个系统的灵魂。主机迅速、准确地接收来自称重传感器、轮胎识别器、红外线分离器、感应线圈等传来的信息及数据，经处理后得到车辆的轴负载、总重、车型、轴型、超限率、速度、加速度等信息。

4. 系统特性

（1）系统动态称重过程自动完成，无须人为干预。与收费系统可实现无缝网络互联，方便已有收费系统的计重收费改造。（2）系统具有坡度补偿功能。系统可根据车辆速度、重量等数据，自动调整称量数据，减少称量误差。（3）系统支持动静两用称量模式，即动态称量和静态称量，并可自动转换，即使由于拥堵，车轴停在称重台板上，系统也能准确称量并进行车型判别。（4）安装在路侧的车辆分离器完全消除跟车现象，将半挂车、全挂车、单车可靠分离，保证了称重检测数据与车辆的一一对应关系，不能出现由于误判而产生多车或少车现象。（5）安装在室外控制柜内的数据采集单元、轮轴识别控制器、车辆分离控制器、坏形线圈控制器等部件，完全适应室外全天候工作，保证了设备的无故障连续运行。（6）系统应具有多个车辆测量数据自动缓存的特性，前一辆车的数据传到收费计算机，但处理过程没有结束，此时收费计算机不接收后一辆车的数据，则后一辆车的数据暂存于车道数据处理器缓存消息队列中，并尝试重发，直到发送完成。避免此次检测数据被冲掉，从而保证了称重检测数据的完整性，同时也保证了车辆与检测数据的——对应关系。（7）系统应具有防腐防晒性能，产品材料选用优质热轧型钢及板材，全部钢材加工前表面进行喷砂等预处理，去除钢材表面的氧化皮、锈蚀及异物，然后做防锈处理。

第五节　供配电系统

一、概述

机电系统的运行，依靠供配电照明系统提供电能支持，随着机电系统建设的逐步完成，高速公路供配电系统已发展成为电力供电系统的一个重要分支。因此，结合高速公路机电系统的特点，研究高速公路供配电系统是十分必要的。

二、供配电系统的基本要求

供配电系统是交通机电系统（包括收费系统、通信系统、监控系统和供配电照明系统）的重要组成内容之一，供配电设施是高速公路附属工程配套设施。其目的在于确保其用电的安全、合理和可靠性，满足高速公路管理部门生产、生活的需要，确保高速公路安全、通畅、经济、快速和舒适等综合效益最大限度地发挥，实现高速公路运营与管理过程的现代化。为此，供配电系统必须达到以下基本要求：

安全——在电能的供应、分配和使用中，不应发生人身事故和设备事故；

可靠——应满足用户对供电可靠性的要求；

优质——应满足用户对电压质量和频率等方面的要求；

经济——系统的投资要少，运行费用要低，并尽可能地节约电能和减少有色金属的消耗量。

此外，在工作中，应合理地处理局部和全局、当前和长远的关系，既要照顾局部和当前的利益，又要有全局观念，能顾全大局，适应发展。

三、供配电系统的特点及指标

（一）供配电系统的特点

高速公路供配电系统由变配电所、供电线路和各种用电设备等组成，其中变配电所是电力系统的一个终端降压变配电所。

高速公路供配电系统的供电电压一般在35kV及以下；高压配电电压通常为10kV；低压配电电压一般采用380V/220V，其中线电压380V接三相动力设备及380V的单相设备，相电压220V接一般照明灯具及其他220V的单相设备。

供电系统一经确定，就决定了高速公路供配电系统内部用电负荷的供电可靠性和供电质量。充分考虑每个用电设备的工作特点和对供电质量指标的具体要求，设计一个安全、可靠、灵活、经济的供配电系统，对保证高速公路安全正常运营、节约电能、提高经济效益等方面具有重要意义。

（二）决定供电质量的主要指标

决定高速公路供配电系统供电质量的指标为电压、频率和可靠性。

1. 电压

理想的供电电压应该是幅值恒为额定值的三相对称正弦电压。由于供电系统存在阻抗、用电负荷的变化和用电负荷的性质（如冲击性负荷、非线性负荷）等因素，实际供电电压无论是在幅值上、波形上还是三相对称性上，都与理想电压之间存在偏差。其主要考虑因素有以下几个指标：①电压偏差是指电网实际电压与额定电压之差，实际电压偏高或偏低对用电设备的良好运行都有影响。以照明白炽灯为例，电压升高，则光效高，但寿命减少；电压降低，寿命虽然增加，但光效严重不足；②电压波动和闪变电网电压均方根值随时间的变化称为电压波动，由电压波动引起的灯光闪烁对人眼、脑产生的刺激效应称为电压闪变。当大容量冲击性负荷运行时，剧烈变化的负荷电流将引起线路压降的变化，从而导致电网发生电压波动。电压波动不仅引起灯光闪烁，还会使电动机转速出现脉动、电子仪器失常等；③当电网电压波形发生正弦畸变时，电压中出现高次谐波。高次谐波的产生除电力系统自身背景谐波因素外，在高速公路供配电及照明系统中主要由大功率变流设备、荧光灯和高压钠灯等气体放电灯、交流电动机等非线性用电设备引起。高次谐波的存在，将导致供电系统能耗增大，电气设备尤其是静电电容器过流及绝缘老化加快，并会干扰自动化装置和通信设施的正常工作；④三相电压不对称指三个相电压在幅值和相位关系上存在偏差。三相不对称主要由系统运行参数不对称、三相用电负荷不对称等因素引起。供电系统的不对称运行对用电设备及供配电系统都有危害，低压系统的不对称运行还会导致中性点偏移，从而危及人身和设备的安全。

2. 频率

我国规定的电力系统标称频率（俗称工频）为50Hz，国际上标称频率有50Hz和60Hz两种。由电力系统供电的交流用电设备的工作频率应与电力系统标称频率相一致。为了达到某种特殊目的，有些用电设备需在其他频率下工作，则可配以专用变频电源供电，加高频加热、感应电动机变频调速等。

当电能供需不平衡时，系统频率便会偏离其标称值。频率偏差不仅影响用电设备的工作状态、产品的产量和质量，更重要地会影响到电力系统的稳定运行。

高速公路供配电系统的电压频率是由电力系统保证的。我国国标规定，电力系统正常频率偏差允许值为 ±0.2Hz，当系统容量较小时，偏差值可以放宽到 ±0.5Hz。

3. 可靠性

可靠性是指根据用电负荷的性质和突然中断其供电在政治上或经济上造成损失或影响的程度，对用电设备提出的不允许中断供电的要求。按照供电可靠性要求，用电负荷分为以下三种：

（1）一级负荷

突然停电将造成人身伤亡，或在经济上造成重大损失，或在政治上造成重大影响者；

（2）二级负荷

突然停电将在经济上造成较大损失，或在政治上造成不良影响者；

（3）三级负荷

不属于一级和二级负荷者。

各级用电负荷的用电方式，应根据负荷对供电可靠性的要求和地区供电条件按下列原则考虑确定：

一级负荷应由两个独立电源供电，有特殊要求的一级负荷，两个独立电源应来自两个不同的地点。

二级负荷应由两回线路供电，当负荷较小或取得两回线路有困难时，可由一回专用线路供电。

三级负荷属于不重要负荷，对供电方式无特殊要求。

所谓两个独立电源，是指任一电源故障时，不影响另一电源继续供电。当两电源具备下列条件时，可视为两个独立电源：两个电源来自不同发电机；两个电源间无联系，或虽有联系但能在任一电源故障时自动断开其联系。

高速公路机电设施属一级负荷，应由两个独立电源供电。必要时，还应增设紧急电源。

四、供配电系统的基本要求

高速公路供配电系统主要由高低压供配电系统、电力线路、备用电源、道路及隧道照明系统、防雷接地系统等组成。

供配电系统是高速公路交通机电系统必不可少的支持系统，它的作用是保证24小时无间断供应电能，既能正常供电，又能紧急供电。

供电系统包括变压器、高压和低压开关柜、各种配电屏和配电箱等。

紧急供电系统一般配备柴油发电机组、防酸漏铅电瓶或UPS电源等。

电力线路是电流的传输通道，一般按电力线路电压高低，将1kV以上线路称为高压线路，1kV以下线路称为低压线路；电力线路按其结构又可分为架空线和电缆线路。

目前，高速公路10kV专板供电线路广泛采用架空线路，其优点是设备材料简单、造价低、施工方便、易于发现故障而且便于检修；但缺点是容易受外界环境影响，供电可靠性较差。随着我国高速公路的现代化发展和美化环境的要求，站区及沿线用电设施越来越多的采用电缆线路，其供电的特点是受外界因素（如雷害、鸟害、风害等）的影响小，供电可靠性环境美观。但成本高，一次性投资较大，约为同电压等级架空线路的10倍；电缆线路分支困难，接头工艺复杂；故障点较难发现，不便及时处理故障。

为了保证用电安全、经济、合理、可靠地运行，导线和电缆的截面选择，应从经济、技术上考虑。导线和电缆的截面选择过大，既增加建设的投资，又浪费有色金属；导线截面选择过小，线路在运行中会造成很大的电压降和电能损失，并使导线接点处过热而温度过高，导致事故发生，影响供电系统安全和电气线路设备的正常运行，所以必须适当选择导线和电缆截面。

定期检查和维护是保证电力线路正常工作的主要手段。对架空线路，定期巡视检查要根据架空线路的运行情况、完好程度、沿线路环境及重要性来具体确定。一般要求每月进行一次遥视检查。如遇大风大雨及发生故障等特殊情况时，需临时增加巡视次数或随时巡检；根据架空线路的负荷大小及绝缘子污秽程度适当增加夜间巡视；架空线路发生故障后，应根据变电站出线开关保护装置的动作情况进行具体巡视检查。

电源因故中断时，交通机电系统设备能够正常工作，高速公路供电系统应配备备用电源。

对于交流供电系统一般多采用柴油发电机组，当供电停电时，能够在规定的时间内启动柴油发电机组供电。目前国内已开始采用自动柴油发电机组，在供电断电时，机组能够自动启动、发电和自动实现电源的切换而无须人工干预。

五、供配电系统的设计原则和目标

（一）供配电方式设计原则

高速公路采用分散供电还是集中供电，应在满足高速公路用电要求的同时，充分考虑供配电技术的可行性和经济可行性进行确定。

分散供电是指高速公路就近取自附近城镇的民用电或农用电，这种供电方式可以减少集中供电在输、配电上的投资，但由于农业用电供电可靠性和稳定性较差，使供电质量难以保证，给监控系统、收费系统的正常工作带来严重的影响，甚至造成系统的误操作。目前，这种方式适用于我国高速公路尚未实施交通机电系统、用电相对集中的服务区的状况。但该方式的供电在日常的运行管理上，常与地方发生矛盾，这也给高速公路管理系统的正常运行造成困难。

集中供电是指高速公路沿线设施、办公用电和生活用电引自附近的高压供电干线网，是相对独立的供配电系统。集中供电能有效地减少停电和供配电故障的次数，控制用电质量，避免与地方在用电问题上的矛盾，确保了机电设备的用电要求，是现代化高速公路供配电系统的发展方向。但是集中供配电系统需提供专板专线电源和远距离输配电，不仅增加供配电系统的复杂性和建设投资，而且由于沿线电力线路的分布电场形成对高速公路沿线监控、通信等外场设备的正常运行产生干扰，在考虑使用该种方式时，这些因素应给予足够的重视。

供配电系统设施的优劣标志着高速公路现代化的程度，因此供配电系统的建设与管理应体现"技术先进，经济合理，节省能源，维修方便"以及"先进性与实用性相结合，安全性和可靠性相结合，标准化和统一化相结合，开放性和扩充性相结合"的原则，最大限度地发挥高速公路管理功能和服务水平，改善行车条件，为道路使用者提供良好的服务，创建优美的环境。

（二）设计目标

随着电子技术、计算机技术、通信技术、网络技术、控制技术的发展，为高速公路供配电系统提供了更高的要求，要求供配电系统既能照顾局部和当前利益，又能保证长远效益；既要满足用电负荷的要求，又要适应未来的发展要求。因此，供配电系统设计应达到以下要求：

1. 安全

供配电系统应具有自身的安全防护能力，保证电能在高速公路各系统中的供电、配电以及使用过程中不发生人员伤亡、设备损坏等事故；

2. 优质

能满足高速公路各系统对供电电压、波形、电流、功率等参数的质量要求；

3. 可靠

电能的供应与分配应满足高速公路各子系统对供配电可靠性的要求，即供电、配电及使用过程中的连续性；

4. 经济

在满足高速公路用电的要求下，尽量使建设成本、运行管理及维修养护费用降到最低；尽量利用现有设备通过技术改良提高使用效率；尽量在输送电能的过程中减少有色金属的消耗量。

（三）供配电设计内容

高速公路供配电设计包括10kV高压供电线路设计、变配电所设计、低压配电线路设计等。

1. 变配电所设计

变配电所的任务是接受电能、改变电压和分配电能。

变配电所的设计内容应包括：变（配）电所负荷的计算及无功功率的补偿、所址的选定，变电所主变压器台数和容量、形式的选定，变（配）电所接线方案的选择，进出线的选择，线路架设方式的选择，系统短路计算，开关设备的选择，二次回路方案的确定及继电保护系统的选择与确定，防雷保护与接地保护的设计，以及配电所内照明系统的设计等内容。

2. 配电线路设计

高速公路配电线路设计分为管理中心、收费站、服务区内配电线路设计和沿高速公路主线的配电线路设计。

高速公路沿主线的输配电线路设计内容包括：配电线路路径及线路结构形式（如架空线路、地理电缆）的确定，导线的金属材料及其配电设备和保护设备的选择，沿主线架空线路杆柱位置的确定，标准杆柱与绝缘子等的选择，架空线路的防雷保护和接地系统的设计等。

管理中心、收费站和服务区内部的线路设计包括：市内配电线路的布设方案，配电线路的路由选择，导线选择及敷设方式，配电设备和保护设备的选择等内容。考虑站区的整体和美化，配电线路多采用地埋电缆。

第二章　路桥检测技术

第一节　道路桥梁工程试验检测的目的和意义

一、公路工程试验检测

公路工程试验检测，是指根据国家有关法律、法规的规定，依据工程建设技术标准、规范、规程，对公路水运工程所用材料、构件、工程制品、工程实体的质量和技术指标等进行的试验检测活动。

试验检测是工程质量的重要组成部分，是工程质量科学管理的重要手段。

二、试验检测的作用和目的

公路工程试验检测是一门融路桥工程基础知识、试验检测基础理论和测试操作技能于一体的学科，它贯穿路桥工程建设的全寿命周期，是工程设计参数、施工质量控制、工程验收评定、养护管理决策和各种标准、规范及规程修订的主要依据。客观、准确、及时的试验检测数据是路桥工程实践的真实记录，是指导、控制和评定工程质量的科学依据。

公路工程试验检测的作用和目的是：用定量的方法，对各种原材料、成品或半成品，科学地鉴定其质量是否符合国家质量标准和设计文件的要求，作出接收或拒收的决定，保证工程所用材料都是合格产品，是控制施工质量的主要手段。对施工全过程进行质量控制和检测试验，保证施工过程中的每个部位、每道工序的工程质量均满足有关标准和设计文件的要求，是提高工程质量、创造优质工程的重要保证。通过各种试验试配，经济合理地选用原材料，能充分利用当地出产的材料，就地取材，优化原材料的组合，提高工程质量，降低建设成本，节约工程造价。通过试验检测，还可以确定施工控制参数，不断改进施工工艺，优化施工流程，保障施工质量。对于新材料、新工艺、新技术，通过试验检测和研究，鉴定其是否符合国家标准和设计要求，为完善设计理论和施工工艺积累实践资料，为推广和发展新材料、新工艺、新技术做贡献。试验检测是评价工程质量缺陷、鉴定和预防工程质量事故的手段。通过试验检测，为质量缺陷或质量事故判定提供实测数据，以便准确判定其性质、范围和程度，合理评价事故损失，明确责任，从中总结经验教训。分项工程、分部工程、单位工程完成后，均要对其进行适当的抽检，以便进行质量等级的评定，为竣工验收提供完整的试验检测证据，保证向业主交付合格工程。试验检测工作集试验检测基本理论、测试操作技能和路桥工程相关学科的基础知识于一体，是工程设计参数、施工质量控制、工程验收评定、养护管理决策的主要依据。

随着工程建设管理水平的不断提高，人们给工程质量赋予了新的内涵，工程质量不仅关系到人民的生命财产安全、健康、环保和其他公众利益，还与保护资源、节约投资、提高经济效益和社会效益息息相关。工程质量为其综合反映，因此，公路水运工程试验检测，需不断更新理念，用科学、准确的数据为工程质量把好关，充分发挥试验检测的质量控制作用。

三、相关的法律、法规

与公路工程试验检测相关的法律、法规主要包括：

（1）《中华人民共和国计量法》。

（2）《中华人民共和国计量法实施细则》。

（3）《中华人民共和国标准化法》。

（4）《中华人民共和国标准化法实施条例》。

（5）《中华人民共和国产品质量法》。

（6）《建设工程质量管理条例》。

（7）《检验检测机构资质认定评审准则》。

（8）《关于进一步加强公路水运工程工地试验室管理工作的意见》。

（9）《公路水运工程试验检测管理办法》。

第二节 道路桥梁工程试验检测工作管理

一、试验检测频率的确定

在路桥工程施工前，应该先确定各种试验检测的频率，从而建立试验检测工作计划。试验检测的频率由以下几个方面确定：各种公路/桥梁施工技术规范、验收标准等；工程承包合同、专用技术规范与设计图纸；监理工程师的指令。

确定了检测频率以后，根据预估的原材料、半成品、成品工程结构数量，就可以初步预估出所从事施工的项目的基本试验检测次数，从而制订试验检测工作计划，以便对施工中的试验检测进行控制。

二、试验管理流程

试验检测管理主要包括施工原材料订货管理、原材料进场试验管理、委托试验管理和试验检测管理等几个方面。

（一）施工原材料订货管理流程

（1）考察材料厂商生产能力并抽取样品。

（2）收集生产厂家的合格证书和试验报告。

（3）监理与建设单位现场调查生产厂家（设备、工艺、质量稳定性和合格率）。

（4）施工单位对样品试验合格。

（5）监理单位对样品复验合格。

（6）建设单位对材料进行审批。

（7）签订供货合同。

（二）原材料进场试验管理流程

（1）根据供货合同组织材料进场。

（2）施工单位对进场材料验证性试验合格。

（3）试验人员及室主任签认记录、报告。

（4）监理单位进行复核试验合格。

（5）监理在试验报告单上签署结论性意见。

（6）将材料用于工程。

（三）委托试验管理流程

（1）取样（何处取、怎么取、取多少）。

（2）填写试验委托书（最好事先填写）。

（3）收样员收取试样（清点、核对、登记）。

（4）试验员根据委托书进行试验。

（5）填写试验记录和试验报告单并签字。

（6）试验室主任签署结论性意见并签章。

（7）形成试验报告签领单。

（8）领取人签字并领取试验报告。

三、试验管理台账

路桥工程施工周期较长，且试验检测项目种类繁多，为了便于试验检测工作的管理，应该事先建立试验检测台账表格，并在施工过程中对所有的试验进行分类登记、统计和管理。

公路工程试验检测台账主要包括以下几类：

（1）原材料试验分类台账。

（2）混合料试验分类台账。

（3）结构物试验分类台账。

（4）原材料试验统计表。

（5）混合料试验统计表。

（6）结构物试验统计表。

第三节　道路桥梁工程试验检测管理制度

一、检测室管理制度

公路水运工程试验检测活动应当遵循科学、客观、严谨、公正的原则。根据《公路水运工程试验检测管理办法》，试验检测机构应取得"等级证书"，同时按照《中华人民共和国计量法》的要求经过计量行政部门考核合格，通过计量认证的检测机构，方可向社会提供试验检测服务。

交通运输部负责公路水运工程试验检测活动的统一监督管理。交通运输部工程质量监督机构（以下简称部质量监督机构）具体实施公路水运工程试验检测活动的监督管理。省级人民政府交通运输主管部门负责本行政区域内公路水运工程试验检测活动的监督管理。省级交通质量监督机构（以下简称省级交通质监机构）具体实施本行政区域内公路水运工程试验检测活动的监督管理。

取得"等级证书"的检测机构在"等级证书"注明的项目范围内出具的试验检测报告，可以作为公路水运工程质量评定和工程验收的依据。

公路水运工程质量事故鉴定、大型水运工程项目和高速公路项目验收的质量鉴定检测，质监机构应当委托通过计量认证并具有甲级或者相应专项能力等级的检测机构承担。

取得"等级证书"的检测机构，可设立工地临时试验室，承担相应公路水运工程的试验检测业务，并对其试验检测结果承担责任。工程所在地省级交通质监机构应当对工地临时试验室进行监督。

检测机构应当严格按照现行有效的国家和行业标准、规范和规程独立开展检测工作，不受任何干扰和影响，保证试验检测数据客观、公正、准确。检测机构应当建立严密、完善、运行有效的质量保证体系，应当按照有关规定对仪器设备进行正常维护，定期检定与校准。

检测机构应当建立样品管理制度，提倡盲样管理。检测机构应当建立健全档案制度，保证档案齐备，原始记录和试验检测报告内容必须清晰、完整、规范。

检测机构在同一公路水运工程项目标段中不得同时接受业主、监理、施工等多方的试验检测委托。检测机构依据合同承担公路水运工程试验检测业务，不得转包、违规分包。

检测人员分为试验检测师和助理试验检测师，检测机构的技术负责人应当由试验检测师担任，试验检测报告应当由试验检测师审核、签发。检测人员应当严守职业道德和工作程序，独立开展检测工作，保证试验检测数据科学、客观、公正，并对试验检测结果承担法律责任。检测人员不得同时受聘于两家以上检测机构，不得借工作之便推销建设材料、构配件和设备。

二、岗位责任制

（一）最高管理者

主持单位全面工作和资源调配，贯彻执行国家政策和法规，负责制订单位质量方针目标并组织实施，批准单位年度工作计划和发展规划。确定单位机构设置，规定组织内各部门的职责和权限，任命技术负责人、质量负责人、各部门负责人及关键岗位人员，组织考核全体人员，实施奖惩制度。建立健全单位质量管理和质量保证体系，批准、颁布质量手册和程序文件，批准年度内审计划；批准管理评审计划和管理评审报告，主持单位的管理评审，保证管理体系持续有效运行。保证单位有足够的人力、物力和财力资源，以满足质量管理和检测工作的需要。负责批准财务预算、决算和财务支出，审批仪器设备及大宗物资的申购计划、仪器设备降级和报废以及试验室重要设施建设和配置。负责对单位检测结果负法律责任，保证检测结果的公正性、判断的诚实性。负责单位的安全管理，指定安全管理责任人。

（二）技术负责人

技术负责人应当由试验检测工程师担任。

负责单位技术管理工作，组织贯彻执行国家有关样品测试的法令、法规、技术标准和规范。负责单位标准方法的更新、验证并付之于实践，负责非标准方法修订的有关管理工作。对单位出现的不合格项进行调查分析，提出纠正措施并组织实施，对可能存在质量问题的检测结果进行复查或要求有关人员重新检测；对可能造成不良后果的行为，有权要求暂停检测工作。负责组织质量控制活动的实施，审批检测工艺、作业指导书、试验方案等技术文件。负责单位人员的技术培训及考核，决策检测工作中重大技术问题。负责组织单位内外的比对试验。审批质量控制计划和组织对质量控制结果进行评审。收集分包方的资质材料。完成领导交办的其他事项。

（三）质量负责人

负责单位检测工作质量管理，参与单位最高管理层对单位方针和资源的决策活动及技术管理活动，组织解决检测工作中的质量问题，审批质量文件，并定期向最高管理者汇报工作情况。负责组织管理体系文件的编写、审核、宣贯，保证管理体系现行有效。组织实施管理体系内部审核，指定内审组长，签发内审报告。负责审批质量事故、质量投诉的调查和处理意见；负责纠正、预防措施的审核，监督并跟踪措施的落实情况。制订年度质量监督计划，对不合格项进行控制。参与管理评审，负责编制管理评审计划和评审报告，并协助最高管理者实施。负责管理评审和外审中不符合项的跟踪验证。负责资质考核工作的组织实施。

（四）授权签字人

负责签发授权范围内的检测报告，对每份报告的真实性、准确性、合法性和适用性负全面责任。当检测报告不符合规定要求时，有权拒绝签发，并责令责任人整改。

（五）检测人员

熟悉所承担的分析测试项目的方法原理，严格按照《作业指导书》和标准、规范规定开展各项检测工作，按时保质完成检测任务，及时提供检测数据。

熟悉所用仪器设备的原理、性能和操作方法，严格执行仪器设备的使用、维护制度。严格遵守质量控制管理程序，保证检测原始记录和有关技术资料的真实性、完整性，对自己提供的检测数据和记录负责。发现检测结果出现异常时，要认真进行复查，并及时将情况向部门负责人报告。接受专业技术培训，掌握所从事项目的检测技能，做到持证上岗。了解所从事的分析测试项目的国内外动向和技术水平，掌握本测试项目的最新技术，不断提高分析测试能力和水平。遵守规章制度，爱护仪器设备，保持室内外清洁，做到文明操作；不随意倾倒废弃物，把废酸碱液、废重金属液和其他有毒有害物质等分类倒入收集器内。负责所操作仪器设备的期间核查，保证仪器设备处于完好状态。负责所从事的分析测试项目相关的试剂、耗材和仪器设备等物资的验收。负责所操作仪器设备相关联电脑、打印机的日常维护。协助做好仪器设备、检测试剂等验收工作。

（六）内审员

接受内审组长的委派，实施具体的内审工作。负责编制内审检查表和参加有关资料的整理。负责对纠正措施进行审核和效果跟踪验证。负责编制内审不合格报告。内审组长在每次内审结束后编写内审总结报告。

（七）质量监督员

负责监督检测工作过程、检测报告的抽查。应熟悉各项检测或校准方法、程序、目的及结果评价，应是一个检测领域内相对业务能力强、工作经验丰富的人员，应能识别出其他检测人员的检测工作的不规范、不正确之处。对一些重要的工作环节、工作业务、检测项目以及人员要重点实施监督，比如新的检测项目、新的检测设备、新的检测人员、重要的检测业务、容易出问题的重要环节等。监督记录也是试验室容易出问题的一点，监督和其他工作一样，需要留有"痕迹"，即质量记录，它的格式应是受控的，是体系文件的一部分。

（八）仪器设备管理员

负责仪器设备的分类、编号、登记管理。负责组织所有仪器设备的建档（包括名称、型号、规格、说明书、主机和附件、验收报告、保修单、检修记录、检定周期和使用记录等）和归档。负责制订仪器设备的年度检定/校准计划，并按计划进行检定/校准，避免漏检和迟检；负责对检定/校准结果进行确认，确保符合要求。负责仪器设备的标识管理。负责仪器设备购置、验收、停用与报废等工作。

（九）样品管理员

负责样品的接收、登记、编码。负责样品的流转、储存、发放。负责对测试完毕的样品进行合理处置，并进行记录。负责样品室的防火、防潮、防盗等安全工作。

（十）档案管理员

负责报告的发放；负责单位所有文件资料记录的分类、编目和保管。负责文件资料的借阅登记、复制工作。负责并承办文件资料的销毁工作。负责档案室的环境条件、安全和卫生，保证档案资料完好无损。档案管理员要忠于职守，不失密、不泄密，如有工作变动时要严格履行文件资料的移交手续。

（十一）抽样员

负责各检测项目的样品采集。抽样出发前，根据任务需要准备抽样工具、样品瓶、样品箱、现场测试仪器、记录表等抽样所需物品。在抽样现场，负责进行各检测项目样品的采集，并严禁样品被玷污和丢失，保证样品的代表性、完整性和真实性，同时做好现场检测项目的记录，必要时，对现场环境和抽样过程进行拍照与摄像。抽样完成后，负责将样品安全运输至试验室，防止样品被破损、玷污、变质、丢失。样品交接后，负责抽样工具和现场测试仪器等的清洁和保养，并妥善存放待用。对应急监测的样品还需保证抽样的时效性。管理抽样准备室，保持抽样工具、样品瓶、样品箱等的清洁和完备，负责现场测试仪器的管理和维护，保证其性能正常。

（十二）试剂、耗材、标准物质管理员

负责标准物质的采购、入库、登记及使用管理。负责标准物质的验收及核查。负责建立试剂、耗材出入库台账。负责对单位所有试剂、耗材按类别、规格和性质合理有序地摆放。对有毒试剂、危险试剂、耗材和贵重试剂、耗材设专柜存放，并实行双人双锁制度。负责失效和变质试剂、耗材的及时报废处理，保证试剂、耗材的原有质量，有毒试剂、耗材应处理成低毒或无毒试剂后再废弃。保证试剂、耗材安全，对试剂、耗材库要勤检查和定时通风，做到防火、防盗、防水。参与重要试剂、耗材验收。

三、安全管理

（一）安全监督管理的方针和依据

"安全第一，预防为主，综合治理"是安全生产工作的指导方针。安全意识是安全科学发展之本，是实现安全生产和安全生存的灵魂，是所有企业经济效益的重要基础。

（二）公路水运工程试验检测的安全责任

根据《公路水运工程安全生产监督管理办法》的相关规定，建设单位在公路水运工程施工招标文件中应当按照法律、法规的规定对施工单位的安全生产条件、安全生产信用情况、安全生产的保障措施等提出明确要求。建设单位不得对咨询、勘察、设计、监理、施工、设备租赁、材料供应、检测等单位提出不符合工程安全生产法律、法规和工程建设强制性标准规定的要求，不得随意压缩合同规定的工期。

施工单位应当向作业人员提供必需的安全防护用具和安全防护服装，书面告知危险岗位的操作规程并确保其熟悉和掌握有关内容与违章操作的危害。

作业人员有权对施工现场的作业条件、作业程序和作业方式中存在的安全问题提出批评、检举和控告，有权拒绝违章指挥和强令冒险作业。

在施工中发生可能危及人身安全的紧急情况时，作业人员有权立即停止作业或者在采取必要的应急措施后撤离危险区域。

作业人员应当遵守安全施工的工程建设强制性标准、规章制度，正确使用安全防护用具、机械设备等。

施工单位采购、租赁的安全防护用具、机械设备、施工机具及配件，应当具有生产（制造）许可证、产品合格证，并在进入施工现场前由专职安全管理人员进行查验。

施工现场的安全防护用具、机械设备、施工机具及配件必须由专人管理，定期进行检查、维修和保养，建立相应的资料档案，并按照国家有关规定及时报废。

（三）试验检测过程中的安全工作重点

室内试验的安全工作重点如下：

1.仪器设备安装使用安全

仪器设备的安装，电动设备应有接地装置，有飞溅情况的仪器设备应设置安全防护装置；使用中，应对大型仪器设备进行操作人授权，操作人需经培训合格后方可操作，熟悉仪器设备性能，严格按照操作规程（作业指导书）等操作；操作人员操作中不得擅自离开，如使用中发现异常，应立即停止试验，遇停水、停电、漏油、漏水时，应立即停机，排除故障。

2.用化学品试剂及"三废"处理的安全

危险化学品安全管理需依据《危险化学品安全管理条例》进行。该条例所称危险化学品，是指具有毒害、腐蚀、爆炸、燃烧、助燃等性质，对人体、设施、环境具有危害的剧毒化学品和其他化学品。

危险化学品应当储存在专用仓库、专用场地或者专用储存室（以下统称专用仓库）

内，并由专人负责管理；剧毒化学品以及储存数量构成重大危险源的其他危险化学品，应当在专用仓库内单独存放，并实行双人收发、双人保管制度。

危险化学品的储存方式、方法以及储存数量应当符合国家标准或者国家有关规定。

储存危险化学品的单位应当建立危险化学品出入库核查、登记制度。

3. 用水、用电、用火、防噪声安全

用电安全要点如下：①试验室内的电气设备的安装和使用管理，必须符合安全用电管理规定，大功率试验设备用电必须使用专线，严禁与照明线共用，谨防因超负荷用电着火。②试验室用电容量的确定要兼顾事业发展的增容需要，留有一定余量。但不准乱拉乱接电线。③试验室内的用电线路和配电盘、板、箱、柜等装置及线路系统中的各种开关、插座、插头等均应经常保持完好可用状态，熔断装置所用的熔丝必须与线路允许的容量相匹配，严禁用其他导线替代。室内照明器具都要经常保持稳固可用状态。④可能散布易燃、易爆气体或粉体的建筑内，所用电器线路和用电装置均应按相关规定使用防爆电气线路和装置。⑤对试验室内可能产生静电的部位、装置要心中有数，要有明确标记和警示，对其可能造成的危害要有妥善的预防措施。⑥试验室内所用的高压、高频设备要定期检修，要有可靠的防护措施。凡设备本身要求安全接地的，必须接地；定期检查线路，测量接地电阻。自行设计、制作对已有电气装置进行自动控制的设备，在使用前必须经试验室与设备处技术安全办公室组织的验收合格后方可使用。自行设计、制作的设备或装置，其中的电气线路部分，也应请专业人员查验无误后再投入使用。⑦试验室内不得使用明火取暖，严禁抽烟。必须使用明火试验的场所，须经批准后，才能使用。⑧手上有水或潮湿请勿接触电器用品或电器设备；严禁使用水槽旁的电器插座（防止漏电或感电）。⑨试验室内的专业人员必须掌握本室的仪器、设备的性能和操作方法，严格按操作规程操作。⑩机械设备应装设防护设备或其他防护罩。⑪电器插座请勿接太多插头，以免电荷负荷不了，引起电器火灾。⑫如电器设备无接地设施，请勿使用，以免触电。

用水安全要点如下：①节约用水，用完后随手关掉阀门。②用水时要用器皿盛水，不得将水淋在化学药品上。③管理人员要经常检查上下水是否完好。

用火安全要点如下：①防止煤气管、煤气灯漏气，使用煤气后一定要把阀门关好。②乙醚、酒精、丙酮、二硫化碳、苯等有机溶剂易燃，试验室不得存放过多，切不可倒入下水道，以免集聚引起火灾。③金属钠、钾、铝粉、电石、黄磷以及金属氢化物要注意使用和存放，尤其不宜与水直接接触。④万一着火，应冷静判断情况，采取适当措施灭火；可根据不同情况，选用水、沙、泡沫、CO_2 或 $CCl4$ 灭火器灭火。

防噪声安全要点如下：试验过程中有强噪声产生，应采取减噪声或隔声措施。产生噪声的试验室，应远离人口密集区。

（四）现场检测人员的安全及临时设施的安全管理

公路桥梁现场检测尤其是已开放交通的道路质量检测，多采用自动化检测设备或多种检测指标一体的综合检测车辆进行，由于已开放交通的道路车辆流动，各种不确定因素较多，给检测车辆和人员安全增加了风险，必须制订行之有效的检测方案及安全防护措施，确保人员、车辆及仪器设备安全。对于现场需要安装、拆卸、整体提升、模板等自升式架设设施，必须由有相关资质的单位承担，设施安装完毕后需自检后方可开展检测作业。

第四节　道路桥梁工程试验检测机构

一、试验检测机构等级设置

试验检测机构等级，是依据检测机构的公路水运工程试验检测水平、主要试验检测仪器设备及检测人员的配备情况、试验检测环境等基本条件对检测机构进行的能力划分。

检测机构等级，分为公路工程和水运工程专业。公路工程专业分为综合类和专项类，公路工程综合类设甲、乙、丙3个等级，公路工程专项类分为交通工程和桥梁隧道工程。水运工程专业分为材料类和结构类，水运工程材料类设甲、乙、丙3个等级，水运工程结构类设甲、乙2个等级。

二、试验检测机构资质要求

申请资质认定的检验检测机构应当符合以下条件：依法成立并能够承担相应法律责任的法人或者其他组织。具有与其从事检验检测活动相适应的检验检测技术人员和管理人员。具有固定的工作场所，工作环境满足检验检测要求。具备从事检验检测活动所必需的检验检测设备设施。具有并有效运行保证其检验检测活动独立、公正、科学、诚信的管理体系。符合有关法律法规或者标准、技术规范规定的特殊要求。

三、试验检测机构等级评定程序

部质量监督机构负责公路工程综合类甲级、公路工程专项类和水运工程材料类及结构类甲级的等级评定工作。省级交通质监机构负责公路工程综合类乙、丙级和水运工程材料类乙、丙级及水运工程结构类乙级的等级评定工作。

检测机构可以同时申请不同专业、不同类别的等级。检测机构被评为丙级、乙级后须满1年且具有相应的试验检测业绩方可申报上一等级的评定。

申请公路水运工程试验检测机构等级评定，应向所在地省级交通质监机构提交以下材料：公路水运工程试验检测机构等级评定申请书，申请人法人证书原件及复印件。通过计量认证的，应当提交计量认证证书副本的原件及复印件，检测人员证书和聘（任）用关系证明文件原件及复印件，所申报试验检测项目的典型报告（包括模拟报告）及业绩证明，质量保证体系文件。

公路水运工程试验检测机构等级评定工作分为受理、初审、现场评审3个阶段。

（一）受理

省级交通质监机构认为所提交的申请材料齐备、规范、符合规定要求的，应当予以受理；材料不符合规定要求的，应当及时退还申请人，并说明理由。

所申请的等级属于部质量监督机构评定范围的，省级交通质监机构核查后出具核查意见并转送部质量监督机构。

（二）初审

初审主要包括以下内容：试验检测水平、人员及检测环境等条件是否与所申请的等级标准相符。申报的试验检测项目范围及设备配备与所申请的等级是否相符。采用的试验检测标准、规范和规程是否合法有效。检定和校准是否按规定进行。质量保证体系是否具有可操作性。是否具有良好的试验检测业绩。

（三）现场评审

初审合格的进入现场评审阶段；初审认为有需要补正的，质监机构应当通知申请人予以补正直至合格；初审不合格的，质监机构应当及时退还申请材料，并说明理由。

现场评审是对申请人完成试验检测项目的实际能力、检测机构申报材料与实际状况的符合性、质量保证体系和运转等情况的全面核查。

现场评审所抽查的试验检测项目，原则上应当覆盖申请人所申请的试验检测各大项目，抽取的具体参数应当通过抽签方式确定。

现场评审由专家评审组进行，专家评审组由质监机构组建，3人以上单数组成（含3

人）。评审专家从质监机构建立的试验检测专家库中选取，与申请人有利害关系的不得进入专家评审组。

专家评审组应当独立、公正地开展评审工作。专家评审组成员应当客观、公正地履行职责，遵守职业道德，并对所提出的评审意见承担个人责任。

专家评审组应当向质监机构出具"现场评审报告"，主要内容包括：现场考核评审意见。公路水运工程试验检测机构等级评分表。现场操作考核项目一览表。两份典型试验检测报告。

（四）等级确定及发证

质监机构依据"现场评审报告"及检测机构等级标准对申请人进行等级评定。质监机构的评定结果，应当通过交通运输主管部门指定的报刊、信息网络等媒体向社会公示，公示期不得少于7天。公示期内，任何单位和个人有权就评定结果向质监机构提出异议，质监机构应当及时受理、核实和处理。

公示期满无异议或者经核实异议不成立的，由质监机构根据评定结果向申请人颁发"公路水运工程试验检测机构等级证书"（以下简称"等级证书"），等级证书有效期为5年；经核实异议成立的，应当书面通知申请人，并说明理由，同时应当为异议人保密。

省级交通质监机构颁发证书的同时应当报部质量监督机构备案。

（五）换证

等级证书期满后拟继续开展公路水运工程试验检测业务的，检测机构应提前3个月向原发证机构提出换证申请。

换证的申请、复核程序按照上述等级评定程序进行，并可以适当简化。在申请等级评定时已经提交过且未发生变化的材料可以不再重复提交。

换证复核以书面审查为主，必要时可以组织专家进行现场评审。

换证复核的重点是核查检测机构人员、仪器设备、试验检测项目、场所的变动情况，试验检测工作的开展情况，质量保证体系文件的执行情况，违规与投诉情况等。

换证复核合格的，予以换发新的等级证书。不合格的，质监机构应当责令其在6个月内进行整改，整改期内不得承担质量评定和工程验收的试验检测业务。整改期满仍不能达到规定条件的，质监机构根据实际达到的试验检测能力条件重新作出评定，或者注销等级证书。

换证复核结果应当向社会公布。

（六）变更及注销

检测机构名称、地址、法定代表人或者机构负责人、技术负责人等发生变更的，应当自变更之日起30日内到原发证质监机构办理变更登记手续。

检测机构停业时，应当自停业之日起15日内向原发证质监机构办理等级证书注销手续。

任何单位和个人不得伪造、涂改、转让、租借等级证书。

第五节　道路桥梁工程工地试验检测室

一、工地试验室的类型

公路水运工程工地试验室是为加强工程建设现场质量管理而设立的临时试验室，它随建设项目的开工而设立，项目的结束而撤销。工地试验室所提供的试验检测数据是工程建设现场质量控制和评判的重要基础数据来源，是工程建设质量保证体系的重要组成部分。根据设立单位的不同，工地设立的试验室一般包括以下几类：

（一）施工企业试验室

施工企业试验室是施工企业为完成其所承担的施工任务而建立的试验室。

（二）监理中心试验室

各项目的驻地监理或总监办，在项目上一般都设有工地试验室，主要承担本项目合同段内的监理方面的试验任务。

（三）第三方检测试验室

近些年来，第三方检测制度在公路水运工程中得到推行，一般由建设单位单独招标一个第三方检测单位，进行独立的第三方试验检测工作。部分第三方试验检测需要在现场设立工地试验室。

工地试验室一般按合同段划分单独设立，工程线路跨度较大时，应设立分支工地试验室。分支工地试验室作为工地试验室的组成部分，也应按标准化建设要求建设，并接受项目质监机构的监管。

二、工地试验室的职责范围

各级各类工地试验室的职能不同，其职责范围也有区别，分别简单介绍如下。

（一）施工企业工地试验室的职责范围

1. 选定料源

主要指地方材料（包括土、砂石材料、石灰）等；按设计文件提供的料源，通过试验，选择符合技术标准要求、开采方便、运输费用低的料场供施工使用。

2. 试样管理

包括试样的采集、运输、分类、编号及保管。

3. 验收复检

指对已进场的各种材料（包括原材料、成品或半成品材料）按技术标准或试验规程的规定，分批量进行有关技术性质试验，以决定准予使用或封存、清退。

4. 标准试验

指完成各种混合材料的配合组成设计试验，提出配合比例及相关施工控制参数。

5. 工艺试验

包括试验路铺设、混合材料的预拌等过程中的试验工作，为施工控制采集有关的控制参数。

6. 自检试验

包括配合比例、压实度、强度（包括各类试件的成型、养护和试验）、施工控制参数、分项或分部工程中间交工验收试验等。

7. 协助试验

指为监理试验室提供其复核试验所需的一切材料（同现场监理人员一同取样，每种材料取两份，一份留自己试验用，一份送监理试验室）、为现场监理人员抽检试验提供必要的仪器设备及人员协助，以及委托试验的送样任务。

另外，协助有关方面调查施工中出现的质量问题或质量事故，为调查处理提供真实、齐全的试验数据、证据或信息，参与必要的试验检测工作。对试验资料进行整理分析，提出分析报告，随时掌握施工质量动态，供有关人员参考。参与现场科研试验工作，推广及应用新材料、新技术、新工艺。

（二）监理试验室的职责范围

1. 监理的职责

是对工程的实施进行全过程、全方位的监督管理。监理试验室的职能介于施工企业和政府监督之间，即有监督的一面。其职责主要是进行复核或平行试验。

2. 评估验收

标段试验室在起用前要经过监理试验室的评估验收，包括试验室用房、设备到位及安装情况、衡器及测力设备检定校验情况、人员及其资质情况、规章制度及管理情况等，以决定是否同意投入使用。

3. 验证试验

对各种原材料或商品构件，按施工企业提供的样品、产品合格证和试验报告等进行订货前预验，以决定是否同意采购。

4. 标准试验

对各种混合材料的配合比例、标准击实及所用原材料进行平行复核试验，以决定是否同意批复使用。

5. 工艺试验

参与施工企业的有关工艺性的试验，包括各类试验路铺筑、混合材料预拌等过程中的试验工作，以决定是否同意正式开工。

6. 抽检试验

在工程实施过程中，按规定的抽检频率，对工程所用原材料、成品或半成品材料的性能及压实度、强度等做全程跟踪抽检试验。

7. 验收试验

对已完工的工程项目进行试验检测，以准确地评价工程内在品质，多指中间交验的分部及分项工程，以决定是否接收。

8. 监管作用

对施工企业试验室的工作实施全面监督管理，包括试样管理、试验工作管理、仪器设备管理、文献资料管理等。

以上工作任务有些要由监理试验室来完成，有些由现场监理人员在标段试验室人员的协助下来完成，也可由现场监理人员利用标段试验室的设备独立来完成。

（三）第三方检测试验室的职责范围

第三方检测试验室的职责包括以下两方面：

1. 抽检试验

在工程实施过程中，定期或不定期地对在建工程的部分项目进行抽检试验，或进行全面的质量普查，以了解工程的质量动态，监督项目顺利实施。

2. 协助建设单位

对项目的试验检测工作进行管理。

三类试验室的性质不同、职能不同、职责范围也有区别。

施工企业试验室的职责主要是用规定的方法和手段，对工程所用原材料、成品或半成品材料、结构构件以及结构物进行自检试验，提出自检报告，作为申请监理检查验收的依据。

监理试验室的职责主要是进行复核性或平行试验，提出复核或抽检试验报告，作为批复或检查验收的依据。

第三方检测试验室的职责主要是定期或不定期地对分项或分部工程进行抽检，提出抽检报告，作为项目建设单位监督的依据。

尽管各自的职责有所侧重，但目标是一致的，即杜绝不合格材料用于工程，对不合格的构件、结构物或工程提出返工或拒收的依据，构成了既有自检、复核，又有监督的质量保障体系，保证工程质量万无一失。因此要求各类试验室必须具有性能先进、配套齐全的试验设备，以及具有专门知识和试验技能的、能熟练操作使用这些设备的工作人员，充分发挥试验室工作在工程建设中举足轻重的作用。

三、工地试验室标准化建设

工地试验室检测，应坚持规范化、标准化、精细化的方针，坚持"因地制宜、量力而行、务求实效"的工作原则，根据工程特点，将工地试验室标准化建设有关要求及费用标准等纳入招标文件，保证工地试验室标准化建设有序开展。各参建单位应将工地试验室标准化建设纳入日常管理，采取有效措施营造有利于工地试验室独立规范运行的外部环境，将提高工地试验检测数据的准确性、客观性和科学性作为工地试验室标准化建设的重中之重抓实抓好。

工地试验室标准建设应做到以下几点。

（一）工地试验室标准化建设

工地试验室标准化管理的内涵是硬件建设标准化、检测工作规范化、质量管理精细化、数据报告信息化。工地试验室标准化建设坚持因地制宜、务求实效、经济适用的工作原则，根据工程项目建设内容和规模进行设置，既要满足工程质量控制要求，又要满足布局合理、安全环保、环境整洁的要求。工地试验室选址，应充分考虑安全、环保、交通便利及工程质量管理要求等因素。根据工作、生活、院落及周围所需面积，合理利用原有地形、地貌、地物、水面和空间以及现有的设施等，并按照分区设置、布局合理、互不干扰、经济适用原则进行合理规划，规划方案应满足试验检测工作需要和标准化建设有关规定，经项目建设单位有关部门审核后开始实施。工地试验室用房可新建或租用合适的既有房屋，房屋应坚固、安全、实用、美观，并满足工作、生活需要，新建房屋宜安装、拆卸方便且满足环保要求。环境建设应满足水、电、通风、采光、温湿度、安全、环保等方面规定。其他工作室的要求，根据不同试验设备，满足规范、规程要求。

（二）人员配备

工地试验室应综合考虑工程特点、工程量大小及工程复杂程度、工期要求等因素，科学合理地确定试验检测人员数量，确保试验检测工作正常开展。试验检测人员应持证上岗、专业配置合理，能涵盖工程涉及专业范围和内容，工地试验室授权负责人必须是母体试验检测机构委派的正式聘用人员，且须持有试验检测工程师证书。试验检测人员不得同时受聘于两家及以上的工地试验室。工地试验室不得聘用信用较差或很差的试验检测人员担任授权负责人，不得聘用信用很差的试验检测人员从事试验检测工作。

（三）设备配置

工地试验室应按照合同要求和母体检测机构授权范围内的试验检测项目及参数配备相应的仪器设备和辅助工具，对使用频率高的仪器设备在数量上应能满足周转需要，仪器设备的功能、准确度和技术指标均应符合现行规范规程要求。仪器设备应按照优化试验检测工作流程、整体布局合理、同步作业不形成相互干扰的原则进行布置。仪器设备应严格按照试验检测规程和使用说明书中相关要求进行安装与调试。对有环境条件要求的功能室，应配置相应的温湿度控制设备。标准养护室应配置一定数量的试件存放架，其刚度、尺寸应满足使用要求，且方便存取。办公室一般配置计算机、打印机、传真机、空调等设备，具有良好的工作和网络通信条件。资料室应配置一定数量的金属资料柜，具有防潮、防虫等措施。工地试验室应配置一定数量的交通工具，满足检测工作需要。

（四）体系与文化建设

工地试验室应依据母体检测机构的质量体系文件，结合工程特点，编制简明、适用、针对性和操作性强的质量体系文件及各项管理制度。工地试验室管理制度主要包括但不限于：试验室工作职责；主要岗位人员工作职责、试验检测人员管理制度、试验检测仪器设备管理制度；样品管理制度；化学品（试剂）管理制度；环境管理制度；标准、文件管理制度；试验检测记录、报告管理制度；试验检测工作程序及质量管理制度；外委试验管理制度；档案资料管理制度；不合格报告管理制度；检测事故分析报告制度。工地试验室在运行前，应开展质量管理体系文件和各项管理制度的宣贯和培训工作，并将各项制度落实到人，加强考核和检查，确保各项管理制度能得到有效执行，并做好相应记录。工地试验室应积极营造"诚实守信、科学规范"的工地检测文化氛围，将"科学、客观、严谨、公正"的理念，融入具体试验检测工作中。

第六节 道路桥梁工程试验检测中典型仪器设备技术的应用

一、落锤式弯沉仪的应用

落锤式弯沉仪（FWD）是利用重锤自由落下的瞬间产生的冲击荷载测定弯沉，其主要用途为测试公路路基、路面基层和路面结构层的弯沉，并可用于检测水泥混凝土路面脱空情况等。落锤式弯沉仪目前尚无公开发布的产品标准，其技术指标应满足《公路路基路面现场测试规程》中有关设备参数要求。FWD主要由路面加荷发生装置、弯沉测试装置、数据记录系统和车辆牵引装置四部分组成。FWD的落锤和缓冲器可以进行装配，提供两种不同尺寸的加载板，一种直径为300mm，另一种直径为450mm。系统有荷载传感器，能够准确地测出垂直施加到加载板上的力，荷载传感器的示值误差一般为1kPa，每次测试，系统一般可提供超过7个独立的电子组件弯沉测试仪及对应独立的弯沉测试通道，用来记录数据。该设备不仅能检测弯沉和弯沉盆，通过计算软件还可反算路面结构层模量。最大测试弯沉可达到2.5mm，弯沉传感器分辨率一般可达到1μm。

（一）量值溯源

1. 技术依据

目前，落锤式弯沉仪并无可直接依据的计量检定规程，使用单位可依照中华人民共和国交通运输部发布的《公路路基路面现场测试规程》中对该类型设备的技术要求执行。

2. 落锤式弯沉仪与贝克曼梁弯沉仪的对比试验

（1）路段选择

按照《公路路基路面现场测试规程》的要求，选择结构类型完全相同的路段，针对不同地区选择某种路面结构的代表性路段，进行两种测定方法的对比试验，以便将落锤式弯沉仪测定的动弯沉换算成贝克曼梁测定的回弹弯沉值。选择的对比路段长度为300~500m，弯沉值应有一定的变化幅度。

（2）对比试验

①采用与实际使用相同且符合要求的落锤式弯沉仪与贝克曼梁弯沉仪测定车。落锤式弯沉仪的冲击荷载应与贝克曼梁弯沉仪测定车的后轴双轮荷载相同。②用油漆标记对比路段起点位置。③在测试路段的路基或路面各层表面布置测点，其位置或距离随测

试需要而定。当在路面表面测定时，测点宜布置在行车道的轮迹带上。测试时，还可以利用距离传感器定位。测定车开走后，用粉笔以测定点为圆心，在周围画一个半径为15cm的圆，标明测点位置。④将落锤式弯沉仪的承载板对准圆圈，位置偏差不超过30mm，按前述要求进行测定。两种设备对同一点弯沉测试的时间间隔不宜过短，以便路面结构恢复变形。⑤逐点对应计算两者的相关关系。⑥通过对比试验得出回归方程式 $L_b = a+b \cdot L_{FWD}$，式中 L_b、L_{FWD} 分别为落锤式弯沉仪、贝克曼梁测定的弯沉值。回归方程式的相关系数 R 应不小于0.95。

（3）对比结果处理

若对比试验的相关系数 R 大于0.95，则认为该落锤式弯沉仪工作正常，其采集的数据有效，准予使用。

（4）检校周期

按照现行路面结构设计理论，FWD测量结果需要与贝克曼梁测值进行对比，进行相关性转换后，才能用于质量评定。但是，由于路面结构和材料、路基状况、温度、水文条件、路面使用状况不同，对比关系也会随之而变，为了提高数据的准确性，有关标准建议针对各种情况进行此项对比试验，并且线性回归分析需要不同水平的弯沉值，这些在实际工作中均难以实施，造成FWD应用的尴尬。当前情况下，建议落锤式弯沉仪每次检测前，针对特定路面结构，开展上述对比试验，得出相关转换关系。

虽然也有研究建议利用多点弯沉盆数据，采用对数关系回归，提高转换关系的适用性，但成果远未达到应用的条件。随着我国柔性路面结构设计理论的发展，相信这方面会有所突破，FWD的应用水平也将随之提高。

（二）保养维护及注意事项

1. 车轮及制动系统

轮胎压力冬天应达到0.22MPa；检查所有轮胎的螺母是否拧紧；确保制动系统外露的所有螺母、螺栓、销套固定完好；每5000km应对惯性手制动系统润滑一次。手制动附近安置了两个注油孔，应使用高质量润滑油。

2. 落锤组件

通过荷载传感器插头上面的注油孔，对加载板旋转部分定期润滑。首先从地面提升加载板10cm，加入润滑油时摇摆加载板，尽可能地使润滑油分布于转轴；然后使加载板安全降至地面，再加入一些润滑油。须使用高质量的润滑油。如果转轴上的润滑油被吹干，可能无法转动，这将损坏荷载传感器；检查荷载板的4个橡胶稳定装置是否断裂、损坏、缺失。通过4个注油孔定期对分离式荷载盘润滑；所有外露的螺母、螺钉应定期检查，如有必要重新拧紧；发动机的内表部件可用干型的喷洒式润滑油润滑；两个外侧的重锤导向轮可用干型的喷洒式润滑油润滑；重锤导向架上不应使用润滑油；检查升/降杆钢丝绳有无弯曲或断裂，并检查钢丝绳是否放置在两个导向轮上。检查升/降钢丝绳长度调整是否适合，固定夹具是否紧固。检查钢丝绳拉紧弹簧是否损坏；检查可移动式传感器的所有部件是否紧固，特别是底部的测量探头。

3. 电器/电气部件

检查拖车缓冲电池的酸液液面，必要时注入蒸馏水。电池端部夹具必须保持清洁并涂上防腐材料；至少每年检查一次电机电刷是否过量磨损。要由合格人员置换电刷；检查传感器确信它们安全固定密封，以使湿气不能从传感器后部穿入（传感器/金属的交界面）；检查两个压力开关PS1和PS2的保护橡胶帽，确保帽内的开关部件都涂上防腐材料，以防湿气进入开关触点元件，必要时予以更换；拖车内大电流保险盒应定期检查，看是否发生腐蚀。保险盒内部应涂上防腐材料。

二、反光标线逆反射系数测试仪的应用

道路交通标线是一种方便、简单、实用、经济的道路交通安全设施，它是由施画或者安装于道路上的各种线条、箭头、文字、图案及里面标记、实体标记、突起路标等所构成的交通设施。它的作用是向道路使用者传递有关道路的规则、警告、指引等信息，可以与标识配合使用或单独使用，实现分离交通、渠化平交路口交通、指示和预告前方路况、执法和守法依据的作用和功能。

我国有关标准对道路交通标线的颜色、虚线长度、标线宽度、标线厚度、标线的反光性和抗滑性做出了明确的要求。反光标线对高速公路行车的驾驶员安全非常重要。为此，《道路交通标线质量要求和检测方法》和《路面标线涂料》都对反光标线夜间可见度的光学性能规定了技术指标。

逆反射，是反射光从接近入射光的反方向返回的一种反射，当入射光方向在较大范围内变化时，仍能保持这种性质。逆反射材料是在暴露的表面或接近表面有一薄层连续的微小逆反射元的材料。反光标线亮度，国际上用逆反射系数来表示，单位为 $med \cdot lx^{-1} \cdot m^{-2}$。其物理意义是：在单位光照条件下，单位面积上产生的亮度值。反光标线逆反射系数测试仪是测定反光标线光学性能的专用仪器，既可以用于实验室也可以用于现场测量，一般由光源、接收器、光学系统、数据处理与指示单元、电源等部分组成。反光标线测试仪的特点：满足全天候测量，白天、夜间、野外、室内等不同条件下均可使用；操作简单，以直观的数字显示出逆反射系数值；性能稳定，测量准确度高，

配备标准版，采用资料传递方式进行标定；体积小，重量轻，携带方便；测量几何条件为观察角1.05°，入射角88.76°，应符合国家标准要求。

（一）量值溯源

1. 技术依据

反光标线逆反射系数测试仪的检定校准按照《逆反射测量仪检定规程》的计量要求执行。

2. 检验内容及性能要求

通用要求：型号、出厂编号、制造单位、制造日期、几何条件、测量范围、测量不确定度等。使用交流电源供电测试仪的机壳应接安全保护地线，并用单相三线插头连接到电源上，不应存在影响人身安全的缺陷。

（二）注意事项

仪器如果出现故障，应及时与供货单位联系，一般不可自行拆修，以免造成不必要的损伤。每次测量结束后，一定要将光门按钮复位还原，并将仪器放入仪器箱中保存，防振、防水、防尘。当仪器光门开关未打开时，如按下测量按钮，这时也会出现数据，这个数据是仪器光源的监测数据，与实际测量无关。注意保护标准板的清洁，不要损伤。该仪器配备一个充电器。充电时，仪器侧面有一个充电开关。打开开关，指示灯亮，表示已经和内部电源接通，这时接上充电器即可充电，充电时间一般为3~4h。仪器长期不用时，须对仪器蓄电池进行充电维护，防止电池活度减弱。仪器有三个指示灯对仪器电源进行监测。绿灯亮表示电源工作正常，红灯亮表示电源电压低，这时需要对仪器充电。充电时，如果黄灯亮，表示电已充足，可以进行测量。

三、钢筋位置及保护层测试仪的应用

（一）工作原理

应用电磁感应原理的钢筋位置及保护层测试仪主要由探头和主机组成。探头的核心部分是一个线圈，线圈和混凝土中的钢筋构成了一个相互作用的电磁模型，当主机信号源供给交变电流时，线圈向外界辐射出电磁场，钢筋在外界电磁场作用下产生沿钢筋分布的感应电流，该电流又向外界辐射出二次电磁场，使原激励线圈产生感应电动势，线圈的输出电压产生变化，钢筋位置测试仪根据此原理来确定钢筋位置和混凝土保护层厚度。

当钢筋位置测试仪探头位于钢筋正上方，即探头与钢筋的距离最小时，电动势具有极大值，因此可以通过对扫描信号峰值的判断来准确判定钢筋的位置，钢筋位置确定后即可定出钢筋的间距。

钢筋保护层厚度的检测信号幅值E与钢筋直径D和探头到钢筋的直线距离L（保护层厚度）有关，$E = f(D, L)$。当钢筋直径已知时，信号幅值E仅与探头到钢筋的直线距离L有关，一般测定仪都预先标定出信号幅值与钢筋直线距离的关系。当钢筋直径未知时，采用同时检测钢筋直径和保护层厚度的方法，此时测定仪已预先标定出每一种钢筋直径D的信号幅值E与钢筋距探头的直线距离L的关系式，并得到对应于直径D与距离L的信号幅值E的二维矩阵，用联立方程法或最小二乘法可解得所检测钢筋的直径和保护层厚度。

（二）使用

以某款仪器为例，钢筋位置及保护层测试仪的使用，操作要点如下所述。

1. 复位操作

将探头拿到空中，远离金属（至少距离金属0.5m）。在厚度测试、直径测试和扫描钢筋界面时，按下确定键进行复位操作，消除环境影响。约3s后，屏幕上显示"wait"字样。消失后，复位操作结束。此时可以进入正常检测状态，如果周围有较强的电磁场干扰，复位时间可能会稍长。注意不要在靠近钢筋的位置进行复位操作，否则会导致检测结果严重失真。

2. 单根钢筋定位和保护层厚度检测（已知钢筋直径）

将仪器取出，连接好探头。打开仪器电源，选择厚度测试功能，根据设计资料将钢筋直径设定为已知直径数值，设置本次检测的工程编号。将探头拿到空中，远离金属（至少距离0.5m），按下确定键进行复位操作，消除环境引入的影响。根据设计资料或经验确定钢筋走向，如果无法确定，应在两个正交方向多点扫描，以确定钢筋位置。

将探头放置在被检测体表面，探头平行钢筋、沿钢筋走向的垂线方向匀速移动，速度应小于20mm/s。当探头到达被测钢筋正上方时，仪器发出鸣声，提示此处下方有钢筋，自动显示保护层厚度值，此时按存储键将检测结果存入当前设置的工程编号中。在相反方向的附近位置慢慢往复移动探头，同时观察屏幕右侧的两位数字值，出现最小值且信号值最大时的位置即是钢筋的准确位置，钢筋的中心和探头上菱形图案中心重合。

数值判定：当保护层厚度值大于一定值时，探头检测信号比较微弱，此时为了减少误判，一般程序不对钢筋位置自动判定，需要用户根据当前值的变化规律来判定钢筋位置，我们将这种判定方式称为数值判定。观察屏幕右侧显示的两位小字体数值，当该值由大变小时，表示探头在逐渐靠近钢筋，继续移动探头，当该数字值开始由小变大时，表示探头在逐渐远离钢筋，在相反方向的附近位置慢慢往复移动探头，出现数字最小值且信号值最大时的位置即是钢筋的准确位置。

3.单根钢筋定位和保护层厚度及钢筋直径检测（钢筋直径未知）

取出仪器，连接好探头。打开仪器电源，先进行钢筋直径测试。一般情况下，钢筋直径的测试宜采用多次（不少于10次）测量，剔除异常值后取平均值的方式进行，以提高钢筋直径估测的准确性。有些测定仪具有独立的钢筋直径测试功能，可直接选择"直径测试"选项，而后设置本次检测的工程编号。但此功能应慎用，必要时需进行工程验证。将探头拿到空中，远离金属（至少距离金属0.5m），按下确定键进行复位操作，消除环境影响。根据设计资料或经验确定钢筋走向，如果无法确定，应在两个正交方向多点扫描，以确定钢筋位置。

将探头放置在被检测体表面，探头平行钢筋、沿钢筋走向的垂线方向匀速移动，速度应小于20mm/s，当探头到达被测钢筋正上方时，仪器发出鸣声，提示此处下方有钢筋，在相反方向的附近位置慢慢往复移动探头，同时观察屏幕上的信号值，最大值的位置即是钢筋的准确位置，保持探头位置不动，按下切换键，稍等一会儿，就可检测出被测钢筋的直径和保护层厚度，相应以大字体显示在钢筋直径和保护层厚度右侧的位置，此时按存储键将检测结果存入当前设置的工程编号中。

4.多根钢筋定位和保护层厚度检测（剖面钢筋的检测）

取出仪器，连接好小车和探头。打开仪器电源，选择钢筋扫描功能，进入剖面扫描功能，根据需要检测的尺寸选择相应的长度，根据设计资料将钢筋直径设定为已知直径数值，如不知道钢筋的直径则为默认值，设置本次检测的工程编号。将探头拿到空中，远离金属（至少距离金属0.5m）和强电磁干扰，按下确定键进行复位操作，消除环境引入的影响。根据设计资料或经验确定钢筋走向，如果无法确定，先用仪器的钢筋定位功能分别测出钢筋的走向及位置。将小车和探头放置在被检测体表面，探头平行被测钢筋匀速移动，速度应小于20mm/s，按照方向的右侧显示的方向，检测垂直于小车运动方向的钢筋，同时屏幕上显示有一小黑方块从左至右移动。听到报警声后，探测到的钢筋以小黑方块的形式显示在屏幕上，同时厚度下方显示当前被测钢筋的保护层厚度，继续向右平移小车，当小车所走过的距离≥500mm、1000mm、2000mm时，有连续报警声提示，这时按存储键将检测结果存入当前设置的工程编号中，按返回键返回到选择扫描方式的界面。

（三）维护保养

钢筋位置及保护层测试仪的日常保养可参照使用说明书进行，一般应包括以下要点：避免进水、避免高温（>50℃）。避免靠近非常强的磁场，如大型电磁铁、大型变压器等。仪器长时间不使用时，请取出电池，避免电池泄漏对电路造成损坏。

四、基桩超声波检测仪的应用

（一）工作原理

基桩超声波检测仪的工作原理是向被测的混凝土发射声波脉冲，然后接收穿过混凝土的脉冲信号，仪器显示和记录声波脉冲穿过混凝土所需时间、接收信号的波形、波幅等。根据声波脉冲穿过混凝土的时间（声时）和距离（声程），可计算声波在混凝土中的传播速度；波幅可反映声波脉冲在混凝土中的能量衰减状况，根据所显示的波形，经过适当处理后可对被测信号进行频谱分析，进而做出质量评价。

基桩超声波检测仪检测基桩完整性具有以下优点：检测细致，结果准确可靠，且现场操作简便、迅速。不受桩长、长径比的限制，一般也不受场地限制。无盲区，声测管埋到哪个部位就可以检测该部位，可覆盖全桩长的各个横截面，包括桩顶低强区和桩底沉渣厚度，信息量丰富。无须桩顶露出地面即可检测，方便施工。

（二）使用

1. 使用前准备

（1）换能器的选择

在混凝土检测中，应根据结构的尺寸及监测目的来选择换能器。由于目前主要使用纵波检测，所以只介绍纵波换能器的选择。

换能器种类：纵波换能器有平面换能器、径向换能器。平面换能器用于一般结构、试件的表面对测和平测，同时也是声波仪声时测试系统校验的工具，是必备的换能器，径向换能器（增压式、圆环式、一发双收换能器）则用在需钻孔检测或灌注桩声测管中检测。

换能器频率：由于声波在混凝土中衰减较大，为了使声波有一定的传播距离，混凝土声波检测都是用低频率声波，通常在200kHz以下。在此频率范围内，采用何种频率取决于以下两个因素：

1）结构（或试件）尺寸

结构尺寸不同，应选择不同的声波频率。这里所谓的尺寸包括穿透距离和横截面尺寸。被测体测距越大，声波衰减也越大，接收波振幅越小。为保证正常测读，应使接收波有一定的波幅，因此，对于大的测距只能使用更低频率的声波。目前，探测十多米以上的大型结构通常使用20kHz或以下频率的换能器。当测距较短时，为使接收信号前沿陡峭，起点分辨精确以及对内部缺陷与裂缝有较高分辨率，则尽量使用较高的频率。

被测体的横截面尺寸主要是考虑声波传播的边界条件。通常所说的声波波速均值是声波在无限大的介质中的速度。若横截面小到某种程度，声波波速将有明显的频散，所测得的声速（表观声速）将降低，通常认为，横截面最小尺寸应小于声波波长的2倍以上。因此在测试小截面尺寸的结构或试件时，应用较高频率。但也不宜用过高的频率，因为虽然较高频率波长短满足半无限大的边界条件，但由于被测体由各种颗粒组成，若波长与颗粒尺寸相比较太小，则被测体呈明显的非均质性，不利于声学参数来反映被测体总体的性能。

2）被测混凝土对声波的衰减程度

上述根据被测物体尺寸来选择声波频率指的是对一般混凝土而言，对于某些特殊场合，例如，被测混凝土质量差、强度低，当用所选用频率测试时接收信号很微弱，则须降低使用频率，以期获得足够幅度，被测混凝土是早龄期，甚至尚未完全硬化，声波衰减很大，则只能使用更低的频率甚至使用可闻声波的频率。

另外应注意，目前使用的换能器大多以压电陶瓷作为压电体，因此换能器在使用时必须保证温度低于相应压电陶瓷的上居离点。

（2）耦合

为了提高基桩超声波检测仪测试系统的工作效率和精度，在检测前向被测结构物用黄油或其他耦合剂使探头与被测介质良好接触，耦合的目的一方面是使尽可能多的声波能量进入被测介质中，另一方面又能使经介质传播的声波信号极可能多地被测试系统接收。混凝土灌注桩的声波检测一般采用水作为换能器与混凝土的耦合剂，应保证声测管中不含悬浮物（如泥浆、砂等），悬浮液中的固体颗粒对声波有较强的散射衰减，影响声幅的测试结果。

（3）声测管检查

为避免径向换能器卡住后取不上来或换能器电缆被拉断，检测前需检查声测管的通畅情况，对局部漏浆或焊渣造成的阻塞可用钢筋疏通。

（4）换能器的扶正

测试时径向换能器宜配置扶正器，尤其是声测管内径明显大于换能器直径时，换能器的居中情况对首波波幅的检测值有明显影响。扶正器可用1~2mm厚的橡皮剪成一齿轮形，套在换能器上，齿轮的外径略小于声测管内径。扶正器既能保证换能器居于管中，又能保护换能器在上下提升中不碰撞管壁，损坏换能器。软的橡皮齿轮又不会阻碍换能器通过管中某些狭窄的部位。

2.使用中的注意事项

通常仪器要做精密测量，须待开机后预热，等仪器工作稳定时，才能进行测量工作。注意使用环境，在潮湿、烈日、尘埃较多等不利环境中使用时应采取相应的保护措施，使用时避免阳光暴晒，远离热源，以免元件变质、老化、损坏。一般半导体元件及集成电路组装的仪器，使用环境温度为−10～40℃。使用时尽可能避开干扰源，如电焊机、电锯、电台及其他强电磁场。仪器发射端口有脉冲高压，要连接或拔出发射换能器时应将发射电压调至零伏或关机后进行。连续使用时间不宜过长。在同一构件的各检测剖面的检测过程中，声波发射电压和仪器设置参数应保持不变。由于声波波幅和主频的变化，对声波发射电压和仪器设置参数很敏感，而目前的声波透射检测，对声参数的处理多采用相对比较法，为使声参数具有可比性，仪器性能参数应保持不变。自动同步记录深度的计数滑轮的计数传感器属于光电感应式，谨防进水、受潮或者敲击。若发现深度计数不正常，其可能原因：一是换能器电缆长时间使用后电缆拉长，二是更换后的换能器电缆与原电缆直径不一致，这时需重新调试提高精度，以免出现较大测量误差。

（三）维护保养

对基桩超声波检测仪维护保养，主要有以下几点：保持仪器清洁，以免短路，清理时可用压缩空气或干净的毛刷。仪器应存放在干燥、通风、阴凉的环境中，若长期不用，应定期开机驱潮，同时，应定期充电放电，保证电池正常工作。换能器属易损件，不能摔或碰撞换能器，换能器内压电陶瓷易碎，黏结处易脱落，切忌敲击，避免摔打或践踏，不用时可用套筒防护保存。防止电缆被碾压或刮伤。水下径向换能器虽有防水层，但联结处常因扰动而损坏，使用中应注意联结处的水密性。每次使用后对计数滑轮进行保洁，放置在专用设备箱中，做好防水、防潮。仪器发生故障时，应由专业技术人员或联系生产厂家维修。

五、测斜仪的应用

（一）工作原理

测斜仪是用倾角变化，累加计算水平向位移的测量仪器。测斜仪按其工作原理有伺服加速度式、电阻应变片式、差动电容式、钢弦式等多种。比较常用的是伺服加速度式和电阻应变片式两种，伺服加速度式测斜仪精度较高，目前应用较为广泛。

测斜仪上下各有一对导向轮，上下轮距500mm，能反映土体内某一位置的倾斜量。土体发生变形后，整个测斜管随之产生倾斜，通过测斜仪逐段量测倾斜变化，就可得到测斜管每段的水平位移增量。

通过不同时间观测测斜管内相应位置的读数变化和深度累计变化值，即可测得测斜管口及不同深度处的水平位移量（或称挠度值）。

当测斜管的埋置深度足够或进入坚硬土层时，可认为管底是不动的；而当测斜管两端都有水平位移时，则需要测得管顶的水平位移以向下推求管底的水平位移。将量测的结果整理成各种曲线，反映各层的水平位移情况。

测斜仪应用于路基沉降及稳定性观测、深层水平位移监测、桩基深层水平位移监测，具有量测稳定，重复性好、连续（时间上数据不间断）、数据丰富（观测频率高、数据多）、不受外界环境影响（晴天、阴雨天均可监测）和对施工的影响较小等特点。

（二）使用

测斜仪属于自动化程度高、技术要求高、操作较为复杂的仪器，现场检测情况较为复杂，无一定工作经验的检测人员经常会采集不到高质量的数据，因此，检验机构有必要对该仪器编制作业指导书，以便准确的采集数据。下面以某型号测斜仪为例，介绍其使用的各个环节。

1. 测斜仪组成

探头1个、50m电缆、自动采集仪表（测读仪）1台。

2. 测试前准备

测斜仪探头必须经过率定，数据采集仪、电缆等应预先检查合格。测读仪每次充电要在12h以上，电压一般在5.5V左右，可保证一天的正常使用。若电压在4.6V以下时，则需要充电。

3. 现场检测

打开测读仪电源开关，出现"请输入命令"，即可进行"测试""调显""功能""清除"等四项操作。

在接上测头后，使用"测试"键才显示有效数据（未接通测头时显示的数字无意义）。用此命令可以了解电池电压，观察传感器是否正常工作。

在使用"功能"键进行参数设置时，主要有以下几点需要特别注意：①改变系统的某项默认设置值，都必须以"确认"键来进行。②关于"方向"的设置，系统的默认值是"东西北南"四个方向都要测量，如果只需测其中的"东西"或"北南"两个方向，就需要重新设置。③设置方法：在光标跳到"东西"时，若只需选"东西"方向，则在"东西"出现后，按"确认"键，此时出现"北南"，按"功能"键跳过。若需选"北南"方向，则首先按"∧"或"∨"键，选择"北南"方向后按"确认"键，此时出现"东西"，按"功能"键跳过。如果选择了"东西南北"四个方向，就必须全部测量。

如果只测量了其中的两个方向，则数据将出现乱码。④深度和步长要匹配，当孔深出现0.5m时，步长不能设置为1m，否则将出现乱码。

在参数设置完成后，即可进行观测，按设定的步长每提升一次采集一次数据，一个方向完成后按测读仪界面提示信息更换方向进行测读，全部采集好后，测读仪提示该孔采集完成，可进行下一测斜孔的数据采集，如无须继续工作，可直接关机。

观测中的技术要点：①同一仪器观测同一测斜孔，每次观测孔编号要一致，且应将电缆放置在同一槽口处观测。②每次观测时，首先将测斜仪放入测斜管内，使导向轮完全进入导向槽内，然后将探头放入孔中一段时间，以消除温差影响（特别是夏天和冬天）。测试方向应为导向轮的正向与被测位移坐标（+X）的正向一致时测值为正，相反为负，从管道自下而上进行，按设定步长为一个测点，测读仪显示仪读数稳定后按"存储"键采集数据，同一方向的观测应正反测试，将测点的误差控制在规定范围之内。由于测斜仪测得的是两滑轮之间（500mm）的相对位移，所以必须选择测斜管中的不动点为基准点，一般以管底端点为基准点，各处的实际位移是测点到基准点相对位移的累加。保证每次提拉时严格对准电缆标尺或标记。③同一轴线正反向读数偏差不得大于规定要求，偏差过大时应进行复测，仍过大时应寻找原因并及时纠正。④观测时及时做好记录或数据储存，检查合格后方可收线，否则要分析原因并及时纠正。⑤观测时应同时测量测斜管孔口高程。

（三）保养维护

测斜仪的保养维护根据使用频率和使用时的情况，可分为日常维护和定期维护。

1. 日常保养维护的内容及方法

（1）测读仪

①轻拿轻放，避免摔撞。②保持仪表键面清洁。③电池正常使用电压为4.8V以上，充电时间宜在15～16h。

（2）电缆

①保存好上下接头插孔护帽，每次使用完后盖好，避免进入泥沙和水渍防止短路。②使用时，应用扳手拧紧电缆下接口和测头连接处，避免水压过大测头进水。③仪器电缆每天都在重复使用，是容易发生故障的部位，电缆两端的接头长期使用容易损坏，在拆卸时不要横向折或用力拉，一定要注意电缆与探头接触部位尽量少弯折，装箱时尽量让接头处于自然状态。

（3）测头

①测头属于精密仪器，应当轻拿轻放，需专人保管、维护。测头中的传感器是石英

挠性加速度计，耐冲击100g，在受到强烈撞击时，可能损坏传感器。严禁强碰撞，高温时不得将测头及仪器置于阳光下暴晒。②使用测斜仪后，应当用清水冲洗测头，将泥沙等污物清理干净并吹干，尤其是滑轮，滑轮内的轴承为精密轴承，沙粒等细小杂质容易使滚珠磨损，所以给轮轴涂抹润滑油，既可避免弹簧锈死无弹力，也可延长使用寿命，一旦生锈后应当及时除锈（注：在涂抹润滑油时，禁止给电缆的上下接头的针或孔上涂油，以免影响导电性能）。

2.定期保养维护

当测斜仪不使用时，为了保护电池，应当隔0.5～1个月进行一次充电。定期给测头滑轮内的轮轴涂润滑油。

六、多功能道路检测系统的应用

随着公路里程的增加，公路养护管理的工作量急剧增加，通过道路检测获得路况数据可以判断路网中道路使用状况、损坏程度，同时检测数据也是编制道路养护和改建计划的依据。因此，快速、客观地评价道路的使用状况是管好道路的关键所在。然而一个地区路网中道路状况的定期检测是一项艰巨的工作，以往道路养护管理部门主要通过人工手段完成这些工作，并结合以往的经验判断养护维修等级及其范围，但路网的扩大已使人工检测无法满足要求，此外，不同的人对于同一种道路使用状况常常会做出不一致的评价。

随着计算机、机械、电子技术的发展，一系列高效率、智能化的道路检测设备使得大规模、快速、准确地获取道路使用信息成为可能，并为道路管理提供了更多、更准确的基础数据。多功能道路检测车一般由专用车辆和车载仪器构成，能够在不影响正常交通的情况下，完成对道路路况的多种检测，及时准确地掌握路网中每条道路的使用状况，对合理地采取养护措施具有重要意义。

（一）多功能道路检测车

多功能道路检测车的所有仪器、设备安装在一辆汽车上，通常这种车辆能够以20～150km/h速度行驶，并具有定速巡航功能，以便在检测过程中能够维持规定的速度。

检测车前部有一个横梁，横梁上安放有激光传感器或超声波传感器等非接触式传感器，共同组成路面断面仪，主要用于车辙、路面构造深度、路面横坡的测量。根据测量宽度的需要，传感器的数量可以从单个增加到20多个。每个传感器按一定的频率测量梁与路表之间的距离。前部横梁中还配有若干加速度传感器和高精度陀螺仪惯性单元为测试过程提供运动基准以保证测量精度。

检测车上设有摄像系统，按摄像速度可分为普通摄像机、高速摄像机和数码照相机。普通摄像机和数码照相机通常安装在车顶的前部，主要用来对道路整体情况和道路附属结构物进行摄像。高速摄像机通常安置在多功能检测车的后部，主要用于对路面的裂缝、坑槽等破坏状况进行图像采集，摄像机的数量根据摄像的宽度不同从1个到4个不等。为了提高摄像质量，检测车专门配有按一定角度照射的光源。

高速计算机是多功能检测车的核心，为适应较差的使用环境，检测车中一般采用工业级计算机并通过固定机架安装在车内。计算机负责整个数据采集系统的控制、数据的存储以及数据的预处理，其性能直接影响到检测车的使用性能。

道路检测过程中路面状况与道路的具体位置应该一一对应，以便在多次的检测过程中观测到路况的变化。为了达到这个目的，检测车需要配备GPS全球卫星定位系统，通常GPS接收机被安置在车辆的顶部。为了按一定行驶距离发出检测命令，车轮上安装有距离脉冲传感器。

软件系统是多功能检测车的重要组成部分，按照用途可以分为数据采集软件和数据分析软件。数据采集软件包含了系统软件和各种硬件的驱动，保证它们在计算机的控制下顺利进行数据采集过程，而数据分析统计软件则对采集后的数据进行分析、归类并按照预期的形式输出，对各种路况进行定量的评价。

（二）道路养护、管理的基础数据及其检测方法

道路几何线形、路面宽度、路拱横坡、道路纵坡以及道路附属设施是一条道路的基本数据，通常这些数据不会随着道路的使用而变化。道路附属设施及相关图形资料可以借助检测车的普通摄像机和数码相机获得，而道路路线的几何特征、路面宽度、路拱横坡、道路的纵坡同样可以通过检测车中的相应设备获取。目前，最先进的多功能道路检测车在测试速度为80km/h时可同时测量横坡、纵坡、转弯曲率等指标，结合检测车中的距离测量装置和定位系统，它可以将以上数据与道路的里程桩号之间建立一一对应的关系。

平整度是衡量道路行驶质量的重要指标，在平整度检测中，多功能道路检测车通过对应于轮迹位置的激光传感器测得距离路面的高度。随着车辆的行驶可以得到路面纵向断面信息，并通过这些数据计算出纵向平整度，车辆在行驶过程中由于振动带来的影响通过检测车中的加速度传感器（对应左右轮迹各1个）记录数据的2次积分来扣除。

路面车辙严重威胁行车安全，特别是在雨后的高速公路上。检测时通过横向分布在多功能检测车前端激光断面仪的若干个激光传感器测试距离路面的高度，按预定的间隔

距离得到许多道路的横断面，由此可以计算车辙深度。

路面的损坏状况调查是鉴别各路段路面损坏的类型，确定各项损坏的严重程度，它是养护部门决策的重要技术数据。通常沥青路面的损坏可以分为裂缝、车辙、拥包、推移和表面损坏，水泥混凝土路面的损坏包括纵向、横向裂缝、板角断裂、混凝土板破碎、错台、填缝料损坏等。路面损坏状况检测是利用多功能检测车中的高速数字摄像系统连续高速采集路表的图像，然后在室内通过后处理软件自动处理与人工判读相结合，识别、分类与统计路表破损。路表破损摄像系统极大地提高了工作效率，避免了高速公路人工破损调查的危险性。

道路路面的抗滑能力直接关系到行车安全，其中路表纹理构造（大约0.1~3mm）是影响路面抗滑能力的重要因素。通常较低的纹理路表会比较高的纹理路表更快地丧失摩擦力，而多功能检测车中的激光传感器则可以检测到纹理的深度。

第三章　高速公路建设管理的内容

第一节　高速公路建设程序

一、国内公路项目基本建设程序

高速公路建设管理是以高速公路工程项目为对象，对其建设过程中的所有活动进行决策、计划、组织、协调和控制的过程。公路建设程序是在认识公路建设客观规律基础上总结提出的，在公路建设全过程中各项工作都必须遵守的先后次序，它也是公路建设各个环节相互衔接的顺序。我国的项目建设程序可分为六大阶段：项目建议书阶段、可行性研究阶段、设计工作阶段、建设准备阶段、建设实施阶段、竣工验收阶段。亦可细分为十个阶段，如表3-1所示。每个阶段都有明确而详细具体的工作内容。承担这些工作的主体，相应管理工作的内容、手段、方式都不大相同，但根本的目标都是为了快速、优质、低成本地建成高速公路，为经济与社会发展提供充分的基础保障条件。在这种目标下，每个阶段不同管理主体仍有各自的具体管理工作目标。

县级以上地方人民政府交通主管部门根据国家有关规定，按照职责权限组织公路建设项目的预可行性研究和工程可行性研究工作。公路建设项目的预可行性研究报告、工程可行性研究报告和初步设计文件应按照国家颁发的编制办法编制，并符合国家规定的工作质量和深度要求。

表3-1　国内公路建设项目基本建设程序阶段细分表

建设程序六大阶段	建设程序细分
项目建议书阶段	根据规划，进行预可行性研究，编制项目建议书
可行性研究阶段	根据批准的项目建议书进行工程可行性研究，编制可行性研究报告

建设程序六大阶段	建设程序细分
设计工作阶段	根据批准的可行性研究报告，编制初步设计文件
	根据批准的初步设计文件，编制施工图设计文件
	根据批准的施工图设计文件，编制项目招标文件
建设准备阶段	根据批准的项目招标文件、资格预审结果和公路建设计划，组织项目招标投标
	根据国家有关规定，进行征地拆迁施工准备工作，编制项目开工报告
建设实施阶段	根据批准的项目开工报告，组织项目实施
竣工验收阶段	项目完工后，编制竣工图表和工程决算，办理项目验收
	竣工验收合格后，组织项目后评价

公路建设项目应当按照国家有关规定实行项目法人责任制度、招标投标制度、工程监理制度和合同管理制度。公路建设项目法人应当依法选择勘察设计、施工、咨询监理单位，采购与工程建设有关的重要设备、材料，办理开工报告，组织项目实施，准备项目竣工验收和后评价。公路建设必须符合《公路工程技术标准》。施工单位必须按批准的设计文件施工。任何单位和人员不得擅自修改工艺设计。重大设计变更和概算调整，应当报原初步设计审批单位批准，未经批准不得变更。公路建设项目实施过程中，监理单位应当依照法律、法规以及有关技术标准、设计文件、合同文件和监理规范的要求，采用旁站、巡视和平行检验形式对工程实施监理，对不符合工程质量要求的工程有权责令施工单位返工。未经监理工程师签认，施工单位不得将建筑材料、构件和设备在工程上使用或安装，不得进行下一道工序施工。

公路建设项目验收分为交工验收和竣工验收两个阶段：交工验收合格的，经项目所在地省级交通主管部门批准可以试运营；未进行交工验收或交工验收不合格的，不得试运营。试运营期最多不超过两年，试运营期结束前必须组织竣工验收，经竣工验收合格的项目可转为正式运营使用。公路建设项目验收工作必须符合交通运输部制定的公路工程竣工验收办法。在试运营期限内未组织竣工验收或竣工验收不合格的，停止使用。

二、国际公路项目建设程序（以世界银行贷款项目为例）

世界银行（the World Bank）是联合国属下的一个专门机构，负责长期贷款的国际金融机构。其主要业务活动是，对发展中成员国提供长期贷款，对成员国政府或经政府担保的私人企业提供贷款和技术援助，资助他们兴建某些建设周期长、利润率偏低，但又为该国经济和社会发展所必需的建设项目。世界银行贷款项目周期分为六个阶段：项目选定（或称鉴别）、项目准备、项目评估（项目预评估、正式评估）、项目贷款谈判及签约、项目执行与监督、项目总结评价（后评价）。

（一）项目选定

由世界银行与借款国共同选择符合银行贷款目标和贷款国复兴的项目，是项目周期的第一阶段，项目选定至关重要。在这个阶段一般由我国确定选定那些需要优先考虑并符合世界银行投资原则的项目。这些项目必须有助于实现国家和地区的发展计划，而且按世界银行标准被认为是可行的。从我国来讲，选定的项目必须具备以下条件：①已列入行业规划或五年计划；②配套资金基本落实；③具有还贷能力；④有较好的社会、经济、财务效益。项目选定后，才可列入世界贷款计划。

世界银行一般要对借款国的经济结构和发展前景进行调查，并派项目鉴别团到当地与相关政府部门、项目办公室以及各设计一起了解项目的基本情况，确保项目能符合世行方面的要求。

项目选定后，申请借款国即可编制"项目选定简报"。简报中应明确规定项目的目标，列出项目的概要，说明完成项目的关键性问题，并安排好项目的执行时间表。"项目选定简报"送交世界银行，经世界银行研究同意后，即将其编入贷款计划，成为拟议中的贷款项目。

（二）项目准备

在世界银行与贷款国进行项目鉴定，并共同选定贷款项目之后，项目进入准备阶段。项目准备工作，首先是对选定项目进行可行性研究，编制可行性研究报告。有时世界银行也提供部门资金，如技术合作信贷，或某些国家为世界银行提供的特别基金，或申请国寻求国际赠款用以聘请国外咨询专家协助完成这一工作，以确保可行性研究的质量。

国内工程可行性研究报告被批准后，世界银行通常派一个项目预评估团来华，在可行性研究报告的基础上，对项目的经济和财务效益进行论证。

高速公路项目交通量预测及经济分析和评价是项目评估阶段的主要内容。世界银行在高速公路项目评估阶段还要对高速公路与城市出入口连接线问题进行评估论证；对互通立交的数量、位置作论证。

世界银行对经济评价的标准如下：（1）经济分析要求内部收益率IRR在12%以上（如太高，不可信；低于8%则不可接受）。内部收益率分考虑收费（按效益的1/3计算收费标准）和不考虑收费两种。（2）要求工程设计按项目单位双方同意的和其他方面同意的设计标准。（3）判断道路类别（有拆迁或无拆迁）。（4）环境影响评价可接受。世界银行特别重视项目的环保问题，对环境影响要进行大量的调查和论证，特别是文物保护更加突出。因此，项目单位还要按世界银行要求准备有关环境影响评价报告及环保实施和监督行动计划。（5）征地拆迁及安置。尽管世界银行不承认贷款与政治相关联，但在实际操作中还是间接地涉及一些政治敏感问题，实际上安置问题就和人权问题相关。因此，世界银行在准备项目时要对征用土地、拆迁工厂、农舍、安置人员作详细调查，并要求项目单位提供详细资料，包括具体的土地种类、拆迁面树木数量、线杆、人员等，细到乡镇和具体人，并要说明其补偿标准及实施计划。在安置过程中还要实施监督并进行追踪监督和民意调查。

世界银行对项目的分析主要包括技术可行性、经济可行性及社会可行性三个方面。完成了上述分析后，即由项目小组编制一份详细的项目报告，对项目作出全面的成本—效益估价。

（三）项目评估

由世界银行对项目技术、经济、财务、机构、社会和环境等方面进行评估。项目评估阶段根据项目准备情况不同，可分为预评估和正式评估。

完成项目准备工作后，即进入项目评估阶段，一般是在国内初步设计批准后进行。在这一阶段，世界银行派出评估团来华进行实地考察，全面、系统地检查项目的各个方面，与中方专家就项目的经济财务、工程技术、设计文件、组织管理、招标采购等一系列问题进行讨论和评估，同时还要决定项目的人员培训，设备采购的数量清单、方式、研究课题等具体安排。

项目评估是项目周期中的一个重要阶段，因为在此阶段世界银行要对项目的各个方面进行全面审查，为项目的成立、执行和后评价奠定基础。世界银行评估团的实地考察一般需要2~3周时间，如认为该项目适合世界银行的贷款标准，就提出项目评估报告。它是世界银行内部的重要文件，需得到世界银行执行董事会的认可，在项目执行过程中，它是重要的依据之一。在这一阶段、一般还要利用世界银行技术合作信贷或赠款聘请国外咨询专家对设计文件和招标文件进行咨询和审查，只有通过设计审查，解决设计文件和招标文件的主要问题后，才能最终完成评估工作。

贷款项目经正式评估，并与世界银行取得基本一致意见后，项目单位应按计划管理体制或项目管理隶属关系向国家计委上报利用外资方案。批复后的利用外资方案作为贷款谈判和项目执行的重要依据。

在项目评估阶段，项目机构应向世界银行代表团提供如表3-2所示的报告和资料。

表3-2　项目各阶段项目机构应向世界银行代表团提供的报告和资料详表

项目阶段	应提供的报告和资料
项目准备阶段	工程可行性研究报告、连接线公路项目报告（如有）、连接线项目可研报告（如有）、交通工程概况、实施工期报告、高速公路和其他道路工程监理报告、人员培训计划、设备采购报告、初步设计、项目成本估算、"世界论坛"刊登招标总采购通告（GPN）、提供世界银行要求的其他资料
项目评估阶段	工程可行性研究（中、英文，必要时请国内外咨询公司协助）、环保评估报告和执行概要小结（含连接公路）、征迁实施计划报告（含连接公路）、环保实施计划、施工图设计、土建工程采购、聘请国外监理、提供世界银行要求的资料、人员综合培训计划、设备采购、公共机构加强建议书、研究项目建议书、公路管理组织机构/养护管理情况、项目成本与资金筹措等

（四）项目贷款谈判

谈判是世行和借款人为保证项目的成功、力求就所采取的必要措施达成协议的阶段。然后，将这些协议变成法律义务，列入贷款文件

贷款项目完成正式评估后，世界银行项目代表团编制的职员评估报告（绿皮书）经执董会批准形成正式世界银行职员评估报告（黄皮书）。世界银行随后将安排一周左右的时间，邀请借款人代表及项目执行机构（6人左右）的代表团到华盛顿世界银行总部进行贷款。贷款谈判主要内容包括三个方面：中华人民共和国和世界银行之间的"贷款协定""项目协议"以及围绕上述两个法律文件有关技术方面的问题。贷款谈判程序为：①首先对世界银行提出的"贷款协定""项目协议"进行审议、修改和通过；②由借款人财政部与世界银行项目经理共同签署"贷款谈判纪要"。

项目贷款谈判完成后，"贷款协定"和"项目协议"两个法律文件最终要经世界银行执董会批准，并经借款人授权代表在两个法律文件上与世界银行副行长共同签署。

我国一般由财政部和项目所在省份授权驻美大使在"贷款协定"和"项目协议"两个法律文件上签署，但需要项目省至少副省长级和省级司法部门签写授权书，即副省长级对两个文件的"批准"和副省长级的"授权"及省级司法部门的"法律证明书"。

（五）项目实施

项目实施又称项目执行，是按照贷款协议的规定，对项目进行招标、采购、实施。在这一阶段，项目单位负责项目的执行，世界银行负责对项目的监督。项目单位除了组织力量，配备技术、经济、管理等专家，按贷款、项目协议规定执行外，还需制订项目执行计划和时间进度表，主要包括：①制订土建工程实施计划；②确定施工监理队伍；③货物采购；④机电工程采购；⑤人员培训及开展有关贷款、项目协议规定的工作。

在做好项目执行计划的各种准备工作后，即可组织国际招标。项目开始采用的前提是世界银行要在联合国的《联合国发展论坛》或其他主要报纸刊登广告，然后根据项目的不同内容在英文版的《中国日报》《人民日报》等报纸上刊登邀请参加资格预审或参加投标的广告，并发函通知有关国家驻华使馆商务机构。土建工程招标和货物及机电工程采购招标均按世界银行规定的现行采购指南进行。

组织项目的工程监理队伍对项目实施监理，如需聘用外籍专家，必须按照世界银行使用咨询专家指南的要求。监理人员培训需在开工前进行，以便及时到位。

在完成国内开工报告的审批后，贷款项目可正式开工。世界银行每半年或一年一次派到项目现场进行实地跟踪检查。检查的重点是采购程序、工程质量、工程进度、财务支付等各个方面。

按世界银行规定，项目单位需定期报送进度报告，包括：（1）从设计到基建、投产各个阶段的进度；（2）项目的成本、开支以及世界银行贷款的支付；（3）按贷款协议，借款方承诺保证的执行情况；（4）项目预期收益情况。

进度报告要提交世界银行专职机构审查，如发现问题，世界银行将书面通知借款人或派工作组来华实地调查和解决。按规定，每年还将由专门的审计部门和世界银行提供年度审计报告。在项目完成后，一般应不晚于六个月向世界银行提供项目竣工总结报告。项目的执行主要以中方为主，但有些文件需要世界银行确认；施工过程中，世界银行派人员到现场检查。

京津塘高速公路是我国第一条部分利用世界银行贷款建设的跨省市高速公路项目，国务院批准京津塘高速公路作为世界银行贷款备选项目→世界银行对京津塘高速公路项目进行评估→我国政府与世界银行就该项目正式签订贷款协议→开工→通车→通过国家验收。京津塘高速公路项目在项目准备阶段即完成了初步设计，补充了可行性研究报告，提供了较为齐全的资料，项目后评价阶段京津塘高速公路联合公司分别按世界银行规定和我国基本建设程序完成了提交世界银行的《项目平复报告》和《京津塘高速公路后评价报告》。

（六）项目总结评价

项目后评价是根据项目完成一年左右，对建设项目的立项决策、方案设计、运营管理全过程各阶段工作及其变化的成因，进行全面的跟踪、调查、分析和评价。通过对完工项目执行清款，进行回顾，总结项目前几个周期中得出的经验和教训，评价项目预期受益的实现程度。由世界银行项目经理写出《项目完成报告》，送交世界银行业务评审局对项目的成果进行一次比较全面的总结评价。必要时，该局还将派人员进行实地调查，然后提出自己的《审核报告》，直接送世界银行执行董事会。世界银行还要征求我国对该局写的《审核报告》的意见。目前，我国已建立项目的后评价制度，一般能满足世界银行的要求。

世界银行贷款资金的注入，有效地弥补了我国经济建设的资金缺口；与世界银行的合作，为我国的经济建设培养了大批人才；世行贷款项目的执行，改善和提高了我国项目的管理水平；世界银行贷款项目的运行，也带动了我国相关产业的发展。

第二节　我国高速公路建设融资方式的发展

各国根据本国国情的不同，在投资、建设和管理方面则呈现多种模式。美国由政府负担高速公路建设所需的绝大部分资金，由联邦政府和地方政府共同建设，以联邦政府为主，建成后交地方养护管理。德国高速公路的所有权归联邦政府，由联邦政府统一投资建设，建成后委托各州管理和养护。英国则由国家集中进行投资、建设和养护管理。上述国家采取的都是政府建设和管理的模式。日本、法国等国家则通过建立专门的全国性高速公路建设实体，以法律的形式授权这些实体负责集资建设收费高速公路，建成后由公司经营，负责收费和养护管理。典型的如法国收费高速公路特许公司联合会、日本道路公团等。

改革开放以来，我国在公路建设上取得巨大的成就，已初步形成一套有效的公路建设投资与融资管理体制。各地政府结合当地特点，创造了不少很好的解决公路建设资金短缺的有效办法。目前，我国高速公路建设项目资金来源有：政府投资、国内银行贷款、国际金融组织贷款、项目融资（包括BOT融资、ABS融资等方式）、高速公路经营权有偿转让融资和证券市场融资（包括股票融资与债券融资）等。

政府投资是指将公路建设资金列入国家基本建设预算，每年按计划项目由国家拨款。对于以政府部门做担保的借款和贷款建设的高速收费公路，无论借款人是谁，形式比较简单，也为社会所共识，在这里不再详述。下面简单介绍一下其他一些投资与融资方式。

一、国内银行贷款

银行贷款是国内高速公路建设重要的资金来源之一，有时候会占到建设总资金的

60%以上。银行贷款是一种通过商业银行的间接融资方式，贷款修建交通基础设施，项目建成后通过收费方式偿还贷款。国内银行贷款有一定的条件，根据项目的投资总额，投资单位必须注册一定比例的自由资金（不得使用借入资金）。凡是需要向银行贷款的项目，应具有登记注册的会计师事务所或审计师事务所的验资证明。实行抵押贷款（包括以投资建成的项目作抵押）制度和担保制度，增强投融资风险管理。

二、国际金融组织贷款

我国利用国际金融组织贷款主要是通过世界银行和亚洲开发银行两个组织进行。贷款由政府担保，并实行"统贷统还"和"统借统还"政策，即由财政部（负责世界银行贷款）和中国人民银行（负责亚洲开发银行贷款）代表我国政府与上述金融组织签订贷款协议，并负责借款的偿还。中国在利用国际金融组织贷款取得较好的财务、经济和社会效益的同时，这些贷款项目也有力地推动了中国的制度创新、管理创新和技术创新。

三、项目融资

我国利用外资已超过数千亿美元，其中公路建设利用外资也超过百亿美元，但大多是以政府担保或政府间接担保向国外金融机构或外国政府的借款或贷款。这里的项目融资指的是不需要政府以任何形式的担保，由业主（一般是具有独立经济法人资格的高速公路公司）在金融市场（包括国际金融市场）为高速公路建设项目筹措资金的方式。

与政府向国内外金融机构借款不同的另一个主要方面是高速公路项目融资完全是企业行为，按市场规则运行。每个公路建设项目必须由若干个公司（包括国外公司）共同成立专门经营该公司的新公司，它是一个独立的经济实体，在这个实体中，牵头的公司称为主办人。在这个实体所经营的高速公路项目中，主要的参加者有主办人、项目公司、贷款人、担保人、供应人和托管人。

（一）公路BOT融资方式

BOT融资模式是项目融资的诸多方式中的一种。BOT即Build（建设）、Operate（运营）、Transfer（移交）。这种模式的思路是：由项目所在国政府或所属机构为项目的建设和经营提供一种特许权协议（Concession Agreement）作为项目融资的基础，由本国公司或外国公司作为项目的投资者和经营者安排融资，承担风险，开发建设项目并在有限的时间内经营项目获得商业利润，最后根据协议将该项目转让给相应的政府机构。国家可以选择一批收益好的工程项目，采取一系列优惠政策鼓励国外投资者或私营部门投资建设，然后在一定的优惠期内由投资者经营、管理建成后的项目，待优惠期满后，将项目移交给国家。

仅从融资角度上说，BOT方式是典型的融资方式，即把项目资产（包括项目合同内制定的各种权利）作为抵押，并把项目的预期收益作为偿还债务的最主要来源、这种融资方式相对于传统的信誉融资（如主权国政府借款）、担保融资或实物抵押融资具有更大的风险，供款方对借款方的追索是极为有限的（仅能追索项目公司的股本资本）。同时，该借款并不在借方的资产负债中显示出来，也不影响其财产拥有或原公司信誉。因此BOT融资方式也常称为资产负债表外融资或有限追索融资。

21世纪以来，四川省采用BOT模式加快高速公路发展。为更有利于保障BOT项目投资人及项目公司的合法权益，也有利于政府实施有效监管，四川省人民政府出台《四川省高速公路BOT项目管理办法》，这也是我国正式出台的首个高速公路BOT项目管理办法。

以下以邛名高速公路融资情况为例进行介绍。

邛名高速连接成都市和雅安市，途经名山县和邛崃市，是四川省高速公路建设的重点工程。该项目是四川全省范围内同期建设的19条高速公路BOT项目中，第一条按期顺利实现通车的高速公路BOT项目。

邛名高速公路项目由中国水电建设集团有限公司投资运作。出于投资、融资和风险隔离考虑，投资者通过组建专门的项目公司——成名高速公路发展有限公司（以下简称成名公司），来履行投资者的权利和有关的经济、法律责任。中国水电建设集团有限公司作为成名公司的股东，以持股的形式拥有项目公司，在项目投资中按出资比例承担有限的经济法律责任。成名公司作为独立的法律实体，对项目的所有资产均享有所有权和处置权，而且即使公司股东发生变化，也不影响公司对资产享有的处置权利，借助项目自身经济强度和投资者的实力，成名公司得以广泛接触多家商业银行，包括农行、工行、建行、浦发、中信银行、招商银行等，并获得贷款银团的信任和利率优惠，最终与六家商业银行达成了贷款协议。

在整个融资过程中，邛名高速公路项目所在地政府——成都市政府及雅安市政府并没有就贷款提供优惠条件或支持。政府仅在项目建设运营中给予支持、保证车流量的方式，为项目融资提供保证。保证的具体形式为：第一，考虑未来高速公路车流量决定收入，项目特许经营期内，政府不经公司同意不在邛名高速附近30km范围内建设与之平行的高速公路；第二，政府承诺对项目前期拆迁、土地使用征管、连接道路使用权等方面履行有关的义务与责任；第三，关于路政管理与公路收费调整方面，也做了对项目公司有利的规定。

（二）ABS融资

ABS（Asset-Backed-Securitization）即资产支持的证券化融资，是以项目所属的资产为支撑的证券化融资方式。与一般意义上的资产证券化（Asset Securitization）的主要区别在于其有强大的支撑，它是原始权益人将其特定资产产生的、未来一段时间内稳定的可预期收入转让给专业公司，专业公司将这部分可预期收入证券化后，在国际或国内资本市场上进行融资。

四、高速公路经营权有偿转让融资

交通运输部20世纪末发布的《关于转让公路经营权问题的通知》中规定："为了筹集公路建设资金，加快公路建设发展速度，国家允许外商或国内非交通管理部门独资、合资建设和经营公路，对已建成的收费公路允许有偿将经营权转让给外商或国内非交通管理部门。"这是我国政府首次正式规定同意实施公路经营权的有偿转让。21世纪初修改的《中华人民共和国公路法》第六十条规定："有偿转让公路收费权的公路，收费权转让后，由受让方收费经营。收费权的转让期限由出让、受让双方约定并报转让收费权的审批机关审查批准，但最长不得超过国务院规定的年限。"（这里使用的称呼公路收费权含义与公路经营权是一致的）。这就是在我国通过经营权转让进行公路建设融资的法律依据。

公路经营权有偿转让是一项法律性和政策性很强的工作，为了使这项工作规范化、法制化，并防止国有资产的流失，特别要注意转让经营权公路段的选择、公路经营权的转让期限和转让价格等问题。

五、证券市场融资

证券市场融资包括股票融资与债券融资。

（一）股票融资

《中华人民共和国公路法》第二十一条规定："国家鼓励国内外经济组织对公路建设进行投资。开发、经营公路的公司可以依照法律、行政法规的规定发行股票、公司债券筹集资金。"这对我国发行股票、债券为公路建设提供资金来源提供了法律依据。

在公路建设中，吸引外商直接投资、借用外国政府和金融机构的贷款，虽然可以有效地解决建设资金不足的问题，但也有汇率风险大、还本付息压力重、筹资方式不够灵活等不足之处。随着我国社会主义市场经济的建立和不断完善，国内股票市场也已形成，运用股票市场融资，有可能成为我国高等级公路建设筹资的一个重要手段。

（二）债券融资

在证券市场体系中，债券市场占有十分重要的地位。我国债券市场发展很快，发行总额不断扩大，市场交易主体不断增加，债券市场发展对社会资金流动的影响越来越大。不断发展和壮大的债券市场为进行高速公路建设债券融资提供了非常有利的市场条件。

高速公路建设债券属于基础设施债券，它是指为投资于基础设施项目（如交通、能源、通信及城市市政基础设施等）而发行的约定在一定期限内还本付息的债券。高速公路建设债券的发行主要通过以下三种方式：一是银行、金融机构报销；二是采用向有关部门（如公路沿线受益单位）分摊；三是向社会公开发售。

债券融资是国际公路建设的重要融资方式，在很多发达国家，债券融资在公路建设投资中占据了较大比重，并得到政府的有力支持。

第三节　高速公路项目可行性研究

一、高速公路项目可行性研究的程序和步骤

规划建设的高速公路项目，按交通运输部《公路建设项目可行性研究报告编制办法》的规定，进行预可行性研究，并以预可行性研究报告为依据编报项目建议书，以批复的项目建议书为依据编制《公路建设项目预可行性研究报告》。

项目的工程可行性研究工作，由建设单位或项目法人委托或采取招标等形式选择具有相应等级公路工程勘察设计资质的单位承担，委托书或招标文件应根据路网规划明确项目起讫点和主要控制点。高速公路、一级公路及技术复杂的独立大桥、500 m以上的隧道工程内由持有甲级证书单位承担；持乙级证书单位可承担二级以下等级的公路；持丙级证书单位可承担三级及以下等级公路的工程可行性研究工作。

建设单位或项目法人应对《公路建设项目预可行性研究报告》进行预审，预审可邀请从事相关专业工作且有一定经验的专家、学者参加并形成预审意见，并根据《公路建设项目预可行性研究报告》和预审意见编制可行性研究报告。

建设单位或项目法人应以正式文件并附《公路建设项目预可行性研究报告》《工程可行性研究报告》和预审意见报主管部门。如项目涉及金融、环保、水利、文物、地震、军事等部门，应附有有关部门出具的相应文件。

《工程可行性研究报告》的行业审查工作由主管部门按交通运输部《公路建设项目工程可行性研究报告编制办法》规定的内容进行全面审查，可视项目难易情况组织专家论证。重点对研究结论包括必要性、交通量发展预测、建设规模、技术标准、路线走向、主要控制点投资估算及项目经济评价等提出审查意见。公路管理局从接到省交通厅批准的文件之日起1个月内以正式文件报省厅，高速公路或技术复杂项目时间可适当延长，但最长不超过2个月。

主管部门视项目的规模、技术复杂情况等因素确定是否组织评审。需评审的项目，主管部门采取组织专家评审或委托具有各专业相应等级资质的咨询机构评审的形式进行。主管部门依据行业审查意见和专家（咨询机构）的评审意见，批复《工程可行性研究报告》或提出审查意见，需省计划部门审批的项目由市向省计划部门报送《工程可行性研究报告》，省厅的《工程可行性研究报告》审查意见即作为《工程可行性研究报告》的行业审查意见；需国家部委审批的项目由省厅按规定程序报送《工程可行性研究报告》，省厅的《工程可行性研究报告》审查意见即作为《工程可行性研究报告》的预审意见。

二、高速公路项目可行性研究的主要内容

高速公路项目可行性研究应包含如下内容：

1. 概述

包括项目编制依据及背景、研究过程、建设的必要性、主要研究结论、存在问题及建议。

2. 经济社会和交通运输发展现状及规划

包括区域概况、项目影响区域社会经济现状及发展、项目影响区域交通运输现状及发展。

3. 交通量分析与预测

包括公路交通的调查与分析、其他运输的调查与分析、交通量预测的思路与方法、交通量预测。

4. 技术标准

根据拟建项目在区域公路网中的功能与定位、交通量预测结果，综合考虑地形条件、投资规模、环境影响及与拟建项目连接的其他工程项目等影响因素，在通行能力及服务水平分析的基础上，按照《公路工程技术标准》相关规定，论证项目拟采用的技术等级、设计速度、车道数及路基宽度、荷载标准、抗震设防标准、隧道建筑界限、交通

工程及沿线设施等具体指标。

5. 建设方案

包括建设条件、建设项目起终点论证，即建设项目与区域路网和前后路段衔接情况与城市衔接的关系，备选方案拟订，进行方案比选，并提出推荐方案，推荐方案概况。

6. 投资估算及资金筹措

7. 经济评价

包括评价依据与方法、方案设定，经济费用效益分析，财务分析及评价结论。

8. 实施方案

分析工程的施工条件和特点，研究制约工程进度、质量、造价的关键环节，提出工期安排等实施方案。

9. 土地利用评价

包括区域土地利用、类型及人均占地量，推荐方案占用土地、主要拆迁建筑物的种类和数量对当地土地利用规划的影响。

10. 工程环境影响分析

包括沿线环境特征、推荐方案对工程环境的影响、减缓工程环境影响的对策。

11. 节能评价

包括建设期耗能分析、运营期节能、对当地能源供应的影响、主要节能措施以及节能效果评价。

12. 社会评价

包括社会影响分析、互适性分析、社会风险分析以及社会评价结论。

13. 风险分析

对于特殊复杂的重大项目，应进行风险分析，包括项目主要风险因素识别、风险程度分析、防范和降低风险措施。

14. 问题及建议等

附件：相关审查意见、会议纪要、地方意见、部门意见等。

第四节　高速公路项目招投标管理

一、高速公路工程勘察设计招投标

（一）高速公路工程勘察设计招标

根据《公路工程勘察设计招标投标管理办法》及《关于修改〈公路工程勘察设计招标投标管理办法〉》的规定，公路工程勘察设计招标是指招标人按照国家基本建设程序，依据批准的可行性研究报告，对公路工程初步设计、施工图设计通过招标活动选定勘察设计单位。公路工程勘察设计招标可以进行一次性招标、分阶段招标，有特殊要求的关键工程可以进行方案招标。招标人是符合公路建设市场准入条件，依照本办法规定提出公路工程勘察设计招标项目、进行招标的项目法人。招标人需具有与招标项目规模相适应的工程技术、管理人员。具备组织编制勘察设计招标文件和组织招标能力的招标人，可以自行办理招标事宜。不具备规定条件的招标人，应委托符合公路建设市场准入条件、具有相应资格的招标代理机构办理招标事宜。招标代理机构应当在招标人委托的代理范围内办理招标事宜，任何单位和个人不得以任何方式为招标人指定招标代理机构。

可自行办理招标事宜时，招标人应当在发市招标公告或者发出投标邀请书15 日前，按项目管理权限报交通运输部或者省级人民政府交通运输主管部门核备；需委托招标代理机构办理招标事宜时，招标人应当在委托合同签订后15日内，按项目管理权限报交通运输部或者省级人民政府交通运输主管部门核备。

公路工程勘察设计招标实行资格审查制度。公开招标的，实行资格预审；邀请招标的，实行资格后审。资格预审是招标人在发布招标公告后，发出投标邀请书前对潜在投标人的资质、信誉、业绩和能力的审查。招标人只向资格预审合格的潜在投标人发出投标邀请书、发售招标文件。资格后审是招标人在收到被邀请投标人的投标文件后，对投标人的资质、信誉、业绩和能力的审查。公路工程勘察设计招标程序按表3-3所示的程序进行。

公路工程勘察设计招标实行邀请招标的，在编制招标文件后，应该按表3-3中的程序4～9要求进行。

表3-3　公路工程勘察设计招标程序表

序号	公路工程勘察设计招标程序
1	编制资格预审文件和招标文件
2	发布招标公告或者发出投标邀请书
3	对潜在投标人进行资格审查
4	向合格的潜在投标人发售招标文件
5	组织潜在投标人勘察现场，召开标前会
6	接受投标人的投标文件，公开开标
7	组建评标委员会评标，推荐中标候选人
8	确定中标人，发出中标通知书
9	与中标人签订合同

资格预审文件应当要求潜在投标人提供下列基本材料：（1）营业执照、资质等级证书、资信证明和勘察设计收费证书；（2）近五年完成的主要公路工程勘察设计项目和获奖情况以及社会信誉；（3）正在承担的和即将承担的勘察设计项目情况；（4）拟安排的项目负责人、主要技术人员和技术设备、应用软件投入情况；（5）上两个会计年度的财务决算审计情况；（6）以联合体形式投标的，需提供联合体成员各方共同签订的投标协议和资质证明材料；（7）有分包计划的，需提供分包计划和拟分包单位的资质要求。

招标文件应按照交通运输部或各省级人民政府交通运输主管部门颁布的《公路工程勘察设计招标文件范本》，结合招标项目的特点和实际需要进行编制。招标文件应包括以下内容：（1）投标邀请书；（2）投标须知；（3）勘察设计合同通用条款和专用条款；（4）勘察设计标准规范；（5）勘察设计原始资料；（6）勘察设计协议书格式；（7）投标文件格式；（8）评标标准和方法。

招标人对已发出的招标文件进行必要的补遗或者修正时，应当在提交投标文件截止日期十五日前，书面通知所有招标文件收受人。该补遗或者修正的内容为招标文件的组成部分。国家高速公路网建设项目的勘察设计招标资格预审结果和招标文件应当报交通运输部备案，其他公路建设项目的勘察设计招标资格预审结果和招标文件应当按照项目管理权限报县级以上地方人民政府交通运输主管部门备案。

招标人应当合理确定资格预审申请文件和投标文件的编制时间，自招标公告发布之日起至潜在投标人递交资格预审文件截止时间，不得少于14日，自招标文件发售截止之日至投标人递交投标文件截止时间，不得少于21日。

国有资金占控股或者主导地位的依法必须进行招标的公路建设项目，勘察设计应当公开招标。国务院发展改革部门确定的国家重点项目和省级人民政府确定的地方重点项目不适宜公开招标的，经国务院发展改革部门或者省级人民政府批准，可以进行邀请招标。其他公路建设项目有下列情形之一的，可以邀请招标：（1）技术复杂、有特殊要求或者受自然环境限制，只有少量潜在投标人可供选择；（2）采用公开招标方式的费用占项目合同金额的比例过大。

公路建设项目有下列情形之一的，可以不进行勘察设计招标：（1）涉及国家安全、国家秘密、抢险救灾或者属于利用扶贫资金实行以工代赈等特殊情况；（2）需要采用不可替代的专利或者专有技术；（3）采购人依法能够自行提供勘察设计；（4）已通过招标方式选定的特许经营项目投资人依法能够自行提供勘察设计；（5）需要向原中标人采购勘察设计，否则将影响施工或者功能配套要求；（6）国家规定的其他特殊情形。

（二）高速公路工程勘察设计投标

投标人是符合公路建设市场准入条件，具备规定资格，响应招标、参加投标竞争的法人或组织。两个以上法人或者组织可以组成联合体，以一个投标人身份共同投标。由同一专业的法人或者组织组成的联合体资质按联合体成员内资质等级低的确定。联合体成员各方应当签订共同投标协议，明确联合体主办人和成员各方拟承担的工作和责任，并将共同投标协议连同投标文件一并提交招标人。招标人不得强制投标人组成联合体共同投标，不得限制投标人之间的竞争。投标人拟将部分非主体、非关键工作进行分包的，必须向招标人提交分包计划，并在投标文件中载明。分包单位的资质应当与其承担的工程规模标准相适应。

投标人应当按照招标文件要求编制投标文件，投标文件应当对招标文件提出的实质性要求和条件做出响应。投标文件由商务文件、技术文件和报价清单组成。

投标文件中的商务文件应当包括资格预审文件规定的主要内容以及通过资格预审后的更新材料。勘察设计工作大纲应当包括勘察设计周期、进度和质量保证措施、后续服务措施。投标文件的报价清单中，对勘察设计取费应当按照现行公路工程勘察设计费收费标准进行计算。投标文件应当采用双信封密封，第一个信封内为商务文件和技术文件，第二个信封内为报价清单。上述两个信封应当密封于同一信封中为一份投标文件。

投标人应当在招标文件要求截止日期前，将投标文件送达指定地点。投标文件及任何说明函件应当经投标人盖章或者其法定代表人或者其授权代理人签字，投标人在招标文件要求的截止日期前，可以补充、修改或者撤回已递交的投标文件，并书面通知招标人。补充、修改的内容应当使用与投标书相同的密封方式投递，并作为投标文件的组成部分。招标人在收到投标文件后，应当签收保存，不得开启。对在投标截止日期后送达的任何函件，招标人均不得接收。投标人少于3个时，招标人应按照本办法规定重新招标。投标人在投标过程中不得串通作弊，不得妨碍其他投标人的公平竞争，不得以行贿、弄虚作假等手段骗取中标。

（三）高速公路工程勘察设计开标、评标、中标

开标应当在招标文件确定的提交投标截止日期的同一时间公开进行。开标地点宜为招标文件预先确定的地点。开标由招标人主持，邀请所有投标人参加。需进行公证的，应当有公证员出席。开标时，由投标人或者其推选的代表检查投标文件的密封情况，也可以由招标人委托的公证机构检查并公证；经确认无误后，当众拆封投标文件的第一个信封，宣读投标人名称、投标文件签署情况及内务文件标签页的主要内容。投标文件中的第二个信封不予拆封，并妥善保存。开标过程应当记录，并存档备案。作为废标处理的情况如表3-4所示。

表3-4　作为废标处理情况表

序号	废标处理的各种情况
1	投标文件未按要求密封
2	投标文件未加盖投标人公章或未经法定代表人或其授权代理人签字
3	投标文件字迹潦草、模糊，无法辨认
4	投标人对同一招标项目递交两份或多份内容不同投标书，且未书面声明哪一份有效
5	投标文件不符合招标文件实质性要求

评标由招标人依法组建的评标委员会负责，评标工作按照交通运输部制定的公路工程勘察设计招标评标有关规定和招标文件的有关要求进行。

评标委员会成员由招标人的代表及有关技术、经济等方面的专家组成，人数为5人以上单数，其中专家人数不得少于成员总数的2/3。与投标人有利害关系的人员不得进入评标委员会。交通运输部和省级人民政府交通运输主管部门应当分别设立评标专家库。国道主干线和国家、部重点公路建设项目的评标委员会专家，从交通运输部设立的评标专家库中确定，或者由交通运输部授权从省级人民政府交通运输主管部门设立的评价专家库中确定；其他公路建设项目的评标委员会专家从省级人民政府交通主管部门设立的评标专家库中确定。评标委员会成员名单在中标结果确定前应当保密。

评标委员会可以要求投标人对投标文件中含义不明确的内容做必要的澄清或者说明，但是澄清或者说明不得超出投标文件的实质性内容。评标委员会应当按照招标文件确定的评标标准，采用综合评价方法对投标人的信誉和经验，项目负责人的资格和能力，对项目的技术建议，勘察设计周期及进度计划、质量保证措施，后续服务和报价进行分别打分评议。评标委员会对投标人的第一个信封评审打分后，在监督机构到场的情况下，拆封投标人的第二个信封，对第二个信封进行评审打分。经综合评审，依据对投标人综合得分结果的排序高低推荐两名中标候选人，并向招标人提出书面评标报告。

招标人根据评标委员会提出的书面评标报告和推荐的合格中标候选人确定中标人。招标人也可以授权评标委员会确定中标人。评标委员会经评审，认为所有投标都不满足招标文件要求的，可以否决所有投标。出现下列情况之一时，招标人应当依照本办法重新招标：（1）所有的投标文件均未通过商务文件、技术文件符合性审查；（2）所有的投标文件均不能满足招标文件要求。

评标委员会成员应当客观、公正地履行职责，遵守职业道德，对所提出的评审意见承担个人责任。评标委员会成员不得私下接触投标人，不得收受投标人的财物或者其他好处，不得透露对投标文件的评审、中标候选人的推荐情况以及与评标有关的其他情况。

中标人确定后，招标人应当在7日内向中标人发出中标通知书，并同时将中标结果通知所有未中标的投标人；在15日之内，按项目管理权限将评标报告向交通运输部或者省级人民政府交通运输主管部门核备。在中标通知书发出之日起30日内，招标人和中标人应当按照招标文件和投标文件签订合同。招标人和中标人不得再行订立背离合同实质性内容的其他协议。招标文件要求中标人提交履约保证金时，中标人应当提供。中标人应当按照合同约定履行义务，完成中标项目。若为联合体中标，联合体各方应当共同与招标人签订合同，就中标项目向招标人承担连带责任。中标人将中标项目的部分非主体、非关键性工作分包给他人完成的，中标人应当就分包项目向招标人负责，分包人就分包项目承担连带责任。招标人、中标人使用未中标人的专利、专有技术的投标方案，应当征得未中标人的同意，并给予合理的经济补偿。

二、公路工程施工监理招投标

（一）高速公路工程施工监理招标

根据《公路工程施工监理招标投标管理办法》的规定，公路工程施工监理招标分为公开招标和邀请招标。公路工程施工监理应当公开招标。符合下列条件之一的项目，经有审批权的部门批准后，可以进行邀请招标：（1）技术复杂或者有特殊要求的；（2）符合条件的潜在投标人数量有限的；（3）受自然地域环境限制的；（4）公开招标的费用与工程监理费用相比，所占比例过大的；（5）法律、法规规定不宜公开招标的。

若采用公开招标方式，招标人应当依法在国家指定媒介上发布招标公告，并可以在交通主管部门提供的媒介上同步发布。公路工程施工监理招标的招标人应当对潜在投标人进行资格审查。资格审查方式分为资格预审和资格后审。资格预审是招标人在发布招标公告后，发出投标邀请书前对潜在投标人的资质、信誉和能力进行的审查。招标人只向通过资格预审的潜在投标人发出投标邀请书和发售招标文件。资格后审是招标人在收到投标人的投标文件后，对投标人的资质、信誉和能力进行的审查。资格审查方法分为强制性条件审查法和综合评分审查法。强制性条件审查法是指招标人只对投标人或者潜在投标人的资格条件是否满足招标文件规定的投标资格、信誉要求等强制性条件进行审查，并得出"通过"或者"不通过"的审查结论，不对投标人或潜在投标人的资格条件进行具体量化评分的资格审查方法。综合评分审查法是指在投标人或者潜在投标人的资格条件满足招标文件规定的最低资格、信誉要求的基础上，招标人对投标人或者潜在投标人的施工监理能力、管理能力、履约情况和施工监理经验等进行量化评分并按照分值进行筛选的资格审查方法。

公路工程施工监理招标，应当按照表3-5所示的程序进行。

表3-5　公路工程施工监理招标程序表

序号	公路工程施工监理招标程序
1	招标人确定招标方式，若采用邀请招标的，应当履行审批手续
2	招标人编制招标文件，并按照项目管理权限报县级以上地方交通主管部门备案；对于资格预审方式，同时应编制投标资格预审文件，其中应当载明提交资格预审申请文件的时间和地点
3	发布招标公告，采用资格预审方式的，同时应发售投标资格预审文件；采用邀请招标的，招标人直接发出投标邀请，发售招标文件
4	采用资格预审方式的，应对潜在投标人证行资格审查，并将资格审查结果通知所有参加资格预审的潜在投标人，向通过资格预审的潜在投标人发出投标邀请书和发售招标文件
5	必要时组织投标人考察招标项目工程现场，召开标前会议
6	接受投标人的投标文件
7	公开开标
8	采用资格后审方式，招标人应对投标人进行资格审查
9	组建评标委员会评标，推荐中标候选人
10	确定中标人，将评标报告和评标结果按照项目管理权限报县级以上地方交通主管部门备案并公示
11	招标人发出中标通知书
12	招标人与中标人签订公路工程施工监理合同

二级以下公路，独立中、小桥及独立中、短隧道的新建、改建以及养护大修工程项目，可根据具体条件和实际需要对上述程序适当简化，但应当符合《招标投标法》的规定：招标人应当根据施工监理招标项目的特点和需要编制招标文件，招标文件应当符合交通运输部颁布的标准《公路工程施工监理规范》中要求强制性执行的规定。二级及二级以上公路，独立大桥及特大桥，独立长隧道及特长隧道的新建、改建以及扩大修工程项目，其主体工程的施工监理招标文件，应当使用交通运输部颁布的《公路工程施工监理招标文件范本》，附属设施工程及其他等级的公路工程项目的施工监理招标文件，可以参照交通运输部颁布的《公路工程施工监理招标文件范本》进行编制，并可适当简化。

招标文件应当包括以下主要内容：

（1）投标邀请书；（2）投标须知（包括工程概况和必要的工程设计图纸，提交投标文件的起止时间、地点和方式，开标的时间和地点等）；（3）资格审查要求及资格审查文件格式（适用于资格后审方式）；（4）公路工程施工监理合同条款；（5）招标项目适用的标准、规范、规程；（6）对投标监理企业的业务能力、资质等级及交通和办公设施的要求；（7）根据招标对象是总监理机构还是驻地监理机构，提出对投标人投入现场的监理人员、监理设备的最低要求；（8）是否接受联合体投标；（9）各级监理机构的职责分工；（10）投标文件格式，包括商务文件格式、技术建议书格式、财务建议书格式等；（11）评标标准和办法：评标标准应当考虑投标人的业绩或者处罚记录等诚信因素，评标办法应注重人员素质和技术方案。

招标人对重要监理岗位人员的数量、资格条件和备选人员的要求，应当符合《公路工程施工监理规范》的规定。招标人要求投标人提交投标担保时，投标人应当按照要求的金额和形式提交。投标保证金金额一般不得超过五万元人民币，招标人不得在招标文件中制定限制性条件阻碍或者排斥投标人，不得规定以获得本地区奖项等要求作为评标加分条件或者中标条件。

招标公告、投标邀请书应当载明下列内容：（1）招标人的名称和地址；（2）招标项目的名称、技术标准、规模、投资情况、工期、实施地点和时间；（3）获取招标文件或者资格预审文件的办法、时间和地点；（4）招标人对投标人或者潜在投标人的资质要求；（5）招标人认为应当公告或者告知的其他事项。

资格预审文件和招标文件的发售时间不得少于5个工作日。招标人应当合理确定投标人编制资格预审申请文件和投标文件的时间，对于采用资格预审的招标项目，潜在投标人编制资格预审申请文件的时间，自开始发售资格预审文件之日起至提交资格预审申请文件截止之日，不得少于14日。投标人编制投标文件的时间，自发售招标文件之日起至提交投标文件截止之日，不得少于20日。招标人发出的招标文件补遗书至少应当在投标截止日期15日前以书面形式通知所有投标人或者潜在投标人。补遗书应当向招标文件的备案部门补充备案。

（二）高速公路工程施工监理投标

公路工程施工监理投标人是依法取得交通主管部门颁发的监理企业资质，响应招标、参加投标竞争的监理企业。招标人允许监理企业以联合体方式投标的，联合体应当符合以下要求：

（1）联合体成员可以由两个以上监理企业组成，联合体各方均应当具备承担招标项目的相应能力和招标文件规定的资格条件。由同一专业的监理企业组成的联合体，按照资质等级较低的企业确定资质等级。

（2）联合体各方应当签订共同投标协议，约定各方拟承担的工作和责任，并将共同投标协议连同投标文件一并提交招标人。联合体各方签订共同投标协议后，只能以一个投标人的身份投标，不得针对同一标段再以各自名义单独投标或者参加其他联合体投标。

投标人应当按照招标文件的要求编制投标文件，并对招标文件提出的实质性要求和条件做出响应。

采用本办法规定的技术评分合理标价法和综合评标法的项目，投标文件由商务文件、技术建议书、财务建议书组成。商务文件和技术建议书应当密封于一个信封中，财务建议书密封于另一个信封中。上述两个信封应当再密封于同一信封内，成为一份投标文件。

采用本办法规定的固定标价评分法的项目，投标文件由商务文件、技术建议书组成。商务文件和技术建议书应当密封于一个信封中，成为一份投标文件。

投标文件及任何说明函件应当经投标人盖章，投标文件内的任何有文字页须经其法定代表人或者其授权的代理人签字。

（三）高速公路工程施工监理开标、评标和中标

开标由招标人主持，邀请所有投标人的法定代表人或其授权的代理人参加。交通主管部门应当对开标过程进行监督。开标时，由投标人或者其推选的代表检查投标文件的密封情况，也可以由招标人委托的公证机构进行检查并公证；经确认无误后，当众拆封商务文件和技术建议书所在的信封，宣读投标人名称和主要监理人员等内容。投标文件中财务建议书所在的信封在开标时不予拆封，由交通主管部门妥善保存。在评标委员会

完成对投标人的商务文件和技术建议书的评分后，在交通主管部门的监督下，再由评标委员会拆封参与评分的投标人的财务建议书的信封。投标人少于3个时，招标人应当重新招标。

招标人设定的标底应当符合有关价格管理规定，并应综合考虑项目特点、要求投入的监理人员、配备的监理设备等因素，在开标时予以公布。招标人不设标底且不采用固定标价评分法时，招标人可以在规定的范围内设定投标报价上下限。

评标可以使用固定标价评分法、技术评分合理标价法、综合评价法以及法律、法规允许的其他评标方法。固定标价评分法是指由招标人按照价格管理规定确定监理招标标段的公开标价，对投标人的商务文件和技术建议书进行评分，并按照得分由高至低排序，确定得分最高者为中标候选人的方法。技术评分合理标价法是指对投标人的商务文件和技术建议书进行评分，并按照得分从高至低排序，确定得分前两名中的投标价较低者为中标候选人的方法。综合评标法是指对投标人的商务文件和技术建议书、财务建议书进行评分、排序，确定得分最高者为中标候选人的方法。其中财务建议书的评分权值应当不超过10%。

评标委员会成员应当客观、公正地履行职务，遵守职业道德，对所提出的评审意见承担个人责任。评标委员会成员及参加评标的有关工作人员不得私下接触投标人，不得收受商业贿赂。

评标委员会完成评标后，应当向招标人提交书面评标报告。评标报告应当包括以下内容：（1）评标委员会的成员名单；（2）开标记录情况；（3）符合要求的投标人情况；（4）评标采用的标准、评标办法；（5）投标人排序；（6）推荐的中标候选人；（7）需要说明的其他事项。

招标人确定中标人后，应当及时向中标人发出中标通知书，并同时将中标结果告知所有的投标人。招标人和中标人应当自中标通知书发出之日起30日内订立书面合同。招标人和中标人均不得提出招标文件和投标文件之外的任何其他条件。招标文件中要求中标人提交履约担保的，中标人应当按要求的金额、时间和形式提交。若以保证金形式提交，金额一般不得超过合同价的5%。招标人应当在与中标人签订合同后的5个工作日内，向中标人和未中标的投标人退还投标保证金。

三、国内公路工程施工招投标

（一）公路工程施工招标

根据《公路工程施工招标投标管理办法》的规定：

1.招标条件

下列公路工程施工项目必须进行招标，但涉及国家安全、国家秘密、抢险救灾或者利用扶贫资金实行以工代账等不适宜进行招标的项目除外：①投资总额在3 000万人民币以上的公路工程施工项目；②施工单项合同估算价在200万元人民币以上的公路工程施工项目；③法律、行政法规规定应当招标的其他公路工程施工项目。

公路工程施工招标的项目应当具备下列条件：①初步设计文件已被批准；②建设资金已经落实；③项目法人已经确定，并符合项目法人资格标准要求。

公路工程施工招标的招标人，应当是依照本办法规定提出公路工程施工招标项目、进行公路工程施工招标的项目法人。具备下列条件的招标人，可以自行办理招标事宜：①具有与招标项目相适应的工程管理、造价管理、财务管理能力；②具有组织编制公路工程施工招标文件的能力；③具有对投标人进行资格审查和组织评标的能力。

若招标人不具备规定条件，应当委托具有相应资格的招标代理机构办理公路工程施工招标事宜。任何组织和个人不得为招标人指定招标代理机构。

公路工程施工招标分为公开招标和邀请招标。采用公开招标时，招标人应通过国家指定的报刊、信息网络或者其他媒体发布招标公告，邀请具备相应资格的不特定的法人投标。采用邀请招标时，招标人应当以发送投标邀请书的方式。邀请3家以上具备相应资格的特定的法人投标。

公路工程施工招标，可以对整个建设项目分标段一次招标，也可以根据不同专业、不同实施阶段分别进行招标，但不得将招标工程化整为零或者以其他任何方式规避招标。公路工程施工招标标段，应当按照有利于对项目实施管理和规模化施工的原则，合理划分。施工工期应当按照批复的初步设计建设工期，结合项目实际情况，合理确定。

2.公路工程施工招标程序

公路工程施工招标，应当按照表3-6所示的程序进行。

3.资格审查

公路工程施工采用公开招标时，招标公告发布后，招标人应当根据潜在投标人提交的资格预审申请文件，对潜在投标人的资格进行审查。招标人只向资格预审合格的潜在投标人发售招标文件。公路工程施工采用邀请招标时，投标邀请书发出后，招标人应当根据投标人提交的投标文件，对投标人的资格进行审查。

表3-6　公路工程施工监理招标程序表

序号	公路工程施工招标程序
1	确定招标方式，采用邀请招标时，应按照国家规定报有关主管部门审批
2	编制投标资格预审文件和招标文件，招标文件按照本办法规定备案
3	发布招标公告，发售投标资格预审文件；采用邀请招标时，可直接发出投标邀请书，发售招标文件
4	对潜在投标人进行资格审查
5	向资格预审合格的潜在投标人发出投标邀请书和发售招标文件
6	组织潜在投标人考察招标项目工程现场，召开标前会
7	接受投标人的投标文件，公开开标
8	组建评标委员会评标，推荐中标候选人
9	确定中标人，评标报告和评标结果按照本办法规定备案并公布
10	发出中标通知书
11	与中标人订立公路工程施工合同

（1）资格预审文件内容。

资格预审文件内容主要包括5方面的内容：引言、一般介绍、资格预审须知、表格和图纸，具体内容如表3-7所示。

表3-7　资格预审文件主要内容

主要内容	内容相关说明
引言	引言说明资金筹措来源、根据交通运输部及世界银行的要求、招标单位应对投标人的工程实绩、管理人员、财政、技术、设备及信誉等进行资格预审，对施工能力进行评估
一般介绍	主要包括工程简介和合同规则简介，工程简介应介绍工程简要情况、范围、主要工程量、技术标准、地形、地质、水文、气候、交通、供电、供水、通信、医疗等条件；合同规则简介应介绍合同原则性内容
资格预审须知	主要包括资格预审格式及填表须知，对投标资格的基本要求，资格预审的撤回，要求对施工方法与程序的简述，汇率
表格	主要包括资格预审表，工地管理人员表，形式、规模与本土木工程相近的已完工项目表及其在最近十年及五年的业绩，建议采用施工办法、施工设备与装备表，财政状况表，银行信用书格式，社会信誉
图纸	主要包括工程地理位置图、工程总体布置图、施工总体平面图

（2）资格预审审查标准。

审查标准原则上是以资格预审文件中规定的条款为准，具体情况如表3-8所示。

表3-8 资格预审审查标准表

审查内容	审查标准	审查结果
施工经历	主要审查申请单位是否具有承包本项目工程技术等级的资质及类似工程的施工经验，是否具备良好的组织及管理经历，是否有优秀的工程；对于施工经历，应有具体工地、时间，有竣工验收证书或公证单位证明	审查时可根据资料判断分类为：经验较丰富、有一定经验及经验不足
管理人员	要求承包人派驻工地的主要工程管理人员包括项目经理、道路工程（基层、面层）专业工程师、桥梁工程（含基础及上部结构）专业工程师、筑路机械及机械化施工管理工程师、材料试验及合同管理工程师等5～7人，应有从事本专业工作十年以上经历并具有证明	审查结果分3类：完全符合要求、基本符合要求及不符合要求
施工设备	审查承包人拟安排到工地的施工设备其种类、数量及性能是否适应并满足施工进度及质量要求	审查结果分为3类：合格、基本合格及不合格
财务状况	主要审查承包人是否有足够的生产能力、充裕的流动资金或可靠的资金周转能力及信誉	
信誉	信誉是承包人资格合格的基本条件，了解承包人过去承包过的工程、业主的反映或评价是很重要的。完成的项目竣工报告中的验收评价是这方面的主要依据，但需有公证单位的公证，或竣工验收委员会的公章或签字证明	

（3）编制招标文件。

招标人应当根据招标项目的特点和需要，编制招标文件。二级及以上公路和大型桥梁、隧道工程的主体工程施工招标文件，应当按照交通运输部颁布的《公路工程国内招标文件范本》的格式和要求编制，其他公路工程和公路附属设施工程的施工招标文件，可参照《公路工程国内招标文件范本》的格式和内容编制，并可根据实际需要适当简化。

招标文件的主要内容如下：投标邀请书；投标人须知；公路工程施工合同条款；招标项目适用的技术规范；施工图设计文件。

投标文件格式，包括投标书格式及投标书附录格式、投标书附表格式、工程量清单格式、投标担保文件格式、合同格式等。

投标人须知应当载明以下主要内容：评标标准和方法；工期要求；提交投标文件的起止时间、地点和方式；开标的时间和地点。

招标公告、投标邀请书应当载明下列内容：招标人的名称和地址；招标项目的名称、技术标准、规模、投资情况、工期、实施地点和时间；获取资格预审文件或者招标文件的办法、时间和地点；对潜在投标人的资质要求；招标人认为应当公告或者告知的其他事项。

招标人应当按照招标公告或者投标邀请书规定的时间、地点出售资格预审文件和招标文件。资格预审文件和招标文件的发售时间不得少于5个工作日。招标人应当合理确定资格预审申请文件和投标文件的编制时间。编制资格预审申请文件的时间，自开始发售资格预审文件之日起至潜在投标人提交资格预审申请文件截止时间止，不得少于14日。编制投标文件的时间，自招标文件开始发售之日起至投标人提交投标文件截止时间止，高速公路、一级公路、技术复杂的特大桥梁、特长隧道不得少于28日，其他公路工程不得少于20日。

国道主干线和国家高速公路网建设项目的工程施工招标文件应当报交通运输部备案，其他公路建设项目的工程施工招标文件应当按照项目管理权限报县级以上地方人民政府交通运输主管部门备案。交通运输主管部门发现招标文件存在不符合法律、法规及规章规定内容的，应当在收到备案文件后的7日内，提出处理意见，及时行使监督检查职责。招标人如需对已出售的招标文件进行必要的澄清或修改，应当在投标截止日期15日前以书面形式通知所有招标文件收受人，并按前面所述备案。招标人设定标底时，可自行编制标底或者委托具备相应资格的单位编制标底。标底编制应当符合国家有关工程造价管理的规定，并应当控制在批准的概算以内。国道主干线和国家高速公路网建设项目的资格预审结果报交通运输部备案，其他公路建设项目的资格预审结果按照项目管职权限报县级以上地方人民政府交通运输主管部门备案。

（二）公路工程施工投标

投标人应当具备招标文件规定的资格条件，具有承担所投标项目的相应能力。两个以上施工单位可以组成联合体参加公路工程施工投标。联合体各成员单位都应当具备招标文件规定的相应资质条件。由同一专业施工单位组成的联合体，按照资质等级较低的单位确定资质等级。以联合体形式参加公路工程施工投标的单位，应当在资格预审申请文件中注明，并提交联合体各成员单位共同签订的联合体协议。

投标人应当按照招标文件的要求，按时参加招标人主持召开的标前会并勘察现场，应当按照招标文件的要求编制投标文件，并对招标文件提出的实质性要求和条件做出响应。根据招标文件载明的项目实际情况，拟在中标后将中标项目的部分非关键性工作进行分包时，投标人应向招标人提交分包计划，并在投标文件中载明，分包单位的资质应当与其承担的工程规模标准相适应。

投标文件中投标书及投标书附录、投标报价部分应当由投标人的法定代表人或其授权的代理人签字，并加盖投标人印章，其他部分应当按照招标文件的要求签署。投标文件应当由投标人密封，按照招标文件规定的时间、地点和方式送达招标人。

投标文件按照要求送达后，在招标文件规定的投标截止时间前，投标人如需撤回或者修改投标文件，应当以正式函件提出并做出说明。

修改投标文件的函件是投标文件的组成部分，其形式要求、密封方式、送达时间，适用对投标文件的规定。

招标人对投标人按时送达并符合密封要求的投标文件，应当签收，并妥善保存。招标人不得接受未按照要求密封的投标文件及投标截止时间后送达的投标文件。

投标人参加投标，不得弄虚作假，不得与其他投标人互相串通投标，不得采取贿赂以及其他不正当手段谋取中标，不得妨碍其他投标人投标。

（三）开标评标和中标

开标由招标人主持，邀请交通主管部门和所有投标人的法定代表人或其授权的代理人参加，投标文件检查无误后，招标人应当当众拆封，并宣读投标人名称、投标价格和投标文件的其他主要内容。招标人设有标底时，应当同时公布标底。

评标由招标人依法组建的评标委员会负责。评标委员会由招标人的代表和技术、经济专家组成。评标委员会委员人数为5人以上单数，其中专家人数不得少于成员总数的2/3。

国道主干线和国家高速公路网建设项目，评标委员会专家从交通运输部设立的评标专家库中随机抽取，其他公路建设项目的评标委员会专家从省级人民政府交通主管部门设立的评标专家库中随机抽取。与投标人有利害关系的人员不得进入相关招标项目的评标委员会。

公路工程施工招标的评标方法可以使用合理低价法、最低评标价法、综合评估法、双信封评标法以及法律、法规允许的其他评标方法。

合理低价法是指对通过初步评审和详细评审的投标人，不对其施工组织设计、财务能力、技术能力、业绩及信誉进行评分，而是按招标文件规定的方法对评标价进行评分，并按照得分从高到低的顺序排列，推荐前3名投标人为中标候选人的评标方法。

最低评标价法是指按从低到高顺序对评标价不低于成本价的投标文件进行初步评审和详细评审，推荐通过初步评审和详细评审量评标价最低的3名投标人为中标候选人的评标方法。

综合评估法是指对所有通过初步评审和详细评审的投标人的评标价、财务能力、技术能力、管理水平以及业绩与信誉进行综合评分，按综合评分由高到低排序，并推荐前3名投标人为中标候选人的评标方法。

双信封评标法是指投标人将投标报价和工程量清单单独密封在一个报价信封中，其他商务和技术文件密封在另外一个信封中，分两次开标的评标方法。第一次开商务和技术文件信封，对商务和技术文件进行初步评审和详细评审，确定通过商务和技术评审的投标人名单。第二次再开通过商务和技术评审投标人的投标报价和工程量清单信封，当场宣读其报价，再按照招标文件规定的评标办法进行评标，推荐中标候选人。对未通过商务和技术评审的投标人，其报价信封将不予开封，当场退还给投标人。

公路工程施工招标评标，一般应当使用合理低价法。使用世界银行、亚洲开发银行等国际金融组织贷款的项目和工程规模较小、技术含量较低的工程，可使用最低评标价法，并应在招标文件中确定评标委员会应当按照招标文件确定的评标标准和方法，对投标文件进行评审和比较。招标文件中没有规定的标准和方法，不得作为评标的依据。

评标报告应当载明以下内容：（1）评标委员会的成员名单；（2）开标记录情况；（3）评标采用的标准和方法；（4）对投标人的评价；（5）符合要求的投标人情况；（6）推荐的中标候选人；（7）需要说明的其他事项。

评标委员会推荐的中标候选人应当限定在1~3人，并标明排列顺序。招标人应当根据评标委员会提出的书面评标报告确定排名第一的中标候选人为中标人。排名第一的中标候选人放弃中标、因不可抗力不能履行合同、在招标文件规定的期限内未能提交履约担保时，招标人可以确定排名第二的中标候选人为中标人；排名第二的中标候选人因前款规定的原因也不能签订合同时，招标人可以确定排名第三的中标候选人为中标人。招标人也可以授权评标委员会直接确定中标人。招标人应当将评标成果在招标项目所在地省级交通主管部门政府网站上公示，接受社会监督。公示时间不少于7日。

招标人确定中标人后，应当向中标人发出中标通知书，并同时将中标结果通知所有未中标的投标人。招标人和中标人应当自中标通知书发出之日起30日内订立书面公路工程施工合同。招标人应当自订立公路工程施工合同之日起5个工作日内，向中标人和未中标的投标人退还投标保证金。由于中标人自身原因放弃中标，招标文件约定放弃中标不予返还投标保证金的，中标人无权要求返还投标保证金。

有下列情形之一时，招标人应当重新招标：（1）少于3个投标人；（2）经评标委员会评审，所有投标均不符合招标文件要求；（3）由于招标人、招标代理人或投标人的违法行为，导致中标无效；（4）中标人均未与招标人签订公路工程施工合同。

需重新招标时，招标文件、资格预审结果和计标报告应当按照上述的流程重新报交通运输主管部门备案，招标文件未作修改的可以不再备案。

第五节　高速公路建设期管理的任务

高速公路建设期管理的内容主要包括：设计管理、工程招投标管理、施工控制及管理、工程交竣工管理与缺陷责任期管理。公路建设项目管理的任务包括质量目标控制、进度目标控制、费用目标控制及财务管理、合同管理、信息管理。

一、质量控制

质量控制工作要贯穿于公路工程项目实施的设计、招投标及施工阶段全过程中，在整个过程中，每个阶段的主要工作是有所不同的。

二、工程进度控制

工程进度控制的内容包括：收集信息、计算进度、进度报告、分析进展状态和偏差及变更进度计划。工程进度控制的方法有横道图法、线形图法、进度曲线法、里程碑事件法和网络计划法。进度计划实施的影响因素包括：人（项目成员未能认识到计划的更要性）、资源（项目中使用的资源不能满足要求）、环境（受不利环境因素的影响）。

三、工程费用控制

（一）工程费用的组成

1. 直接费用

消耗在工程中的材料费、机械使用费、人工费及其他费。

2. 间接费用

由施工管理费和其他间接成本组成。

3. 利润

整体收入减去全部支出。

4. 税金

国家规定应计入建筑安装工程造价内的营业税、城市建设税和附加教育税。

（二）工程量清单

工程量清单是工程招标及实施工程计量与支付的重要依据，在工程实施期间，对工程经费起着控制作用。

（三）计量与支付

计量程序：发出计量通知或提出计量申请、审查有关计量的文件资料、填写中间的计量表。

（四）计量方法

1. 均摊法

按合同工期每月平均或分期进行计量。

2. 凭据法

凭承包人提供的票据进行计量。

3. 估计法

购置的仪器设备。

4. 断面法

计算取土坑和路堤土方的计量。

5. 图纸法

根据图纸进行计量的项目。

6. 钻孔取样法

道路面层结构的计量。

7. 分项计量法

根据工序或部位将项目分为若干子项，对完成的子项进行计量支付。

（五）工程支付

以工程计量、技术规范、报价单为依据。

（六）支付程序

①初期支付。②中期支付：承包人提出支付申请，监理工程师审核与签认，业主付款。③最终支付程序：承包人提出最终支付申请，监理工程师审定支付申请，业主付款。

（七）支付项目

1. 清单支付项目

包含以物理单位计量的支付、以自然单位计量的支付、记日工的支付及暂定金额支付。

2. 合同支付项目

包含动员预付款，材料、设备预付款，保留金、索赔费用，拖期违约损失赔偿金和提前竣工奖金，迟付款的利息。

四、合同管理

合同管理主要涉及4方面的内容：工程变更、转让与终止，合同转让的一般法律规定，合同的终止以及违约责任，相关情况如表3-9所示。

表3-9　合同管理的相关内容

合同管理内容	内容相关说明
合同内容变更的情况	出于不可抗力事件出现造成合同部分不能履行
	由于需求的变化，双方当事人就改变商品品种、规格、数量、包装等达成协议
	合同中约定的变更条件出现
	合同当事人一方履行合同义务已不再可能
合同转让的一般法律规定	合同转让建立在对方当事人同意的基础之上，未经对方当事人同意的转让行为是无效行为
	法律、行政法规规定转让权利或者转让义务应当办理批准、登记手续的，则只有在办理批准、登记手续后，其合同转让才能生效
	合同权利转让后，受让人依法取得与债权有关的从权利（如索赔请求权）
	合同权利转让后，债务人对让与人的抗辩可以向受让人主张；合同义务转让后，新债务人可以主张原债务人对债权人的抗辩
合同的终止	因不可抗力致使不能实现合同目的
	在履行期限届满之前，当事人一方明确表示或以自己的行为表明不履行主要债务
	当事人一方延迟履行主要债务，经催告后在合理的期限内仍不履行
	当事人一方延迟履行债务或有其他违法行为，致使不能实现合同目的
	法律规定的其他情形
承担违约责任的方式	继续履行、采取补救措施、赔偿损失、支付违约金、定金罚则

第六节　高速公路建设项目质量评定

一、评定单元划分

根据建设任务、施工管理和质量检验评定的需要，在施工准备阶段将公路建设项目划分为单位工程、分部工程和分项工程。施工单位、工程监理单位和建设单位应按相同的工程项目划分进行工程质量的监控和管理。公路工程单元划分是工程质量管理、工程数量管理、进度管理、合同管理的基础，也是保证竣工文件具有层次性、规范性、系统性的主要依据。

单位工程是在建设项目中，根据签订的合同，具有独立施工条件的工程。分部工程是在单位工程中，应按结构部位、路段长度及施工特点或施工任务划分为若干个分部工程。分项工程是在分部工程中，按不同的施工方法、材料、工序及路段长度等划分为若干个分项工程。

工程质量检验评分以分项工程为单元，采用百分制进行。在分项工程评分的基础上，逐级计算各相应分部工程、单位工程、合同段和建设项目评分值。工程质量评定等级分为合格与不合格，按分项、分部、单位工程、合同段和建设项目逐级评定。

施工单位应对各分项工程按《公路工程质量检验评定标准》所列基本要求、实测项目和外观鉴定进行自检，按相关施工技术规范提交真实、完整的自检资料，对工程质量进行自我评定。工程监理单位应按规定要求对工程质量进行独立抽检，对施工单位检评资料进行签认，对工程质量进行评定。建设单位根据对工程质量的检查及平时掌握的情况，对工程监理单位所做的工程质量评分及等级进行审定。质量监督部门、质量检测机构可依据本标准对公路工程质量进行检测评定。

二、工程质量评分

（一）分项工程质量评分

根据《公路工程质量检验评定标准》的规定，分项工程质量检验内容包括基本要求、实测项目、外观鉴定和质量保证资料四个部分。只有在其使用的原材料、半成品、成品及施工工艺符合基本要求的规定，且无严重外观缺陷和质量保证资料真实并基本齐全时，才能对分项工程质量进行检验评定。

涉及结构安全和使用功能的重要实测项目为关键项目，其合格率不得低于90%（属于工厂加工制造的桥梁金属构件不低于95%，机电工程为100%），且检测值不得超过规定极值，否则必须进行返工处理。实测项目的规定极值是指任一单个检测值都不能突破的极限值，不合要求时该实测项目为不合格。采用统计方法进行评定的关键项目，不符合要求时则该分项工程评为不合格。

分项工程的评分值满分为100分，按实测项目采用加权平均法计算。存在外观缺陷或资料不全时，予以减分。

$$分项工程得分 = \frac{\sum(检查项目得分 \times 权值)}{\sum 检查项目权值}$$

分项工程评分值=分项工程得分—外观缺陷减分—资料不全减分

1. 基本要求检查

分项工程所列基本要求，对施工质量优劣具有关键作用，应按基本要求对工程进行认真检查。经检查不符合基本要求规定时，不得进行工程质量的检验和评定。

2. 实测项目计分

对规定检查项目采用现场抽样方法，按照规定频率和下列计分方法对分项工程的施工质量直接进行检测计分。检查项目除按数理统计方法评定的项目以外，均应按单点（组）测定值是否符合标准要求进行评定，并按合格率计分。

$$检查项目合格率 = \frac{检查合格的点数}{该检查项目的全部检查点数} \times 100\%$$

$$检查项目得分 = 检查项目合格率 \times 100$$

3. 外观缺陷减分

对工程外表状况应进行全面检查，如发现外观缺陷，应进行减分。对于较严重的外观缺陷，施工单位须采取措施进行整修处理。

4. 资料不全减分

分项工程的施工资料和图表残缺，缺乏最基本的数据，或有伪造涂改者，不予检验和评定。资料不全者应予减分，减分幅度可按公路工程质量检验评定标准所列各款逐款检查，视资料不全情况，每款减1~3分。

（二）分部工程和单位工程质量评分

分项工程和分部工程区分为一般工程和主要（主体）工程，分别给以1和2的权值。进行分部工程和单位工程评分时，采用加权平均值计算法确定相应的评分值。

$$分项（分部）工程权值 = \frac{\sum[分项（分部）工程评分值 \times 相应权值]}{\sum 分项（分部）工程权值}$$

（三）合同段和建设项目工程质量评分

合同段和建设项目工程质量评分值按《公路工程竣（交）工验收办法》计算。

（四）质量保证资料

施工单位应有完整的施工原始记录、试验数据、分项工程自查数据等质量保证资料，并进行整理分析，负责提交齐全、真实和系统的施工资料和图表。工程监理单位负责提交齐全、真实和系统的监理资料。

质量保证资料应包括：（1）所用原材料、半成品和成品质量检验结果；（2）材料配比、拌和加工控制检验和试验数据；（3）地基处理、隐蔽工程施工记录和大桥、隧道施工监控资料；（4）各项质量控制指标的试验记录和质量检验汇总图表；（5）施工过程中遇到的非正常情况记录及其对工程质量影响分析；（6）施工过程中如发生质量事故，经处理补救后，达到设计要求的认可证明文件等。

三、工程质量等级评定

（一）分项工程质量等级评定

分项工程评分值不小于75分者为合格，小于75分者为不合格；机电工程、属于工厂加工制造的桥梁金属构件不小于90分者为合格，小于90分者为不合格。评定为不合格的分项工程，经加固、补强或返工、调测，满足设计要求后，可以重新评定其质量等级，但计算分部工程评分值时按其复评分值的90%计算。

（二）分部工程质量等级评定

所属各分项工程全部合格，则该分部工程评为合格；所属任一分项工程不合格，则该分部工程为不合格。

（三）单位工程质量等级评定

所属各分部工程全部合格，则该单位工程评为合格；所属任一分部工程不合格，则该单位工程为不合格。

（四）合同段和建设项目质量等级评定

合同段和建设项目所含单位工程全部合格，其工程质量等级为合格；所属任一单位工程不合格，则合同段和建设项目为不合格。

第七节 高速公路项目交竣工及评价

一、高速公路项目交竣工

公路工程验收分为交工验收和竣工验收两个阶段。交工验收是检查施工合同的执行情况，评价工程质量是否符合技术标准及设计要求，是否可以移交下一阶段施工或是否满足通车要求，对各参建单位工作进行初步评价。竣工验收是综合评价工程建设成果，对工程质量、参建单位和建设项目进行综合评价。

依据《公路工程竣（交）工验收办法》的规定，公路工程竣（交）工验收的依据如下：（1）批准的工程可行性研究报告；（2）批准的工程初步设计、施工图设计及变更设计文件；（3）批准的招标文件及合同文本；（4）行政主管部门的有关批复、批示文件；（5）交通运输部颁布的公路工程技术标准、规范、规程及国家有关部门的相关规定。

交工验收由项目法人负责，竣工验收由交通主管部门按项目管理权限负责。交通运输部负责国家、部重点公路工程项目中100 km以上的高速公路、独立特大型桥梁和特长隧道工程的竣工验收工作；其他公路工程建设项目，由省级人民政府交通主管部门确定的相应交通主管部门负责竣工验收工作。

（一）公路工程交工验收

依据《公路工程竣（交）工验收办法》的规定，公路工程（合同段）进行交工验收应具备以下条件：（1）合同约定的各项内容已完成；（2）施工单位按交通运输部制定的公路工程质量检验评定标准及相关规定的要求对工程质量自检合格；（3）监理工程师对工程质量的评定合格；（4）质量监督机构按交通运输部规定的公路工程质量鉴定办法对工程质量进行检测（必要时可委托有相应资质的检测机构承担检测任务），并出具检测意见；（5）竣工文件已按交通运输部规定的内容编制完成；（6）施工单位、监理单位已完成本合同段的工作总结。

公路工程各合同段符合交工验收条件后，经监理工程师同意，由施工单位向项目法人提出申请，项目法人应及时组织对该合同段进行交工验收。交工验收的主要工作内容包括：（1）检查合同执行情况；（2）检查施工自检报告、施工总结报告及施工资料；（3）检查监理单位独立抽检资料、监理工作报告及质量评定资料；（4）检查工程实体，审查有关资料，包括主要产品质量的抽（检）测报告；（5）核查工程完工数量是否与批准的设计文件相符，是否与工程计量数量一致；（6）对合同是否全面执行、工程质量是否合格做出结论，按交通主管部门规定的格式签署合同段交工验收证书；（7）按交通运输部规定的办法对设计单位、监理单位、施工单位的工作进行初步评价。

项目法人负责组织公路工程各合同段的设计、监理、施工等单位参加交工验收。拟交付使用的工程，应邀请运营、养护管理单位参加。参加验收单位的主要职责分别为：项目法人负责组织各合同段参建单位完成交工验收工作的各项内容，总结合同执行过程中的经验，对工程质量是否合格做出结论；设计单位负责检查已完成的工程是否与设计相符，是否满足设计要求；监理单位负责完成监理资料的汇总、整理，协助项目法人检查施工单位的合同执行情况，核对工程数量，科学公正地对工程质量进行评定；施工单位负责提交竣工资料，完成交工验收准备工作。

项目法人组织监理单位按《公路工程质量检验评定标准》的要求对各合同段的工程质量进行评定。监理单位根据独立抽检资料对工程质量进行评定，当监理按规定完成的独立抽检资料不能满足评定要求时，可以采用经监理确认的施工自检资料。项目法人根据对工程质量的检查及平时掌握的情况，对监理单位所做的工程质量评定进行审定。各合同段工程质量评分采用所含各单位工程质量评分的加权平均值。即工程各合同段交工验收结束后，由项目法人对整个工程项目进行工程质量评定，工程质量评分采用各合同段工程质量评分的加权平均值。工程质量等级评定分为合格和不合格，工程质量评分值大于等于75分的为合格，小于75分的为不合格。

公路工程各合同段验收合格后，项目法人应按交通运输部规定的要求及时完成项目交工验收报告，并向交通主管部门备案。国家、部重点公路工程项目中100 km以上的高速公路、独立特大型桥梁和特长隧道工程向省级人民政府交通主管部门备案；其他公路工程按省级人民政府交通主管部门的规定向相应的交通主管部门备案。公路工程各合同段验收合格后，质量监督机构应向交通主管部门提交项目的检测报告。交通主管部门在15日内未对备案的项目交工验收报告提出异议，项目法人可开放交通进入试运营期。试运营期不得超过3年。交工验收提出的工程质量缺陷等遗留问题，由施工单位限期完成。

（二）公路工程竣工验收

根据《公路工程竣（交）工验收办法》的规定，公路工程进行竣工验收应具备以下条件：（1）通车试运营2年后；（2）交工验收提出的工程质量缺陷等遗留问题已处理完毕，并经项目法人验收合格；（3）工程决算已按交通运输部规定的办法编制完成，竣工决算已经审计，并经交通主管部门或其授权单位认定；（4）竣工文件已按交通运输部规定的内容完成；（5）对需进行储案、环保等单项验收的项目，已经有关部门验收合格；（6）各参建单位已按交通运输部规定的内容完成各自的工作报告；（7）质量监督机构已按交通部规定的公路工程质量鉴定办法对工程质量检测鉴定合格，并形成工程质量鉴定报告。

公路工程符合竣工验收条件后，项目法人应按照项目管理权限及时向交通主管部门申请验收。交通主管部门应当自收到申请之日起30日内，对申请人递交的材料进行审查，对于不符合竣工验收条件的，应及时退回并告之理由；对于符合验收条件的，应自收到申请文件之日起3个月内组织竣工验收。

竣工验收的主要工作内容如下：（1）成立竣工验收委员会；（2）听取项目法人、设计单位、监理单位的工作报告；（3）听取质量监督机构的工作报告及工程质量鉴定报告；（4）检查工程实体质量、检查有关资料；（5）按交通运输部规定的办法对工程质量进行评分，并确定工程质量等级；（6）按交通运输部规定的办法对参建单位进行综合评价；（7）对建设项目进行综合评价；（8）形成并通过竣工验收鉴定书。

竣工验收委员会由交通主管部门、公路管理机构、质量监督机构、造价管理机构等单位代表组成。大中型项目及技术复杂工程，应邀请有关专家参加。国防公路应邀请军队代表参加。项目法人、设计单价、监理单位、施工单位、接管养护等单位参加竣工验收工作。

参加竣工验收工作各方的主要职责分别为：竣工验收委员会负责对工程实体质量及建设情况进行全面检查，按交通运输部规定的办法对工程质量进行评分，对各参建单位进行综合评价，对建设项目进行综合评价，确定工程质量和建设项目等级，形成工程竣工验收鉴定书；项目法人负责提交项目执行报告及验收所需资料，协助竣工验收委员会开展工作；设计单位负责提交设计工作报告，配合竣工验收检查工作；监理单位负责提交监理工作报告，提供工程监理资料，配合竣工验收检查工作；施工单位负责提交施工总结报告、提供各种资料，配合竣工验收检查工作。

竣工验收工程质量评分采取加权平均法计算，其中交工验收工程质量得分权值为0.2，质量监督机构工程质量鉴定得分权值为0.6，竣工验收委员会对工程质量评定得分权值为0.2，工程质量评定得分大于等于90分为优良，小于100分且大于等于75分为合格，小于75分为不合格。

竣工验收委员会按交通运输部规定的办法对参建单位的工作进行综合评价。评定得分大于等于90分且工程质量等级优良的为好，大于等于75分为中，小于75分为差。

竣工验收建设项目综合评分采取加权平均法计算，其中竣工验收工程质量得分权值为0.7，参建单位工作评价得分权值为0.3（项目法人占0.15，设计、施工、监理各占0.05）。评定得分大于等于90分且工程质量等级优良的为优良，大于等于75分为合格，小于75分为不合格。

负责组织竣工验收的交通主管部门对通过验收的建设项目按交通运输部规定的要求签发《公路工程竣工验收鉴定书》。通过竣工验收的工程，由质量监督依据竣工验收结论，按照交通运输部规定的格式对各参建单位签发工作综合评价等级证书：

二、高速公路项目后评价

项目后评价是基本建设程序的重要组成部分，是管理周期中不可缺少的信息反馈环节。只有通过项目后评价，才能及时总结项目管理各阶段的经验教训，进一步改进和完善项目管理工作，提高项目的投资效益。沪嘉、广佛、西三、沈人四条高速公路为交通运输部确定的国家首批公路建设后评价项目。

（一）项目后评价的目的与任务

根据交通运输部发布的《公路建设项目后评价工作管理办法》的规定，公路建设项目后评价是用科学、系统的评价方法，通过对项目立项、可行性研究、设计、施工和运营各阶段工作的跟踪、调查和分析，全面评价项目的作用与影响、投资与效益、目标实现程度及持续能力等，总结项目的经验与教训。后评价的目的在于通过全面的总结，不断提高公路建设项目决策、设计施工、管理水平，为合理利用资金、提高投资效益、改进管理、制定相关的政策等提供科学依据。

纳入交通运输部后评价工作管理的公路建设项目，由交通运输部根据有关规划和具体项目情况，经各省（区、市）交通运输主管部门确定，重点选择国家公路网规划中的重大建设项目或对行业发展具有重大指导意义的项目，并以后评价工作计划形式下达；进行后评价的项目应已建成通车运营5年以上并通过竣工验收。

（二）项目后评价的程序

项目后评价是一项涉及面较广的技术经济分析工作，不仅需要科学的方法作工具，而且需要严密的程序作保证。尽管随着建设项目规模大小、复杂程度的不同，每个项目后评价的具体工作程序会有一定的差异，但从总体来看，项目的后评价都遵守一个客观的、循序渐进的基本程序。这个程序一般包括提出问题、筹划准备、收集资料、分析研究、编写报告、成果送审六个既有区别又相互联系的阶段，其具体步骤如下：

1. 提出问题，明确项目后评价的具体对象、组织机构和具体要求

项目后评价已经纳入了基建管理程序，原则上对所有竣工通车的建设项目都应进行后评价。但出于公路建设项目的投资规模和作用影响往往相差很大且又为数众多，所以本着代表性、有效性的原则，后评价工作又常常只在一定范围内进行。按照部颁《公路建设项目后评价工作管理办法》的有关规定，我国公路项目后评价工作的重点是国家重点公路建设项目、40 km以上的国道主干线项目或100 km以上的国道及省道高等级公路项目、利用外资的公路项目、特大型独立公路桥隧项目，以及上级主管部门指定的项目。

2. 筹划准备

筹划准备阶段的主要任务是组建一个人员结构合理的工作班子，并按委托单位的要求制订一个周详的项目后评价计划。后评价计划的内容包括项目评价人员的配备、建立组织机构的设想、时间进度的安排、内容范围与深度的确定、预算安排、评价方法的选定等。

3. 深入调查，收集资料

建设项目后评价必须以项目各阶段的正式文件和项目建成通车一定时期内进行的各种调查及重要运行参数的测试数据为依据、本阶段的主要任务是制订详细的调查提纲，确定调查对象和调查方法并开展实际调查工作，收集后评价所需要的各种资料和数据。

这些资料和数据主要包括以下几方面：（1）项目建设资料，如项目建议书，可行性研究报告，初步设计、施工图设计及其审查意见和批复文件，工程概算、预算、决算报告，项目竣工验收报告及有关合同文件等。（2）国家经济政策资料，如与项目有关的国家宏观经济政策、产业政策，国家金融、价格、投资、税收政策及其他有关政策法规等。（3）项目运营状况的有关资料。（4）反映项目实施和运营实际影响的有关资料。（5）本行业有关资料，如国内外同类行业、同类项目的有关资料。（6）与后评价有关的技术资料及其他资料。

4. 分析研究

围绕项目后评价内容，采用定量分析和定性分析方法，发现问题，提出改进措施。项目后评价所采用的定量研究方法较多，如指标计算法、指标对比法、因素分析法、准试验方法、回归分析法等。

5. 编制项目后评价报告

将分析研究的成果汇总，编制出项目后评价报告，并提交给委托单位和被评价单位。项目后评价报告是项目后评价工作的最终成果，应该按照有关文件规定的文本格式

和内容要求认真编写，既要全面系统，又要突出重点，简明扼要。后评价报告编制必须客观、公正、科学，不应受项目各阶段文件结论的束缚。

6. 成果送审

公路建设项目后评价报告编制完成后，就应按管理办法的规定上报有关部门组织审查，并及时反馈后评价成果及审查意见。建设项目的各有关部门和单位要认真对待后评价成果，从中吸取经验教训，并采取相应的对策、措施，进一步完善已建项目，改进在建项目，指导待建项目。

（三）项目后评价的方法

《公路建设项目后评价报告编制办法》规定公路建设项目后评价的方法主要有：有无对比法、层次分析法、因果分析法、逻辑框架法、综合评价法等，可根据项目特点选择一种或多种方法。公路建设项目前期工作所采用的相关评价技术及指标量化方法原则上可用于后评价，可参照《公路建设项目可行性研究报告编制办法》《公路建设项目经济评价方法与参数》等。

（四）公路建设项目后评价报告

编制建设项目后评价报告必须以项目各阶段的正式文件和项目建成通车2~3年内进行的各种调查及重要运行参数的测试数据为依据。项目通车后需要进行的主要调查包括：交通量调查、交通安全性调查、车辆运行特征调查、车辆运输费用调查、工程质量调查、经济社会调查、环境调查等。项目各阶段有关委托、评审、批复等的文件主要包括：项目建议书、可行性研究报告、项目申请报告、初步设计、技术设计、施工图设计的审查意见，批复文件；资金申请报告，招投标文件，重大变更的请示及批复；经审计的决算报告和工程竣工验收鉴定书等。

公路建设项目后评价报告编制必须客观、公正、科学，不应受项目各阶段文件结论的束缚。公路建设项目后评价报告由主报告和附件组成。主报告应按《公路建设项目后评价报告编制办法》的附件"公路建设项目后评价报告文本格式及内容要求"编制。附件主要包括专题报告、公路建设项目管理表和有关委托、招标、评审、批复等主要文件的复印件。

第八节　高速公路建设项目管理模式

高速公路建设具有施工周期长、涉及面广、耗资巨大、社会影响大等特征，其项目管理难度极大。为保证高速公路工程质量和安全，推动公路交通事业又好又快发展，交通运输部专门印发了《关于严格执行标准进一步加强高速公路建设项目管理工作的通知》，在加强高速公路建设项目监督管理、严格执行公路建设各项制度和技术标准、落实从业单位责任等的管理工作方面提出了工作要求。

我国高速公路建设较发达国家起步晚，未来相当长的时期内，我国的高速公路建设仍将处于高速公路发展的状态，加强和完善高速公路项目管理，找到符合我国高速公路建设特点的管理模式，不断提高我国高速公路项目管理水平，是非常现实和重要的研究课题。同时也需要对国外经济发达国家高速公路建设管理模式进行剖析、探究，为我国高速公路建设项目管理应当解决的问题和未来高速公路项目管理模式的发展方向提供参考。

一、国外高速公路建设项目管理经验和做法

（一）日本高速公路建设项目管理

日本在智能交通系统方面处于世界领先地位，其管理模式经历了多年的实践，得到不断的调整、完善、充实，很好地促进了高速公路事业的发展。

日本高速公路资产属建设省所有，管理工作则由道路公团直接参与，公司领导由建设大臣任命，行政上实行三级制，即公团中有总部，下设若干管理局，管理局再下设管理事务所和营业所。整个管理模式属矩阵式管理模式，纵向由政府集中统一行政管理职能；横向经营职能，如收费、小修保养、大中修、新建、改建、道路检查、交通管理等具体业务则委托或外包给专业性公司负责。

日本高速公路建设管理的主要特点如下：（1）法制完善。日本政府陆续颁布了《道路法》《交通安全对策基本法》《道路公团法》等政策法规，使高速公路管理有法可依，依法治路。（2）集中统一行政职能，具体业务实行公司化运作，符合市场运行规律，使资源配置达到最优组合。（3）管理机构的设立先于项目建设，使得公团、处、所三级管理体系目标明确，着眼于长远，建设、管理不脱节，责任无法推卸。

（4）道路公团、普察、消防、医疗机构、协会及其他专业性公司分工协作。日本高速公路建设管理已由封闭式、被动式的单一管理走向开放式、主动式的成熟管理，由社会进行监督，全民参与管理。

日本高速公路建设属于"政府控制下的市场运作"，即由国家调控指导，资本方投资建设、收费，在市场机制下由国家特许经营公司建设、管理高速公路，这在汽车工业发达、交通量大、预期收益高的日本，资本回收周期短，所以投资方愿意主动投资，使高速公路建设形成良性循环，发展迅猛。此外，他们采取"以人为本"的管理模式，使高速公路公司员工人都成为资本方"老板"，没有剥削与被剥削的关系，资本淹没在汪洋大海之中，真正意义上调动了员工的工作热情。这种管理模式加之充裕的资金及高度发达的汽车工业，三者完美结合，为日本高速公路的快速发展奠定了坚实的基础。

按照日本《道路法》的规定，道路管理机构被赋予广泛的"道路管理权"，其目的是确保道路的安全和畅通。其管理权一般包括：路线确定、路线变更、建设、重建、养护、维修、禁止通行、道路占用许可等。各级道路管理机构的职责划分总体是：高速公路由国土交通省管理；一般国道的指定部分由国土交通省管理，未指定部分由县管理；县道由县管理；市以下公路由市、町、村管理。根据《道路法》和相关法规，上述"道路管理权"也可以委托有关单位执行由受托单位承担道路管理机构的职能，多见于收费公路。最典型的就是"日本道路公团"，其管理原属国土交通省的高速公路的建设、维护、管理等，当然包括收费。其他还有首都高速道路公团、阪神高速道路公团、本州四国联络桥公团等，相继受托承担管理者的职能。不过，国土交通省与公团的关系并非道路经营权的转让关系，而是委托与受托的关系，双方之间是一种代理的关系。

（二）美国高速公路建设项目管理

美国是典型的立法、司法、行政分立的联邦制国家，近十万千米的高速公路已覆盖国土的80%，形成四通八达的公路网络。高速公路作为公路运输的主要方式，其产值占国民生产总值的29%，这与美国政府的重视与支持是分不开的，其高速公路管理属于"政府操作"。

联邦运输部是主管全美各种运输事务的最高行政机构，下设联邦公路管理局（FHWA），主管全美公路规划、建设、养护、运营及汽车运输。州及各地政府是高速公路建设、运营的主管机关，具体职能由相应的同级交通部门行使，州运输厅负责州际高速公路建设、运营。养路队按地理区域划分，由各种技术人员与职工以及各种大、中、小型相结合的成套机械组成，属技术密集型的组织。养路队除负责常规养护、全面巡察外，还兼计划、技术、财务等管理职能，同时还负责承包工程成本效益的分析与比较，对所养护的工程采取发包或自营等方式进行管理。管理属分权式管理：①立法健全，机构设置讲求实效；②管理手段先进，采用了大量电子信息技术，对道路交通进行实时控制；③事故率极低，道路管理系统化、网络化；④经营管理费用较高，如新泽西州某高速公路237 km长，各项开支占总收入的37%。

对于具体的高速公路建设项目管理，美国采用如下三种模式：

1. F1DIC管理

美国的工程管理模式有几种，FIDIC是最基本的管理方法。FIDIC管理采用国际咨询工程师联合会编撰的土木工程施工国际通用合同条件。其条款涉及业主与承包人、业主与工程师的责、权、利关系。工程师受业主委托监督业主与承包人签订的合同的执行，并根据合同规定的条款考虑有关的因素，公正行使其权力。

这种管理方式要求工程师具有较高的素质和设计、施工、管理的能力。承包人是完成工程的主体，素质的高低直接影响工程质量的好坏和能否执行合同条款。所以，一个优秀的承包人是一项优良工程的基本保证。业主在一项工程建设中起保障作用，在工程师下达开工通知的同时，按合同要求的工程施工顺序，给承包人提供工地的占用权和出入权，即提供施工用地，保证资金到位。这种管理模式以工程师为核心，对工程质量、工期、投资进行控制管理。

2. 业主项目管理

这是现阶段美国采用较多的管理模式，业主或业主代表把工程设计、环保再定居计划、监理工程师统领起来，并通过监理工程师对承包人实行管理。

业主项目管理是对F1DIC条款管理模式的深化。洛杉矶交通厅在建设高速公路时采用了这种管理模式。交通厅是业主，有自己的设计室，负责工程设计和变更；有专门负责环保再定居计划组；有自己的监理工程师，负责工程质量、工期、投资的控制管理。在业主或业主代表的统一领导下，各部门相互协调，相互配合。

其中，监理工程师队伍的组建可视工程规模大小，采取两种方法：一是工程规模较大、工期较长的，业主可以培养自己的监理队伍，作为相对稳定的一个部门；二是投资规模小、工期短的单项工程，监理工程师可采取聘用的办法等。

3. 伙伴式合作关系

美国在建设管理中也在推荐伙伴合作关系的管理模式，其基本原理与业主项目管理是一致的，只是业主或业主代表与承包人长期合作，建立了伙伴关系，相互信赖、相互协作。

与世界上多数国家不同，美国的高速公路管理方式主要依靠各州交通部门，联邦政府公路管理局本身不直接管理和建设公路，仅负责提供规划、科研、标准和资金。公路项目的建设、实施、管理，主要依靠州政府。州政府交通部门是项目建设业主，但州政府只负责州际公路网和干线公路的建设和管理，其他则由地方政府承担。《联邦赞助公路法案》授权联邦公路管理局对具体项目提供资金，资金一般用于州际公路网的建设。虽然各州仅负责本州的公路建设及管理，但是必须严格执行联邦公路规划、联络成网，避免断头路。除了由各州交通部门负责的高速公路外，美国也有极少数收费高速公路的管理采取了一些特别的模式。

二、值得借鉴的经验和做法

我国正处于高速公路建设飞速发展时期，经济体制改革和立法体系改革也在有序开展。在面临高速公路建设项目管理的一系列问题时，我们需要不断学习国内外先进的建设经验和管理体制，选择适合的高速公路建设项目管理模式。

不论是国内还是国外，其公路工程建设项目管理都存在几个共同特征：一是各国政府均在高速公路建设和管理中发挥着主导作用；二是各种模式都有相对应的资金来源与使用制度；三是在高速公路的规划、投融资、建设、运营、收益和监督管理方面，都有一套较完整和成熟的法律法规作保障。因此，我国要做到比较完善的高速公路建设项目管理，还应该着重考虑以下几点：

（一）遵循政府的领导

无论是收费高速公路还是不收费高速公路，政府都是高速公路管理的组织者和领导者，由于政治、经济、国防等方面的需要，发达国家非常重视高速公路的建设，都在一定的时期内规划过国家级的高速公路网建设，还通过制定相应的法律法规，颁布与高速公路相关的技术标准和规范来保障高速公路的建设和发展运营。建设高速公路耗资巨大，资金问题是关键，政府在高速公路建设的投资方面发挥着至关重要的作用，承担高速公路全部或绝大部分规划建设、运营和养护所需要的资金。同时，政府在财务、预算、审计方面还发挥着调控和监督作用，这些都反映出政府的领导在实现高速公路有效管理方面的重要作用。

（二）完善相关法律法规

完善法律和严格依法办事是高速公路规范管理的基础，应当建立健全高速公路管理法律法规体系，增强管理部门和公众的法律意识。国外经验证明，大部分发达国家均有较为完善的公路管理法律、法规，涵盖了公路规划、建设、养护和特许经营的各个方面。同时还对各级公路管理机构的权利和义务进行了较为明确的规定，如美国《联邦资助公路法案》，法国《高速公路财政法》，日本《高速公路干道法》。各国还通过制定相应的法律、法规规定高速公路的资金来源，美国的《公路税收法案》规定以燃油税和重要汽车配件消费税收入组成州际公路信托基金，解决了州际公路的建设资金问题。同时还根据高速公路的类型制定不同的法规，对于收费高速公路，通常有专门针对收费高速公路管理的有关立法，这些法律的颁布与实施有力地保障了高速公路健康有序的建设与管理。各发达国家通过立法的形式，对各级政府在路网管理中的职责，公路管理各部门的设置、任务和目标，管理制度、资金来源等事宜进行明确规定，而且法规十分具体，具有极强的可操作性，减少了管理过程中的人为因素。这些法规随着经验的积累已经较为完善，覆盖了高速公路管理的各个方面，具有可操作性和透明度。

（三）明确部门职责

经验表明，高速公路的规划建设和运营管理客观上需要各级政府之间以及政府与各部门之间的协作，而这种协作是建立在职责明确、分工协作的基础之上的。各发达国家的高速公路建设大都在法律法规中明确规定各相关主体的责任、权利与义务。他们依据各自在路网建设中的层次和功能而设置相关的职责，而这种职责又是各部门相互协作的依据，是政府及相关部门顺利开展工作的保障。

高速公路的建设和运营，涉及多方面的因素，比如建设期土地的利用、资金的筹集、道路的规划，运营期收费的管理，路政、养护、交通管理等。这些工作涉及的职责分工是高速公路事业发展的保障。此外，发达国家中央或联邦政府在高速公路建设中虽然是组织者和建设者，但都将一定的权力下放到地方政府或特许经营公司，对具体管理业务不做过多干预，只起监督和指导的作用，使地方政府和企业有较大的自主权，有利于高速公路事业的发展。我国高速公路管理部门职能交叉错位、权责关系不清、缺乏统一的管理组织机构，是影响和制约高速公路发展的重大问题。我国应借鉴国外比较成熟的做法，彻底理顺高速公路管理中各相关主体之间的关系，减少矛盾与冲突，提高管理效率。

（四）政策扶持与特许经营

发达国家高速公路发展收费公路历史十分悠久，其发展步伐进入20世纪八九十年代后有了进一步加快的趋势，最重要的原因是他们大量引入民间资金，实施特许经营制度。

法国是推行特许经营权方式筹集资金建设高速公路较早的国家之一。1955年提出"允许特许权享有者征收高速公路通行费，以保证偿还由国家、集体或公立机构预付的各种垫款及开支，并保证高速公路的经营、养护、延伸"，并建立了高速公路建设和经营机制。目前，法国高速公路无论其建设、经营还是养护，主要以特许经营模式进行。高速公路特许经营权是通过公开招标，颁发特许经营权（以合同性质），如果达不到预期的经营效益（国家预测的车流量），国家将延长经营期。国家以贷款形式参与特许公司经营，国家与特许公司风险共担，法律和政治上的风险由国家承担；经营和财政上的风险由特许公司承担；技术上的风险和经营风险由特许公司承担，国家承担部分经营风险；经营期一般不能低于30年，国家与特许公司有共同的利益。特许经营公司经营期满后，必须将公路完好交还国家。

特许经营制度是国际上通用的收费公路经营管理制度。据了解，目前美国、意大利、法国、西班牙、澳大利亚、英国、马来西亚、新加坡等国家在收费公路管理上广泛推行了特许经营制度，并形成了以特许经营为特色的高速公路建设和管理模式。对高速公路实施特许经营，既是深化行业管理体制改革、规范高速公路建设管理的需要，也是筹措高速公路建设发展资金、完善交通发展融资机制的需要。

第四章 高速公路质量管理

第一节 质量体系建立

一、质量目标

为确保合同段工程的优质建设，全面贯彻国家和交通部现行的工程质量验收标准。满足业主工程施工质量要求，按照GB/T 19000标准建立、实施质量体系，在施工中做到管理科学、工艺先进。严格按照国家标准和设计要求，一丝不苟、精益求精，以严格的工程质量管理、精良的施工技术确保工程建设的顺利进行，确保分项工程一次施工合格率达100%，从而确保单位工程合格率达100%，最终确保合同段工程总体合格率达100%。杜绝重大质量事故，避免普通质量事故，减少质量通病。

二、质量管理体系

为确保质量体系持续有效运行，保证工程质量，实现工程质量目标，项目部建立质量管理体系，负责工程质量管理工作。

三、质量管理组织机构

项目经理对合同工程的施工质量、进度、安全负全面责任，直接向发包人和公司总部负责。项目总工程师负责质量保证体系的建立，施工技术管理工作，主持制订工程总体施工技术方案、重大施工技术措施、施工总进度计划及质量、安全技术措施等，对工程质量负直接责任。成立工程技术部、质量管理部、物资设备部、试验室和测量队等相关质量管理检测部门，项目部根据施工需要设立相关工区、厂、队。保证工程质量管理体系有效运行。

四、质量管理职责

（一）项目经理

（1）项目经理是工程项目质量工作的第一责任人，对项目工程质量负全面责任。

（2）坚持质量第一的原则，正确处理质量与进度、效益的关系。组织好均衡施工，保证在生产经营和各类目标考核中，落实质量否决权。

（3）负责质量体系运行的现场实施工作，组织生产过程中的各种原始记录及统计工作，确保各项技术资料真实、完整、准确、可追溯。

（4）主持质量事故的初步调查、分析和处理，及时向上级部门反馈质量信息，对质量问题的纠正和改进实施落实责任。

（5）带领项目部成员对项目工程质量实行全员、全方位、全过程的管理监控，严格执行上级有关法令、法规、标准和规章制度、操作规程，全面履行合同条款，满足顾客要求。

（6）接受上级及监理部门的质量监督，对存在的问题认真组织整改。严格执行"三检制"，强化专检，侧重预检、隐检和质量通病防治，切实加强工序管理，确保实现项目质量目标。

（7）经常对职工进行质量教育，负责对协作队伍进行质量体系方面的教育。

（二）项目总工程师

（1）对工程项目的施工质量负技术责任。

（2）负责主持项目的施工组织设计、施工方案，新技术、新工艺、新材料的实施方案，技术措施和作业文件的制订，并按权限审批。

（3）负责主持项目的施工组织设计实施、督促检查项目施工组织设计的实施情况。

（4）组织实施工程项目的内部竣工验收，参加竣工交付，对竣工工程资料负责。

（三）工程技术部

负责施工图纸的绘审、质量计划、施工组织设计、施工措施的制订编写，负责技术交底、工序管理点的确定，以及现场的施工技术指导，对技术措施的文字和因措施产生的质量问题负责。

（四）质量管理部

负责工程质量管理制度的制订、施工现场工程质量的监督检查、工程质量的评定、质量体系运行的落实检查、统计表的公报、组织质量事故的调查分析处理等，对工程质量检查的错检、漏检负责。

（五）测量队

负责工程施工测量控制、施工放样、测量检查，提供最终的测量成果，对测量成果的错误负责。

（六）试验室

负责用于工程各种原材料的检验、混凝土配合比的设计、现场土方回填和混凝土质量的控制，对检验和控制中的错验、漏控负责。

（七）物资设备部

负责提供工程所需的各种合格原材料和设备，对因原材料和设备问题发生的问题负责。

在施工过程中各部门、各单位（包括领导）的任何口头通知都不能作为施工依据，所有需修改的部分必须以书面形式通知有关单位和部门，否则质检部门拒绝检查验收。

（八）施工作业队

负责所承担任务的组织施工，应按图纸、设计要求、技术措施、合同规定和监理要求进行施工，无权改变施工方法和放宽各种标准，对由于错误施工所造成的质量问题负责。

项目开工前，各施工队与项目经理签订质量责任书。

第二节 质量管理制度与措施

一、工程质量管理办法

（一）落实工程质量终身负责制

建立工程质量终身负责制档案，将质量目标责任层层分解，终身负责，签订横向到边、纵向到底的工程质量终身负责制包保责任书，一级包一级，一级保一级。

（二）签订质量责任书

为加强工程质量的宏观控制，促进工程质量向良性方面发展，项目经理同各工点负责人签订质量责任书，明确职责和目标。

（三）签订技术责任书

施工技术在工程质量控制方面，起着关键性的作用，加强技术交底、技术指导是施工中的重要环节。项目部总工程师同工程部和各工点技术负责人签订技术责任书，明确职责、分工和各自的工作重点，强化技术管理。

（四）签订安全责任书

安全是施工生产的重要保证，没有安全，就谈不上工程质量和效益。项目经理同各工点负责人签订安全责任书，分级布控，确保安全生产。

（五）实行全面质量管理

从技术控制、施工检测、质量检查和施工过程控制入手，建立全面质量管理体系及工程质量流程，在确保质量的前提下，加快工程建设，努力创造一流的质量、一流的速度。在关键工序和特殊过程上，选择课题，设置质量管理点，编制工艺标准，组织开展QC小组活动。

（六）工程质量检查评比制度

1. 开工前检查

开工前检查的内容及要求：

①符合基建程序，已签订承包合同。

②设计文件、施工图纸经审核并满足开工需要。

③施工前的工地调查和复测已进行，并符合要求。

④各种技术交底工作已进行，特殊作业、关键工序要有作业指导书。

⑤采用的新技术、机具设备、原材料必须满足工程质量需要。

⑥施工人员、质量管理人员必须满足工程质量要求。

2. 施工过程中检查

施工过程中应对以下工作经常进行抽查和重点检查：

①施工测量及放线要正确，精度要达到要求。

②要按照图纸施工，操作方法要正确，质量符合验收标准。

③施工原始记录填写要完善，记载要真实。

④有关保证工程质量的措施和管理制度是否落实。

⑤原材料、成品、半成品要按规定提交实验报告，设备要有产品合格证和出厂说明书。

⑥工班自检、互检、交接检要严格执行，并有交接记录。

⑦施工日志的填写要符合实际。

3. 隐蔽工程检查制度

①工程检查签证，除执行国家、部颁的规定外，还应执行建设项目的有关规定并与建设单位和建立单位协商，明确职责分工，由指定质量检查人员办理。

②隐蔽工程未经质量检查人员签认而自行覆盖的，应揭盖补验，由此产生的全部损失由相关责任人负责。

③隐蔽工程先由施工单位主管技术人员自检合格后，邀请有权签证的质量检查人员复查签认，地质不良的基础或暴露时间不宜过长的工程签证后应尽快封闭，以免风化破坏。

④发现与设计不符，本级质检人员无权处理者，应及时呈报上级解决，必要时可邀请建设、监理、设计单位共同研究处理。

⑤质量检查人员因故缺席，可委托同级技术人员代检签证，并做好记录。必要时，事后应请质量检查人员补签认可。

4. 定期质量检查评比制度

采取重点检查与一般例行检查相结合、定期检查与抽查相结合的方式，加大质量检查监督力度，使工程施工全过程处于受控状态。

每季度由项目部项目经理，或总工程师组织各部室进行一次全面的质量大检查，召开一次工程质量总结分析会。项目部工程部每月组织一次质量大检查，现场施工队每周组织一次质量检查，班组每天进行质量检查。对违反施工程序、不按设计图纸和规范施工、使用不符合质量要求的原材料、成品或设备等，严格按照"四不放过"事故（原因没有分析清楚不放过；事故责任者和群众没有受到教育不放过；没有采取切实可行的预防措施不放过；相关责任人没有处理不放过。）的原则处理。根据评比结果，奖优罚劣。

（七）实行创优风险抵押制度

为调动职工的工作积极性，增强施工质量责任感，最终实现创优目标，项目部从项目经理到各部室负责人、普通正式、聘用职工，都须交纳创优风险抵押金，数量从3 000元到10 000元，单位工程竣工后视工程创优评选情况扣除或双倍返还抵押金。

（八）验工签证制度

为确保工程创优目标的实现，项目部的每次验工计量都必须由工程部人员对其所计量的工程质量进行验收。验收不合格的，不予计量。

（九）工程质量事故处理

1. 申报制度

①建立工程质量事故逐级报告制度，坚决杜绝隐瞒不报、擅自处理事故。

②工程质量重大事故发生后，事故工点或单位应采取有效措施，抢救人员，防止事故扩大，并保护施工现场。

③工程重大质量事故发生后，事故工点必须在第一时间通知项目部工程部，由项目部工程部报告项目部领导并以电话或电传、电报上报公司机关，电话或其他形式报告高速公路建设指挥部。

2. 事故调查处理

发生质量事故由公司机关会同项目部组织调查处理，处理事故按"四不放过"的原则。

（十）奖罚制度

1. 奖惩原则

①质量奖励贯彻"精神奖励和物质奖励"相结合的原则，贡献大的多奖励，贡献小的少奖励，杜绝平均分配，严禁将质量奖励资金改作他用。

②质量处罚以教育为主。对质量事故按"四不放过"原则严肃处理。质量处罚还应本着预防为主的原则，对违反规章制度和操作标准，有危害工程质量行为的单位和个人酌情处罚。

2. 对获得优质工程的单位，按有关文件规定施奖

对优质工程的奖励按公司有关规定组织实施。

3. 质量奖

对在施工中，严格质量管理、精心指导、精心施工，在提高工程质量方面取得突出成绩的单位和个人，由项目部酌情给予奖励。

4. 质量保证金

①项目部按照建安投资1.5%的资金，作为工程质量奖励专项基金。

②工程质量奖励专项基金由财务部从每次验工计价划拨的工程款中扣出。

5. 处罚

（1）对质量事故的处罚

①发生一般质量事故，对事故单位（施工架子队）按直接经济损失金额的10%处以罚款；对事故直接责任者，按事故直接经济损失3%罚款。

②发生四级重大质量事故，对事故单位按事故直接经济损失金额的10%处以罚款，对事故直接责任者、技术领导责任者、主要领导责任者、重要领导责任者，分别按事故直接经济损失金额的2%、1.2%、1%、0.5%罚款。

③发生三级重大质量事故，对事故单位按事故直接经济损失金额总值的5%罚款（但不低于3万元）；对事故直接责任者、技术领导责任者、主要领导责任者、重要领导责任者和单位分管领导按事故直接经济损失的1%、0.85%、0.8%、0.6%、0.4%罚款。

④发生一、二级重大事故，对事故单位按直接经济损失金额的3%罚款（但不低于5万元）；对事故直接责任者、技术领导责任者、主要领导责任者、重要领导责任者和单位分管领导、单位党政主管领导，分别按事故直接经济损失金额的1%、0.85%、0.8%、0.6%、0.4%、0.2%罚款。

⑤对负有质量监督责任的人员，视情节轻重给予200～20 000元的罚款。

⑥除对责任人进行经济处罚之外，建议有关部门对其进行党纪或行政处分。对因失职、渎职行为造成重大质量事故者，依法追究责任人的法律责任。

⑦凡发生重大质量事故，在本地区给单位造成恶劣影响和严重后果的，给予加重处分、处罚。对个人罚款超过2万元时，按2万元罚款。

⑧对工程质量事故隐瞒不报、擅自处理的，对事故责任单位和领导要加重处罚。

（2）对未完工程质量计划处罚

分项工程一次检查合格率、优良率，单位工程优良率，混凝土、砂浆试件合格率，土方密实度等质量控制指标，一项达不到计划指标的，罚违规单位5000元，两项达不到计划指标的，罚10 000元，依此类推。发现质量报表失实，加倍罚款。

（3）质量处罚

项目部工程部配合业主安质部组织检查，如每次检查排名倒数后两名中有本项目部所属施工队的，则分别罚款10 000元（其中含队长、副队长各500元，技术负责人100元）和8 000元（其中含队长、副队长各300元，技术负责人100元）。

（4）对违反质量管理制度的处罚

对违反质量管理制度的行为，分别给予违规单位1 000～2 000元罚款。

①有一个月不按规定上报质量报表。

②质量评定指标与现场实际不符且相差在20%以上者（抽查考核）。

③不执行定期质量检查制度，不按时上报质量情况者。

④"三检制"不落实，不填写检查记录者。

⑤不按规定下达质量计划者。

（5）对违反作业标准的处罚

违反以下作业标准之一，对工程质量造成严重危害的行为，分别给予违规单位1 000～5 000元罚款。

①技术复杂的分部、分项、单位工程，不按技术交底进行施工者。

②严重违反操作规程者。

③隐蔽工程未经检查、签证而擅自回填者。

（6）有下列行为的，对违规单位处以该项工程造价2%～4%的罚款

施工单位在施工中偷工减料的，使用不合格的建筑材料、建筑构配件和设备的，或者有不按照工程设计图纸施工和不执行施工技术标准的其他行为的。

（十一）质量奖惩的实施

质量奖励、处罚除正式行文公布（或通报）外，均以"质量奖励（处罚）通知单"的形式通知奖励（处罚）单位。质量奖励（处罚）通知单一式三份（签发单位、受罚单位、项目部财务部门各一份），质量监察（检查）人员在施工现场发现严重违反作业标准的行为，可直接签发"工程质量问题通知单"，按罚款权限处以罚款，再由财务部门实施。

（十二）质量保证措施

1.推进质量管理工作的程序化、标准化和规范化

（1）施工管理程序化

各项工序施工前审查设计文件、制订实施性施工组织设计；提出技术要求、质量标准交底。

（2）施工管理标准化

以设计图纸、招标文件、变更洽商为技术指导依据，进行工程质量标准设计。

（3）施工管理规范化

按"工艺操作规程"指导施工；按工程质量目标措施及其他质量管理制度管理施工；各种任务书、交底、通知书及各种表格填写和签证，语言文字严密、清楚、准确，填写及时，项目齐全。

2.加强质量教育

（1）通过对广大职工进行"以质创誉，以优取胜""质量重于泰山"的宣传教育，增强广大职工为国为民的高度责任感，进一步强化员工的质量意识。

（2）深入开展"一学、五严、一追查"（学法规；严守设计标准、严格操作规程、严用合格产品、严格程序办事、严格履行合同；追查责任者）和"质量月"活动，增强全员的法制观念和执法、守法、抓好工程质量的自觉性。

（3）以创优为共同目标，各级各部门齐抓共管，形成合力，对广大职工进行深入的思想教育，为创优活动的深入开展和实现总体质量目标打下良好的思想基础。

3.加强技术培训

（1）对主要施工管理人员、技术人员组织技术培训，考核后上岗。

（2）定期或不定期地组织参建员工进行岗位技能培训，对专业性较强的工种如测

量工、实验员、质检员等，实施集中培训；对作业量较大的工种如混凝土工、电焊工等实施分散培训。确保操作者经考试合格后，持证上岗。

4.建立质量情报信息网络

对能反映工程项目在施工过程中各个环节的工程质量和工作情况，如各种原材料、成品、半成品的产品合格证及质量检查验收情况；施工组织设计或施工方案、技术交底、图纸会审、变更、隐蔽工程和有关质量的记录情况；历次质量检查、各种验收检查的记录情况，质量事故调查记录和处理情况；新材料、新技术、新工艺、新标准等信息的收集整理情况；国内外同行业和其他兄弟单位有关工程质量的管理办法和手段，以及发展方向等情况，做到及时收集、及时反馈、及时分析、及时应用，使质量管理信息化，以便更好地保证工程质量。

5.投入高素质的人才群体

抽调施工技术骨干（包括主要管理干部、专业工程师、高级技师、熟练工人等），抽调多年从事桥涵、路基工程、隧道工程且有丰富施工经验的高级专业技术人员，配备一批近几年毕业的大学生，组成人才群体，确保项目工程优质、安全、高效、按期完成。

6.选用高效先进的设备

（1）配备精良的施工设备，广泛应用成套的机具，充分发挥机械效能。根据本项目段的特点，配备性能良好、高效先进的隧道、桥涵及路基施工机械。

（2）在施工中加强保养，保证机械的完好率和利用率，实行机械化作业。重要设备及易损设备应有一定的储备，作为设备损坏及维修时的替代，保证施工的连续性。

7.完善计量、检测手段

为确保现场工程质量检测需要，项目部须建立能满足工地各种试验要求的工地试验室。

8.建立严格的质量检测制度

（1）把对质量具有重要影响的工作程序用制度的形式固定下来，建立一套工作程序管理制度和专项质量检验、验收制度。按照"跟踪检测""复检""抽检"三个等级进行。

（2）加强质量检查，对违反施工程序，不按设计图纸、规范、规程施工，使用不符合质量要求的原材料、成品或设备等违规行为，严格按照"四不放过"的原则进行处理。

9. 重视测量工作

（1）各单位要抽调技术水平高、操作熟练的测量工程师、测量工组成测量队、测量班，并在上场前对各成员进行测量知识培训。

（2）装备全站仪、电子水准仪、精密水准仪等先进的测量仪器，以保证测量精度，加快施测速度。

10. 加强图纸审核、优化施工方案

接到施工图纸后，由项目部总工组织技术人员进行图纸审核，现场放样核对后提出审图优化意见上报；施工方案、施工组织设计项目部编制完成后上报驻地监理办公室。

11. 加强对原材料把关

凡施工中所有使用的原材料、半成品、成品和设备，必须具有出厂合格证和质量报告单，并取样检验，做到先检后用；地材先调查料源，取样试验，试验合格经监理工程师认可后进料；并在现场设专人收料，不合格的材料拒收。施工过程中若发现不合格材料及时清理出现场。

12. 严格程序控制

在施工中加大检查力度，坚持"三检"制度，即自检、互检、交接检；牢固树立"上道工序为下道工序服务"和"下道工序就是客户"的思想，坚持做到不合格的工序不交工。用工序质量保证分项工程质量，用分项工程质量保证分部工程质量，用分部工程质量保证单位工程质量。

13. 隐蔽工程质量控制措施

（1）隐蔽工程施工完毕后，由工班长在隐蔽验收记录中填写工程的基本情况，由项目部技术负责人签字，并邀请项目工程技术负责人、质量检查员和监理单位现场代表，共同对隐蔽工程进行检查验收。

（2）参加检查的人员按隐检单的内容进行检查验收后，提出检查意见，由质量检查员在隐检单上填写工况，然后交由参加检查人员签证。若检查中存在问题需要进行整改时，施工工长在整改后，再次邀请有关各方进行复查，达到要求后，方可办理签证手续。经复核符合要求后，方可办理签证手续，进行下道工序施工。

（3）项目部技术负责人在隐蔽工程验收后，做好隐蔽验收记录，及时将验收记录送项目部内经技术人员审核无误后归档。

14. 验工签证制度

验工计价是控制工程质量的重要手段，未经质量检查或检查不合格的项目，不予计价、拨款，并追究相关责任人的责任。

15. 突出重点，狠抓关键环节

加大对工程质量通病的技术攻关和检查力度，针对施工过程中易出现的通病，制定标准，改进施工工艺，努力消除质量通病。

16. 积极开展QC小组活动

结合项目段施工特点，从现场实际情况出发，成立提高工序质量和工程质量的QC小组，做到有计划、有注册、有课题、有经费、有检查、有成果。真正解决项目段路基、桥涵、隧道等施工中的关键质量问题，降低物能消耗，提高经济效益。

17. 样板引路，全面创优

在工程全面开工初期，抓典型，树样板，着重抓样本墩、样板涵、样板路基、样板附属工程等，以样板引路全面提高工程质量，实现全面创优。

18. 制定重点项目重点控制程序

（1）钢筋工程量控制程序

为确保对钢筋工程加工制作的质量控制、焊接的质量控制、绑扎的质量控制。

（2）混凝土工程质量控制程序

为确保混凝土的配合比、拌制、运输、灌注、养护、拆模满足设计和规范要求。

（3）模板工程质量控制程序

为保证混凝土结构、构件的位置、形状、尺寸符合要求，保证工程结构和构件各部分形状尺寸和相互位置的正确，满足混凝土具有设计要求的强度和密实度，模板接缝不漏浆。

19. 质量预控措施

（1）隧道工程质量保证措施

按隧道工程地质及断面大小及时做好开挖，装渣运输设计。

钢架、网、喷支护要紧跟开挖进行，以利于发挥围岩的自承能力，保证施工安全。

超前支护按设计间距、长度设置，方向要保证符合设计要求。

隧道超欠挖和坍塌在规范允许的范围内采用同级别的混凝土回填，超出部分除边墙跟拱顶外可用浆砌片石混凝土回填（由现场监理工程师根据规范要求决定）。

在初期支护中，一定要控制好锚杆的数量和长度，钢拱架的制作和安装以及喷射混凝土的厚度等一些规范要求的硬性指标。初期支护完成后的仰拱开挖一定要遵循跳槽预留马口的办法，以利于初期支护上半断面的稳定。

防水板的安设一定要由有经验的队伍完成，对焊缝的检查一定要严格要求，防止漏水。

模筑混凝土施工前要将仰拱按设计要求做完，待达到混凝土设计强度后铺设模板台车轨道，要求固定牢固，标高误差控制在±10 mm以内，保证模板台车能顺利就位。台车就位前应进行模板的除锈和涂刷脱模，脱模剂不得用废机油。模板台车与边墙的结合部位要用砂浆填充密实，防止漏浆。模板台车的固定要有专人把关。浇筑时两侧对称分层浇筑，混凝土落差不得大于规范要求，混凝土振捣密实，要注意浇筑速度，防止衬砌台车的上浮或偏移。施工过程中要严格控制配合比，尤其是添加剂的使用一定要足质足量。

（2）桥梁工程质量保证措施

按桥梁工程的设计以及地质情况，做好桩基础和承台施工，保证基础的稳定性。桩基础的施工要注意提管的长度和方法，避免出现断桩和扩大桩。

墩台身施工注意模板的平整度和稳定性，中线的控制，浇筑混凝土时严格按照配合比进行施工，捣固要按要求操作，防止漏振出现蜂窝麻面的情况，影响工程质量。

预制梁施工时，注意模板的平整度，钢筋的绑扎，由于梁的钢筋多，浇筑混凝土时一定要注意不要漏振，要按照分层浇筑、分层捣固的方法进行，浇筑混凝土后，派专人负责养护。

（3）路基工程质量保证体系

路基工程地基处理时，基底清理要彻底，如果进行换填施工，要先测定土的各项指标，再根据测定的数据采取相应的换填方法。

路基施工时，严格按照"四区段、八流程"的控制程序进行施工，同时做好沉降观测记录，做好地表水的疏通排放设施，防止雨水冲刷和施工用水浸泡的情况出现。

在环保方面，一定要按照交通部典型示范工程的要求进行施工，把影响减小到最低。

20. 针对具体工程项目制订详细的有针对性的质量保证措施

把对质量措施的审查作为施组审查的一项重要内容。

21. 质量通病防止措施

（1）成立以总工程师为组长，安质部长、各级主管工程师、专职质检员为组员的治理质量通病专项小组。

（2）治理质量通病小组根据以往施工中常见质量通病，制订相应的有针对性的预防措施，装订成册，在工前的技术交底时作为一重点，专项交底。

（3）各施工队在施工中，根据针对性的预防质量通病措施，严格按施工规范要求及技术交底操作，坚决防止质量通病发生。

（4）治理质量通病专项小组定期或不定期对各工点质量及预防措施的实施情况进行检查，并统计分析，判断质量发展的趋势和预防质量通病措施的有效性，将有效的部分纳入相应的管理制度和技术标准中；对效果不明显的，进一步进行原因分析，并制订相应的纠正和预防措施。

（5）已组建能涵盖所有施工检测项目的项目部试验室，试验人员全部持证上岗，试验仪器已由国家指定部门标定认可。

（6）已组建精干的精测队伍，配备先进的测量仪器，确保工程几何尺寸符合规范要求，达到优良标准。

（7）加大装备投入，根据工程的实际需要，投入先进的机械设备用于工程施工，并拿出部分资金用于更新周转材料，确保混凝土工程内实外美，一次达标，路基工程碾压密实，边坡平整圆顺。

（8）以主攻质量通病为重点，积极开展QC小组活动，有预见性地采取预防措施，不断改进施工工艺，克服和控制质量通病。

第三节　工程创优规划

在进行工程前期策划时，若有创优计划，需进行所要达到目标、标准的规划，明确实施创优措施。

一、创优目标

在项目部的领导下，以贯彻实施ISO质量保证体系为载体，以"科技兴局，强化管理，建造满意工程，提供优质服务"为宗旨，强化施工技术管理，推广应用新技术、新工艺、新材料、新设备，采用竞争上岗，奖优罚劣的激励机制，保证质量目标的实现。

（1）确保全部工程达到国家和行业现行工程质量验收标准。工程质量一次验收合格率100%，确保质量优良。

（2）杜绝质量事故，消灭质量通病。

（3）杜绝职工因公亡人事故。

（4）实行定额管理，开展成本核算，节省资源，各项经济指标达到规定要求。

（5）场地整洁、文明施工、环保施工。

二、创优要求

（1）工程质量符合设计要求和规范标准，内实外美。验收评定达到优良标准。

（2）成立各级创优领导小组，建立各种规章制度，做到有计划、有目标、有步骤，全面系统地开展创优活动。

（3）有完整准确、齐全的内业资料，工程签证手续齐全，竣工资料内容翔实，完整规范。

（4）有QC小组及开展活动的记录。

（5）重点工程、关键工序有书面的作业指导书。

（6）按设计和规范标准施工，精心组织，精心施工。

三、创优保证体系

针对标段的特点和创优目标，对各管理部门及作业层的工作进行分解，建立"横向到边，纵向到底"的质量保证体系。

四、创优制度

（一）建立质量创优责任制

在明确项目经理对工程质量终身负责的前提下，建立健全各级人员的质量责任，责任到人，逐层包保，充分发挥项目整体的质量保证职能。

（二）开工前的技术交底制度

开工前，由主管工程师向全体施工人员进行技术交底，使全体人员明确标准，做到心中有数地投入施工。

（三）工序"三检"制度

"三检"即："自检、互检、交接检"制度。上道工序不合格，不准进入下道工序。确保各道工序的工程质量。

（四）隐蔽工程检查签证制度

凡属隐蔽工程项目，严格执行合同条款"隐蔽工程检查和签证"的有关规定，首先由工班、队、项目部逐级进行自检，自检合格后报监理工程师复检，经签证合格后，方可隐蔽。

（五）工序交接制度

实行"五不施工"和"三不交接"制度。"五不施工"即未进行技术交底不施工；

图纸及技术要求不清楚不施工；测量桩位和资料未经换手复核不施工；材料无合格证或试验不合格者不施工；上道工序不经检查签证不施工。"三不交接"即：无自检记录不交接；未经专业人员验收合格不交接；施工记录不全不交接。

（六）测量资料换手复核制度

测量资料必须换手复核无误，再报监理工程师审查认可后，方可用于施工。

（七）原材料、成品、半成品检查制度

原材料、成品和半成品要有出厂合格证，并经抽检合格，监理工程师复检认可后，方可用于施工。

（八）仪器、设备的标定制度

各种仪器仪表、设备均按计量法的规定进行标定。

（九）施工资料管理制度

施工原始资料的积累和保存由分管人员负责，分类归档管理。

五、工艺流程规范操作制度

为了确保各项施工工艺流程得到规范操作，建立了以下制度：

（1）建立以工班长为责任人的工艺流程负责制，使每一工序的工艺流程有专人负责，确保流程有效。

（2）在每道工序实施前，由施工技术负责人对施工人员进行工艺流程交底，交底内容为流程程序、达到的标准等。真正使每个施工人员心中有数。

（3）建立流程图标示制度，每一工序施工前，施工队应对工序流程挂牌标示，使全体人员明知，不能盲目施工。

（4）对每一工序流程完成后，认真总结施工经验，不断提高操作水平，尤其是使用新材料时，不断提出改进措施，使其达到最佳流程工艺。

（5）施工队应建立流程奖罚制度，明确凡不按工艺流程操作时，应予处罚，凡按工艺流程规范操作，确保质量安全者应予奖励。

（6）把规范操作与环保、文明施工、劳动保护等紧密结合起来，凡工艺流程与其相违背时，应修改工艺流程，使其科学合理适用。

六、试验室检测制度

（1）试验人员均应持证上岗。

（2）现场检测前，试验人员必须熟练掌握试验规范、规程及标准。

（3）对检测时发现的问题，查明原因，及时处理。

（4）检测结束后，认真复核试验及检测过程是否正确，数据是否完整无缺，及时出具试验报告。

（5）试验室内的试验，应严格按国家和行业标准进行，不得出现违规操作。

（6）各种仪器必须指定专人负责管理，定期检定。

（7）在填筑路基和浇筑混凝土时，试验人员必须在场监督。

（8）及时按规定对原材料取样试验，把好原材料质量关。

（9）发现违反操作规程，影响质量时，及时作出处理，并向上级报告做好记录。

（10）各项试验报告，必须严格执行复核制度。

七、创优措施

（1）开展创优宣传教育活动提高全员创优意识，确保创优工作具有广泛的群众基础。

（2）建立创优组织，从组织上保证创优活动的开展。

（3）质检人员在创优领导小组的领导下，按职责行使权利。

（4）实行工程质量终身负责制和工程质量一票否决权制度，建立创优责任制，严格奖罚。

（5）推行精品引路，样板先行，实现开工必优，施工一次成优。开工初期，项目部先树立一批分项、分部及单位工程样板，以带动整个工程创优工作的实施。

（6）加大管理力度，主攻质量通病。针对以往工程质量通病，组织进行技术攻关，有预见性地采取防范措施，把质量管理由事后检查变为事前预防和过程控制中，使质量通病得到有效克服及控制，确保全标段创优目标的实现。

第四节　高速公路工程质量成本分析与控制

随着经济不断发展，我国的工程建设规模逐渐扩大，人们对工程质量的要求也越来越高。当然，工程质量的提高有利于我国社会的发展进步和综合国力的提升。高速公路项目的质量管理是其三大目标管理之一，在整个高速公路建设管理体系中具有非常重要的地位，研究如何提高质量管理成效，降低质量成本对于提高高速公路建设工程整体效率和效益具有重要意义。然而许多企业认为质量管理与成本管理很难做到协调一致，甚至处于对立的状态，要想提高质量达到业主满意就必须增加成本，这显然没有真正理解质量管理和成本管理之间的关系，没有真正理解质量成本管理的内涵。有许多企业总是事后控制，出现了问题才去补救，结果产生了巨大的损失成本，不但使企业遭受经济损失，对企业信誉也产生了不好的影响，也浪费了国家和社会的资源，不利于社会的发展进步。另一些项目，由于对质量要求特别严格，对质量投入过多的人力财力，造成质量过剩，不利于资源的合理配置，同样也不利于国家的发展进步。因此，每个企业都应该在内部设立相应的质量成本核算体系，对质量成本各分项进行预测，实施中发现偏差，分析原因，并纠正偏差。

目前，高速公路工程质量成本管理理论还不成熟，质量成本管理体系还不够完善，实施效果还很不理想。因此，对于高速公路质量成本的研究和探索有着深远的意义。

一、高速公路工程质量成本管理面临的问题

（一）高速公路工程质量特征分析

高速公路工程项目涉及面广、投资额大、建设周期长、影响因素众多，由此造成了高速公路工程建设项目质量控制的难度较大。分析高速公路工程建设项目具有以下五个质量特点：

（1）凡参与工程项目的建议书、项目可行性研究、工程设计、建设准备、建设施工和竣工验收各环节有关因素都将影响工程质量；

（2）由于高速公路工程建设主要以露天为主，受气候、地质等自然因素影响，加上人员和设备的流动性，因而易造成质量的波动；

（3）由于设计计算错误、施工方法不当、机械故障、材料质量伪劣、仪器仪表失灵等都会留下质量隐患；

（4）高速公路建设中有大量隐蔽工程部位，其后道工序将覆盖前道工序，若不及时进行工序交接间的质量检查，有可能将前道工序的不合格误判为合格；

（5）高速公路工程项目质量检查时不能解体、拆卸，对局部的质量问题也不能采取更换零件的方式解决。这就要求高速公路产品最终验收质量必须合格，因为高速公路产品的特殊性，不存在降级使用的情况。必须达到设计要求的质量，如果验收时候不合格，就必须返修重建，或者进行加固等措施，这样就会造成更多资源的浪费。

（二）高速公路工程质量成本管理存在的问题

虽然质量成本的概念在国外已经得到人们的广泛认知，但我国大多数企业还是缺

少对质量成本及其管理理论的了解，更无法进行有效管理，即使有的企业确实能实施质量成本管理中的部分方法，可是通常都只是停留在形式上或者战略层面上。我国是在改革开放后逐渐开展质量成本管理活动的，在20世纪80年代出版的国家标准中将质量成本管理录入。我国在20世纪80年代初期开始开展这项管理活动，通过多年研究、探索和实践，在质量成本管理方面取得了一定成效，但对质量成本管理的普及率还不是很高，活动的规范性和有效性还有待提高，质量成本管理活动还多多少少存在着一些问题，归纳有以下几个方面：

高速公路工程项目的质量成本管理还存在着许多的不足之处，它们集中表现为质量成本管理的重视程度不够，质量成本核算体系建立不完善，质量成本源的归集不是很明确，质量损失成本的分析方法以及分析思路不当等方面。尽管许多高速公路企业已经认识到质量成本管理工作的重要性，但许多单位真正在开展这项工作时还是出现了很多问题。因此在开展质量成本管理工作时应该根据工程项目的特点，吸取但不是照搬那些已经取得成功的工程建设单位的实践经验，寻求最适合自己的方法体系，只有这样才能提高高速公路工程项目的质量并且最大限度地降低内部和外部的损失成本，从而不断地提高项目的经济效益。

二、高速公路质量成本构成分析

（一）质量成本研究现状

1. 国内外质量成本研究综述

（1）国外学者的研究综述

质量成本的概念是由通用电气公司的美国质量管理专家费根鲍姆提出的，这是人们首次提出质量成本的概念，将企业中与质量有关的活动花费与废次品损失一并考虑，这引起了企业管理者的关注，形成了质量成本报告，这个报告是进行质量决策的重要依据。从此，美国的各类企业开始逐渐重视质量成本。

20世纪90年代，随着科技不断进步，质量成本管理与现代企业管理理论结合应用，有了突破性发展，形成了质量成本责任会计、作业质量成本管理、目标质量成本管理等新发展领域，使得现代质量成本管理体系以更快的速度形成。

（2）国内学者的研究综述

20世纪80年代初，我国质量成本管理理论的引入者是瑞典的专家桑得霍姆。在上海组织了一些科研机构、相关专家和企业的财务与质量工作人员，召开了首届质量经济分析大会。自此以来，中国质量管理协会多次组织会员培训。并制定了《工业企业质量成本管理核算推荐方法》，把质量成本作为质量管理奖项的评奖因素之一。

兰州大学钟宪军教授研究了"六西格玛"对质量成本理论所带来的影响，创立了在限定的条件下探寻最优质量成本的模型，为企业在实施这样的管理过程中更恰当地处理质量与成本的关系提供了理论参考。分析了六西格玛管理理论和其他质量管理理论的异同点，阐述清楚了它们之间的关系，使得"六西格玛"在质量成本管理中的优势更加明显；通过"六西格玛"理论对传统的质量成本理论中存在着的不足之处加以改进，建立了以六西格玛理论为基础的质量成本模型。

以顾客满意度为关注焦点的质量成本数学模型分别是质量成本控制模型和质量损益模型，以经济上收益的最大化作为目标来确定使得顾客满意的最佳水平，质量成本控制的最终目标不仅是使得质量成本最低化，更是使得企业整体经济效益最大化。从顾客满意度、同行的竞争、技术革新的影响和市场不确定性的角度建立起使得企业利润最大化的质量成本模型。基于模糊数学而构建的企业效益综合评价模型，把总目标定为企业效益综合评价，将质量收入、质量成本以及顾客满意程度指标确定为二级指标。将技术进步、市场不确定性、竞争以及顾客满意程度融入以企业利润最大化为目标的质量成本模型中。对顾客满意度、质量成本和质量收入这些因素进行综合汇总构建了企业效益综合评价模型。联系经济效益、顾客满意度和改进设计成本而构建基于成本的改进设计决策的模型，把质量收入与成本之间的差作为衡量企业的经济效益的尺度，通过建立各种模型来寻找产品在全寿命周期中使得经济效益最大化的质量改进点。

还有学者从宏观的质量管理体系出发，从微观的角度上对构成企业质量经营过程的作业进行了研究，并提出了从作业层次出发的质量活动链的概念。把质量活动链作为基础，可以更完整而充分地构建质量成本的核算体系，从而引出了一种从质量成本为出发点的质量改进和决策的系统模型，这样使得企业可以从质量成本的角度，来发现企业质量活动链中哪些工作应该得到改进，目的是为了实现企业与顾客的双赢，即在确保达到顾客满意的同时，又保证企业效益最大。质量改进是一种思想，这种思想需要贯穿到企业经营管理的各个环节——由数据和事实驱动的管理、对客户真正的关注、主动管理、对生产流程的管理和提高各个部门无界限的合作及对完美的不懈追求。

2. 质量成本的分类

有关质量成本的分类，目前常用的主要有三类标准：

（1）按质量成本可观测的直接性分类

分为显性质量成本和隐性质量成本。显性质量成本是直接可以从生产过程中跟踪并且在账面中反映的费用，隐性质量成本是不能够直接观测出来的由于不良质量所造成的机会成本，例如，不良的质量造成顾客满意度的下降、市场份额的减少等。

（2）根据ISO9004-1规定分类

将质量成本分为运行质量成本和外部质量保证成本。运行质量成本是企业内部运行而发生的质量成本费用，可分为两类：一类是为产出满意的产品质量而发生的投入性费用，如预防和鉴定成本，另一类是由于没有达到标准的产品质量而发生的损失费用，如内部损失成本和外部损失成本。外部质量保证成本是在合同环境条件下企业根据用户要求，向其提供客观证据而发生的各种费用，如支付的产品验证试验和评定费用、质量体系认证费用。

（3）PAF分类法（预防、评估、失败分类法）

将质量成本分为预防成本、鉴定成本、内部损失成本、外部损失成本。预防成本是防止产品出现故障或不良而在生产投入前发生的费用。例如，为保证产品达到要求而发生的质量培训费、质量管理人员费用、质量改进会议费、质量体系审核认证费、供方质量调查费、新产品测试、产品开发、质量数据收集分析等活动所发生的费用以及质量奖励费、质量管理人员的工资及其附加费等费用。鉴定成本是评定产品是否达到标准要求而发生的一系列进货检验费、原材料化验分析费、存货复验费、工序及成品检验费。内部损失成本是在产品交付前所发生的未能满足质量要求而造成的损失成本。包括生产制造废品、返工费、停工费、重新检查费、产品降级损失、减产损失、停工损失等。外部损失成本是产品交付后因不满足规定的质量标准，导致的投诉、退货、维护或信誉损失而发生的费用。包括客户投诉处理费、客户退货损失费、产品维护费、产品召回费、保修费用、折旧损失费用等。

（二）高速公路质量成本构成分析

1.高速公路质量成本构成表

质量成本是实施单位为了保证和提高产品质量、满足用户需要而支出的费用以及因未达到质量标准而产生的一切损失费用的总和。

这里采用PAF分类法，将质量成本分为两部分。一部分是为了确保业主要求的满意质量发生的费用，包括预防成本、鉴定成本，它们是项目实施过程中企业对质量成本的主动投入，企业可以凭借领导者的主观想法对它的额度进行直接的控制，属于可以控制的；而另一部分是由于质量未能达到要求引起的损失，包括内部损失成本、外部损失成本，属于不可控制的费用。

（1）预防成本

预防成本指为了防止工程施工质量缺陷和偏差，保证工程施工质量达标而事先采取的各项措施所发生的费用，具体包括：

质量管理工作费。指为预防、保证和控制高速公路建设质量，开展质量管理工作所发生的办公和宣传费，为搜集情报、制定质量标准、编制手册、质量计划、开展质量小组活动、工序能力研究和质量审核等所支付的费用。

质量培训费。为了高速公路达到标准要求，提高业务水平和质量管理的意识而对员工所进行的技术、质量意识、质量检测、质量管理等方面进行培训而发生的费用。

质量奖励费用。指对保证或者改进高速公路质量，对取得成功的员工给予的各种奖励。例如，产品升级奖励、质量目标完成奖励、QC小组的成果奖以及有关质量的合理化建议等。

质量改进措施费用。为了提高工作质量以及高速公路建设质量、调整工艺、控制工艺、改变工程设计以及包括建立质量管理体系、质量保证体系而发生的费用。

质量评审费用。指新产品设计、研究阶段对设计方案评价、试制、产品质量的评审所发生的费用。

质量工作人员工资及福利费用。高速公路质量管理部门以及相关部门中从事质量管理工作人员的工资及福利费。

供方、分包方质量保证费用。指高速公路建设材料、设备的供货方以及分包方为了预防、保证和控制建设工程质量而发生的费用。

质量情报信息费。指收集、整理、分析、保存全部质量信息的活动费用。

（2）鉴定成本

鉴定成本指为了确保工程施工质量达到质量标准的要求，而对工程本身以及对材料、构件、设备等进行质量鉴别所需的一切费用。具体包括：

进货检验费用。指对采购的原材料以及辅料、零配件、部件外协件按规定的质量标准进行测量、检验所支付的各种费用。

工序检验费。指在施工过程中对各工序进行检查验收时所发生的费用。

检测设备维修、校验和折旧等费用。指实现测量过程所需要的测量仪器、测量标准、软件或者辅助器械以及它们的组合而支出的费用。

施工阶段性验收费用。指对施工过程中的半成品、产成品按照规定的工艺、图样、质量标准和规范等进行测量、实验、检验而发生的费用。

工程质量验收评审费。指高速公路工程产品竣工移交业主使用前进行性能检测和系统试验等质量评审活动所发生的费用。

专职检测人员工资及福利费用。指从事质量测量、实验、检验人员的工资总额及福利费。

（3）内部损失成本

内部损失成本是指在高速公路施工生产过程中，因施工指挥决策失误、施工中违反操作规程、施工产成品保护不善以及由于施工工具、机械保养不善引起工程质量缺陷而造成的损失，以及为处理质量缺陷而发生的费用总和。具体包括：

废品损失费（报废损失）。指无法修复或在经济上不值得修复的在产品、半成品及产成品报废而造成的净损失。

返工损失费。指在施工生产过程中，产品或工序在质量上达不到施工验收规范规定的标准和要求，必须"推倒"重建而发生的费用。

返修损失费。指工程质量存在缺陷，必须进行局部返修，使之达到合格质量而支付的费用。

停工损失费。指在施工生产过程中，因处理质量事故而导致停工和延误工期的损失。

质量事故分析处理费用。指在施工生产过程中出现质量事故时对事故进行分析，提出事故处理方案所发生的费用。

加固成本。指施工过程中，产品或工序在质量上达不到施工验收规范要求，但是经过加固以后可以达到规范要求的情况时，为了加固产品所发生的费用。

（4）外部损失成本

外部损失成本指工程交工后，用户在使用过程中，发现工程质量缺陷而应由施工单位负责的一切费用总和。包括：

保修费用。指工程在保修期内对用户提供保修服务的费用。

诉讼费。指高速公路交付使用后，由于工程质量原因，业主或用户提出申请，要求索赔，企业为处理申诉所支付的费用。

索赔费用。指高速公路交付使用后，由于工程质量缺陷而赔偿用户的费用。

信誉损失费用。指高速公路交付使用后，由于工程质量缺陷，致使业主信誉受到影响而带来的损失。

2. 质量成本的组成结构

根据质量成本管理基本原理，质量损失成本、质量保证成本以及质量总成本之间是相互关联的，只要投入适当的质量保证的成本，总质量成本将可以达到最小。

对于一个工程项目来说，其质量损失成本以及总质量成本的多少，在很大程度上取决于企业预防成本和鉴定成本投入的多少。适当增加质量保证的成本能降低质量损失成本，从而能够对质量损失成本进行间接的控制。国内外专家一直对其各个部分之间的比例进行研究，但是何种比例是最佳比例，至今仍没有较为准确的说法。通常依靠经验或者历史的统计数据来分析得到。根据国内外的理论和经验研究，在制造业中，这些组成部分的比例一般为：预防成本5%～10%，鉴定成本10%～50%，外部损失成本20%～40%，内部损失成本25%～40%。

不同行业的质量成本结构会有所差别，工程建设行业不能直接套用制造业相关结论。与制造业中不同的是，产品的生产不是重复和大批量生产的，工程项目具有独特性、一次性、质量问题影响大等特点。为了确保工程质量在项目交付后使用时百分之百的合格，对事前控制的力度必须特别大，尤其要重视预防成本的投入，尽可能地避免因质量不足产生的损失。与制造业质量成本的结构相比，工程项目中的预防成本所占的比例更多。对不同类型的工程项目来说，其结构和形式、质量要求等的不同将会使得质量成本水平和结构产生不同。很难采用统一的模型对各种不同类型的工程质量成本组成的结构进行统一的研究。因此，应收集工程概况、质量水平等相似工程的质量成本数据和资料，利用科学的方法对其内部结构进行分析研究并寻找规律，从而可以确定这项工程质量成本的最佳构成比例。

三、高速公路工程质量成本核算体系

高速公路工程质量成本核算时，开展质量成本分析、撰写质量成本报告、制定质量成本计划、实施质量成本控制以及反映质量管理工作和绩效的依据，是高速公路企业质量成本管理中的重要环节。高速公路工程项目质量成本核算、管理的目的就是通过对项目实施过程的质量成本进行核算、分析、控制、考核，总结项目建设质量高低与成本之间的内在联系，寻求建设质量、成本、效益之间的最佳组合，取得最佳投资效果，为在建项目或已完成项目以及将来的建设项目进行质量管理和进行质量成本考核提供经验。更重要的是有助于提高建设项目质量管理水平，树立高质量的科学规范，使我国高速公路建设项目质量提高到一个新的水平。

（一）质量成本核算的意义和原则

1.质量成本核算的意义

（1）对开展和加强质量成本管理具有重要意义

高速公路质量成本核算为开展和加强质量成本管理提供必需的实际质量成本信息和资源。它为质量成本的预测、决策和计划提供了不可缺少的实际资料，为控制、分析和考核质量成本提供依据。没有质量成本核算提供信息支持，也就无法保证质量成本管理的其他环节正常进行。

（2）对推行和加强全面质量管理，提高管理水平具有重要意义

全面质量管理是高速公路工程项目保证和提高产品质量综合运用的一整套管理体系。它具有全过程、全时性、全员性和防护性管理的特点，全面质量管理的目标是实现"零缺陷"。质量成本核算可以为实现全面质量管理的经济性要求提供信息保证，为综合评价质量体系的有效性、提高质量管理水平奠定信息基础。

（3）对领导进行正确的质量决策具有重要意义

高速公路企业领导对产品质量做出最优决策，需要从技术与经济相结合、质量与成本相结合的角度进行全面分析和选择。质量成本把质量与成本联系起来，为领导进行质量决策提供可靠的信息和依据，避免单纯从工程技术的角度做出错误的质量决策。

（4）对提高产品质量，降低成本，增加效益具有重要意义

质量成本核算反映了质量费用的实际发生和质量成本形成的全过程。它为高速公路企业在保证和提高产品质量的前提下，分析质量成本升降的原因，确定质量成本的合理结构，寻求降低成本的途径提供了依据；在避免过低或过高质量的情况下，确定最佳质量水平，满足社会需要，实现"价廉物美"的同时，提高经济效益和社会效益。

（5）对加强质量责任管理，正确进行业绩评价具有重要意义

高速公路企业质量责任管理的重要内容之一，是落实质量经济责任制。它要求各责任单位承担相应的质量经济责任，并对其履行责任的业绩进行评价和考核。质量成本核算为评价和考核各责任单位的业绩提供重要依据，从而对加强质量责任管理和业绩评价具有重要意义。

2. 质量成本核算的原则

（1）质量成本属于质量管理范畴，其核算的组织原则是

由质量管理部门牵头，分级管理，财务部门具体核算出综合反映质量成本的最终结果。在核算过程中，质量管理部门必须根据本企业具体情况不断地调整部门之间的分工，使部门之间的联系更加合理，管理更加科学。

（2）质量成本核算、数据记录必须真实可靠

涉及原始凭证和报表必须按照实事求是的原则进行整理和归档。

（3）质量成本核算要遵循经济性的原则

为了使高速公路建设项目既满足业主的需要，又能使质量成本最低，这就需要选定最佳的质量水平。即考虑成本与质量保证值之间的最佳平衡。降低质量成本并不意味着降低对高速公路建设项目的质量要求。

（4）严格实行质量成本责任制

使各部门和个人的责任进一步明确，做到事事有人管，人人有责任，办事有标准，以方便对质量的考核。

（5）质量成本管理主要目的是为企业内部有关人员提供质量经济信息

为了企业不断提高产品质量和质量保证能力，降低质量成本，满足用户需求，因此它属于"内部会计"。质量成本管理的重点在于利用信息，规划和计划质量工作，评价质量改进效果和质量体系的有效性，属于"经营性会计"。在对高速公路工程项目核算时，要抓住主要矛盾，以便分析原因，采取措施，提高质量，降低成本，因此，不一定面面俱到，包罗万象。它没必要像现行的成本核算那样，要求反映高速公路项目全部产品所发生的全部消耗，对整个高速公路工程项目成本状况进行全面评价和考核。

（二）质量成本科目的设置

质量成本的科目设置是质量成本管理前期工作的首要任务，它是质量成本管理各项工作的前提。只有完成了这项工作，才可以使后续的费用得到归集，通过质量成本的各类科目，可以将建设过程中的成本费用和质量规格参数等变成可以被人们识别、分析和比较的质量成本。质量成本科目的设置在不同的行业中会有或多或少的差别，这就要求我们要根据高速公路建设项目自身的特点，量体裁衣，制定出其独有的核算体系，而不是照搬照抄其他行业的质量成本核算体系。

根据其他行业质量成本管理的经验，将质量成本科目设置为三级最有利于管理。要对质量成本科目进行设置，首先要正确判定质量成本科目。

（三）质量成本核算的方法

质量成本核算的方法可归纳为三种：统计核算方法，会计核算方法，统计与会计相结合的核算方法。三种方法各有特点。

1. 质量成本统计核算法的特点

（1）采用多种计量尺度，包括实物尺度、劳动尺度和货币尺度。运用一系列的统计指标和统计图表来反映质量水平、质量缺陷、质量费用等情况。

（2）以反映质量成本总体情况和质量经济性的基本规律为目的，不强调核算资料的完整性和精确性。

（3）运用普查、重点调查、典型调查、抽样调查、分组法、平均法等统计方法获取所要求的核算资料。

统计核算方法的优点是重点突出、简便易行；主要缺陷是数据不精确、可靠性较差。这种方法适用于处在质量成本管理与质量成本核算初级阶段的企业。

2. 质量成本会计核算方法的特点

质量成本会计核算方法是将质量成本纳入会计核算，这种方法是对生产经营过程中发生的质量成本通过会计核算程序进行归集、分配与计算。这种方法的特点有：

（1）以货币作为主要的计量尺度，辅以劳动计量尺度和实物计量尺度。

（2）依据审核无误的会计凭证，记录质量经济活动的全过程。要求数据资料准确、可靠。

（3）利用设置账户、复式记账、填制和审核会计凭证、登记账簿、成本计算和编制会计报表等会计的专门方法，按生产经营过程质量经济业务发生的顺序进行连续、系统、全面和综合的记录与反映。

质量成本会计核算方法的优点是数据准确、资料完整、核算严密；缺点是核算工作量比较大，程序比较复杂。这种方法适用于质量成本管理体系比较健全，核算人员素质较高，并有较好的核算基础的企业。

3. 质量成本会计与统计相结合的核算方法

质量成本会计与统计相结合的核算方法是指对生产经营活动中发生的质量成本比较易于用会计方法反映的部分应用会计核算方法反映，对于不易或不能精确计算的部分应用统计核算方法反映。这种方法的特点有：

（1）采用多种计量尺度。包括货币尺度、实物尺度、劳动尺度。

（2）核算方式机动灵活，尽可能保证资料的完整和准确。

（3）采用统计调查、统计分组、凭证、记账、报账等方法收集质量成本的数据资料。

这种方法的理论基础既有工业统计学，又有成本会计学。优点是简便易行、方式灵活、比较精确；缺点是资料的准确性略差。这种方法适用于已初步具有一些统计核算经验的企业。

总结来看，在高速公路工程项目的质量成本核算中，三种核算方法各有特点，其理论基础、优缺点及适用范围也有差异。但是，三种方法也有一些相同之处：核算目的和要求相同；原始凭证及数据收集渠道一致；计算方法和内容与其他行业有所差异。高速公路企业一般应以单项工程进行质量成本归集，这样便于核算和分析。

高速公路工程项目在进行质量成本核算前，首先应根据本单位历史资料和产品结构编制质量成本计划，确定质量成本的最佳水平，并按质量成本项目进行分解。在内部损失成本、外部损失成本、预防成本和鉴定成本中，损失成本（内部损失成本与外部损失成本合并）占总质量成本的比重最大，其中内部损失成本发生额更为突出。所以高速公路企业要重点抓好内部损失成本的统计、核算和分析工作。高速公路企业质量成本的统计核算内容如下：

（1）施工质量成本

高速公路施工项目部根据各班组实际发生的质量成本原始凭证单，逐月进行统计汇总，并加盖"质量成本"印章。统计表由质量保证部进行核证。

（2）建后服务成本

高速公路工程项目建后质量服务成本发生一般较少，如该成本呈上升趋势，那将会严重影响企业信誉，影响已经取得的经营市场。所以，高速公路企业必须密切注意建后质量服务成本的发展动向。

（3）外部损失成本

高速公路企业外部损失成本不是每月都发生的，但如果外部损失成本呈上升趋势，那将会严重影响企业信誉，影响市场的进一步开拓。所以，高速公路企业必须重视外部损失成本的发展趋势。外部损失成本一般由设备材料部、经营部统计。

（4）预防成本

在一般情况下，预防成本只占质量总成本的10%左右。它与内部损失成本和外部损失成本相比属于不可避免成本，尽管发生额较小，但对内部损失成本和外部损失成本发生额的控制却能够起到积极作用。预防成本由质量保证部、工程技术部、经营部逐月统计。

（5）鉴定成本

鉴定成本一般由质量保证部和工程技术部负责统计。

（6）质量成本报告

各项目部和有关部门根据原始资料填写报表后，财务部据此进行核算统计，并汇总填写当月质量成本总报表。

（四）质量成本核算的程序

（1）依据质量成本三级科目设置表和质量成本核算总分类账与明细分类账，建立质量成本核算账簿。

（2）依据质量成本核算原始凭证及其传递程序设计，建立质量成本相关科目统计核算体系。

（3）依据财务会计明细科目对应设置表，调整财务会计明细科目。

（4）财务会计核算期间，利用原始凭证返工单、返修单、废品报告单统计核算返工损失、返修损失、废品损失等质量成本三级科目，并记录于质量成本核算账簿相关账户。

四、高速公路工程质量成本分析

（一）质量成本损失源分析

所谓质量损失成本源是指质量损失成本发生的岗位和原因。讨论企业质量损失成本源问题的目的不是为了在出现质量问题以后去追究某人的责任和进行处罚，而是为了更有效地找出导致质量问题发生的原因，从而帮助有关责任部门尽可能地预防质量问题的发生，或一旦出现质量问题时能尽快予以消除和避免再次发生。进行质量损失成本源的分析，有助于发现质量损失位置，明确质量损失责任，及时、准确地采取相应措施，从而达到质量持续改进的目标。

虽然在我国的高速公路企业中，对质量损失成本源分析的重要性已经有了充分的认识，但几乎没有一家企业具有完善的分析体系与完整的分析文件，从而无法达到分析规范性与持久性；加之，价值小的损失常常不受关注，分析范围其实很有限。建立完善的质量损失成本源分析体系除了对质量成本管理非常重要以外，还有助于将质量损失成本源明确化。

1. 质量成本源的多样性特点

质量成本的原因涉及方方面面，而每项质量成本损失的损失源往往并不单一，质量损失成本与成本源的对应关系有如下几种情况：一损单源、一损多源、多损一源以及多损多源。

（1）一损单源

这种情况最容易加以归集分析，在未开展质量成本管理的高速公路企业中也多有重视，但只占质量成本情况的极少部分。

（2）一损多源

由于施工过程的相关性与配合性，导致一项质量损失通常是由多个环节、多名人员或部门造成的。要对各部门、负责人的责任加以分析并采取相应的改进措施，进行质量损失源的归集是非常必要的，也是进行质量成本管理的重点工作之一。

（3）多损一源

这也是一种常见的情况，决定于职能部门、项目人员的工作在高速公路产品中多元化的性质。对这类情况的分析，有助于全面衡量某一职能部门或项目人员在质量管理工作中需要改进的程度，从而达到主次分明、有的放矢。因而这也是质量损失源归集、分析的重点。

（4）多损多源

高速公路工程质量在每一时段都有诸多控制点，且若干时段上的横向控制点在纵向时间上又具有关联性，这种立体的构系是多损多源的直接原因。在复杂的质量问题甚至是工程事故中，多损多源是较为普遍的情况。

在实际质量成本管理的归集分析中，考虑上述的对应关系，有助于厘清思路，全面分析。

2.质量成本源的分析方法

根据高速公路产品质量损失成本源的特点，以及高速公路企业组织、生产特点和质量损失成本源分析的工作程序，提出了质量损失成本源分析运用"企业职能部门与项目组织的对应关系表"和"质量损失类型与损失成本源分析表"的方法。

（1）企业职能部门与项目组织的对应关系表。

实施项目法施工的高速公路施工企业，在项目组织结构与公司组织结构上具有明显的对应性，明确这种对应关系，就可以将项目施工，即高速公路施工中的质量损失成本源通过对应关系由项目层面归集到公司层面，当项目人员成为损失成本源时，不对其造成损失的原因做项目上与公司层面上的分解（体现实际的矩阵结构），即不将其责任分别向项目经理与公司职能部门归集，而仅归于公司，这是因为在明细表中，项目经理、质量负责人已作为损失成本源加以归集责任。另外，项目人员作为相应职能部门的所属人员，将其全部损失向上进行归集。况且矩阵式的分解要按照具体分部分项工程具体质量损失进行，也不容易操作。

（2）质量损失类型与损失成本源分析表。

质量损失类型与损失成本源分析表将高速公路企业质量损失成本按照损失成本发生的原因分为施工损失成本、安全损失成本、合同损失成本以及工作质量损失成本四类。它们的发生位置、原因不同，处理方法各异。经过研究，这四类损失成本基本可以囊括高速公路企业的一切质量损失成本类型。每类损失成本类型的原因都有若干项，可以分别进行细分，并根据细分损失原因进行损失成本源的归集。由于高速公路质量问题具有损失成本源多样性的特点，所以损失成本源有时必须使用"序列"来进行分析。损失成本源序列是按照损失成本源的责任重要程度进行排列，便于分清主次。

（二）质量成本分析的内容

质量成本分析是质量成本核算的深入，也是质量成本管理的重要一环。通过质量成本分析可得到必要的信息，从而为调整、确定质量成本中各项费用的投入，达到既定质量目标提供可靠依据。质量成本分析，即根据质量成本核算的资料进行归纳、比较和分析，包括四个方面的分析内容：

（1）质量成本总额的构成内容分析。

（2）质量成本总额的构成比例分析。

（3）质量成本各要素之间的比例关系分析。

（4）质量成本占预算成本的比例分析。

（三）质量成本分析的方法

1. 结构比例分析法

对质量成本水平分析必须深入质量成本构成要素中去，即从质量成本总额中各因素所占比重来分析质量成本构成及其变化，比如可以利用质量成本的四个指标，即预防成本、鉴定成本、内部损失成本和外部损失成本分别占质量总成本的比重来进行分析。

2. 质量成本效益分析

质量成本效益分析就是通过分析质量成本与有关指标的关系，以便从一个侧面大体反映质量经营的状况及其对质量经济效益的影响，借以说明企业进行质量成本核算和管理、开发质量成本的重要性。

3. 质量成本趋势分析

质量成本本身并不能向管理部门提供足够的资料，使得它与其经营成本同样得到重视，因此必须通过一些基数与质量成本对比，从不同角度说明经营情况。

这些基数计算公式如下：

$$工时基数=内部损失成本/直接工时$$

$$成本基数=总损失成本/制造成本$$

$$销售基数=总质量成本/净销售额$$

$$单位基数=试验和检验费用/产品数量$$

上述公式必须对其进行期初预测数与实际执行数的对比分析，才能反映发展趋势。值得注意的是，这种方法只有保持质量基数的一致性才能成为一种好方法。如受到以下因素影响时必须对其进行调整，如由于自动化代替直接工时，由于使用代用材料、方法或工艺，使制造成本有了变化，毛利、售价、运费和市场需要的变化，产品组成的变化等。此外要注意，上述公式中分子的时间尺度不同于分母时间尺度。

（四）高速公路工程质量成本分析报告内容

质量成本分析是质量管理部门和财务部门对本期质量成本管理活动或某一典型事件进行调查、计算、分析，并提出建议，进而形成质量成本分析报告。

质量成本分析报告的接受对象是上级领导部门和各职能部门。质量成本分析报告的内容要有针对性，应根据不同的报告目的、不同的接受对象，编制不同内容、不同详略程度的质量成本分析报告。报送企业领导的报告，要求内容面广，简明扼要，抓住重点且报告次数相对较少。主要说明质量成本计划执行的现状和趋势，指出报告期内产品质量方面取得的效果、存在的问题和采取的措施，多采用图表对报告内容加以说明。报送施工现场和有关职能部门的报告，要求内容集中、具体，有针对性且要提供详细的质量成本分析数据和图表，以便帮助施工现场和职能部门找到质量成本主要影响因素和改进措施，报告次数可相对较多。质量成本分析报告的内容一般应包括：

（1）质量成本数据

其中包括企业质量成本核算的数据、质量成本相关指标的数据、质量损失的各种归集数据、质量成本的差异归集数据，可列表表示。

（2）成本分析

其中包括企业质量成本总额分析、质量成本构成分析、质量成本损失分析、质量成本差异分析、质量成本计划执行和完成的情况与基期的对比分析、质量成本四个组成项目构成比例变化的分析、质量成本与相关经济指标的效益对比分析。

（3）质量改进建议

其中包括针对企业提出减免质量缺陷、质量成本管理和质量体系薄弱环节的改进建议以及企业质量成本构成改进的合理化建议、为更好地体现企业的质量控制情况，应该编制质量报告表，这样才更有利于企业进行质量成本控制。

五、高速公路工程质量成本控制

进行质量成本分析，找出影响质量成本的主要因素，则接下来的工作就是采取预防和控制措施，对成本进行控制。控制是通过一定手段，对质量成本的实施过程施加影响，使之能按照预定的目标或计划进行的过程。实施控制的目的，就是要使计划的实施达到最佳状态。

为了使质量成本计划指标任务顺利完成，就必须对质量成本的日常发生情况和活动按制度、标准、责任进行控制，及时发现问题，迅速展开原因分析，采取有效措施，巩固成绩，纠正缺陷，所以质量成本控制也是质量成本管理中的关键一环，如果不对质量成本实施过程和活动进行控制，就不可能使成本计划顺利得到实施，不能保证质量成本目标的实现。

（一）质量成本控制的相关理论

1. 全生命周期质量成本管理理论

20世纪60年代，美国通用电气公司质量经理菲根堡姆指出全面质量管理的目的是：为了在最经济的水平上充分考虑顾客要求的情况下，进行市场研究、设计、生产和服务，并把企业内各部门的研制质量、维持质量和提高质量的活动构成一个有效的体系。

工程质量成本管理贯穿于工程勘察设计、招标发包、项目施工直至工程项目竣工验收和质量保修期结束的全过程；对构成或影响工程质量的人员、材料、设备、检测仪器、设计方案、施工技术和环境等所有因素进行全面的质量成本管理。

全面控制就是以优质为中心，实行全过程、全员工的控制。每个施工人员既是生产者，还是质量的管理者，同时还能够检验紧前工序。由此，将各阶段分离的质量检验工作转变为持续的质量创造活动。在工程的建设过程中，采取自检、自分、自记和自控活动，培养全员的质量成本意识。在做好本人工作质量控制的同时，对废次品不予传递也不予接收，将质量问题控制在初期，防止它们对整个项目带来更大的损失。在全面质量控制的推动下，企业中所有部门、所有组织、所有人员都以产品质量为核心，把专业技术、管理技术集合在一起，建立起一套科学高效的质量保证体系，控制生产过程中影响质量的因素，以优质的工作、最经济的途径提供满足用户需要的产品。

全面质量包括产品质量和工作质量。工程建设行业不同于制造业，工程项目是固定的产品，由流动的人员来生产。这使得建造活动中的流程经常被打断，产生各种浪费和较低的生产效率，因此在工程建设行业加强管理，提高可靠性与稳定性，对提高项目的质量成本水平具有重要意义。

在高速公路勘察设计阶段，由于高速公路范围较广，涉及地形地质地貌条件复杂多变，不确定因素较多，给质量成本管理工作增加了难度。为了提高整个项目的质量成本水平，必须在勘察阶段就做好项目的前期勘察工作，给予设计单位充足的时间，让他们能够圆满地完成施工图纸的绘制，并且达到规范要求和建设单位的各项要求。在施工前期应该把各方面的交底工作做好，把施工重难点提出来，制定相应的控制解决措施。在问题发生之前把困难都想到，这样即使出现了问题，也不至于无从下手，既保证了工程质量，又使工程在预算的控制之内。另外，规范设计变更程序和变更原则，当发生设计变更的时候，应由建设单位、施工单位、设计单位协商，得到确认后由设计方发出变更图纸以及说明，并且办理相关手续。明确变更责任人，如果是设计单位疏忽造成的应该及时提出索赔，如果是建设单位要求的，应该向设计方追加合同款。

在施工阶段，建设单位应该加强合同管理和采购管理，在选择施工单位时，要采用公开招标或者邀请招标的形式，"货比三家"，建立专家评标委员会，最终选择出最佳施工单位，同样采用招标的方法选择出最佳的监理单位。要求监理单位在投标文件中制定出该工程项目的质量成本控制计划和控制措施，供施工单位参考。强化监理方职责，对施工方的各项工作全面监督。

项目建成运营阶段，质量成本的发生主要是由于高速公路工程项目发生质量问题而引起的修补费用、高速公路绿化费用。做好运营期质量成本管理就需要建设单位建立运营维护部门，定期对高速公路工程质量进行检查，及时发现质量问题进行维修，防止问题扩大化。

2. 精益管理理论

CII（Construction Industry Institute）在一份研究报告中认为：精益建造是一个在项目执行中满足或超越所有顾客的需求，消除浪费，以价值流为中心追求完美的连续过程。国内部分学者将精益建造定义为：精益建造是一种基于生产管理理论，旨在建设项目交付过程中以价值流为中心，运用专业的技术和方法，实现顾客价值最大化和浪费最小化的建筑生产管理模式。

精益建造的主要特点在于：（1）目标的体系，可以更好地达到项目的目标；（2）精益建造以顾客的最大化价值为项目的最大目标，使消费者的价值得到更好的认定、创造和传递；（3）设计与施工一体化，进行可变性控制，减少浪费的产生；（4）对项目的全生命周期进行精益控制，运用一种动态的控制，更好地保证项目预定目标的实现。

在传统的高速公路建设过程中，建设项目前期工作仓促、准备不足造成决策失误，设计、管理经验不足，承包商经验不足，工程建设主要材料和设备不能满足要求和赶工期等都可能造成质量失控，从而产生质量问题。要提高高速公路的质量，并且要保证资金的投入有效、正确，就必须重视和加强高速公路施工现场的工程质量管理，这就要求必须具备过硬的施工技术水平和先进的管理模式。

精益建造是一种新型的工程项目过程管理模式，特别适用于复杂、不确定和快速实施的项目。据国外统计，应用精益建造管理模式的施工质量是传统项目管理质量的3倍。它将来自制造业的精益管理理念引入到工程建设行业中，形成了一种新的生产观念和新的施工过程管理理念。精益建造采用拉动式的控制系统，当施工过程出现问题时，可以立即得到反馈信息，立即采取纠正措施，从而保证高速公路工程的整体质量。

精益建造强调全面的质量控制。在精益建造中始终将质量贯穿于每一道工序之中，实现提高质量与降低成本的一致性。全面质量控制包括两个方面，即全面质量和全面控制。全面质量包括产品质量和工作质量。全面控制就是以优质为中心，实行全员工、全过程、全方位的控制。

3. 标杆理论

标杆管理作为一种系统、有效地学习先进企业的方法，在企业管理中被管理人员广泛应用。近年来，其适用范围也逐渐扩大。在美国、欧洲各国，已经建立起了政府性质的标杆管理机构，来引导组织标杆管理活动。

其定义可以概括为：把某项指标或者某个方面上实力最强的企业或者项目作为标杆，将本项目或者企业与这个选取的标杆作比较，以此来改进本项目或者本企业的管理，提高效益。

通过查阅相关文献了解到，一些发达国家的交通十分顺畅，公路四通八达。公路线形随着周围环境而设计，基本不大填大挖，公路与周围环境十分和谐，基本不打破原来的自然环境。美国人做事严谨，新技术、新材料都要经过反复多次的实验最终合格后才能投入到实际项目中去，他们的环道实验、加速加载实验都是满负荷条件下运转。在这样严格的试验条件下，在建成运营后发生质量问题的概率会大大减小，极大地减少了质量成本的费用。路面采用排水抗滑层，在雨季不影响行车。在冬天，他们的除雪概念是即下即除，使得高速公路最大限度的通行，同时也预防了雨雪造成的质量问题。这些高速公路的做法可以借鉴引入我国的高速公路质量成本管理体系中，把国外的一些理论及实践作为我国工程项目的标杆准则。

4.零缺陷质量管理

质量管理大师飞利浦•克劳士比在20世纪60年代提出零缺陷管理法开始在美国推行，后在日本的制造企业中全面推广，并使得日本的产品产量达到世界领先水平。这种方法以减少和节约由于变动设计、返工、退货等产生的费用，强调预防系统的建立和过程控制，其核心含义就是第一次就把事情做对。

零缺陷管理法是一种管理理念，要求不留缺陷、做正确的事、正确地做事，也是一种企业经营之道，适用于所有类型组织。企业要把握以下理念：（1）抛弃"差不多就好"的工作标准。"零缺陷"的工作标准则是要求员工每一次和任何时候都要严格要求自己，满足工作过程的全部要求。（2）提倡员工是这个管理方法实施的主角。零缺陷管理方法认为提升质量水平不仅是管理者的责任，全体员工才是主角，只有他们认真工作才能真正达到零缺陷。（3）通过预防系统来产生良好的质量。预防要求把所有的准备工作在投入生产前做好，把所有可能出现的问题仔细慎重考虑并检查，将问题及时扼杀在初期。（4）保证环节无缺陷。每个环节、层面都必须建立严格的管理制度，并且按照规定的程序实施管理，实行责任分解制，不允许任何环节存在失控。每一个环节不得向下个环节传递有缺陷的决策、信息、技术、物资，而企业更不能向市场和顾客提供有缺陷的产品和服务。

实施零缺陷管理法有以下六个步骤：（1）成立质量改进委员会并建立推行组织。

质量改进委员会的任务是保证公司及有关部门的质量改进计划顺利实施，该委员会必须由各部门主管组成，同时全面教育、宣传组织全体员工积极参与到质量管理过程中，并且建立全面推行零缺陷质量管理的组织，任命负责人、建立相关的管理制度。（2）确立零缺陷目标。确定组织内部门和个人在一定时期应达到的要求，例如，项目目标、评价标准。同时认真评估每个部门的工作状况，以确定需要改进的地方，如会计部门是否存在延误递交报告，采购部门是否建立了严格的供应商管理机制定期对货物的品质评析，工程部门图纸的准确性，机器设备是否存在故障。（3）督导员训练及零缺陷质量管理实施。在质量改进计划推行的早期，必须适当地对各级管理人员进行训练，让他们明确自己的角色和任务，同时在日常工作中要时时融入零缺陷管理思想，在具体实施的过程中，应采用各种各样的形式，及时公布目标的进展情况，若与原计划有差距，应及时进行分析并消除影响。（4）绩效评价并建立表彰制度。组织和个人要对其是否达到原定目标进行评议，同时确认组织及个人需要履行的职责和权限。这是要对质量改进方面有杰出贡献的员工，公司要进行公开表扬。（5）建立提案制度。组织和个人应及时对不属于个人主观因素造成的错误报告给上级，同时可以分析出现问题的原因及改进的方法，以便组织内成员进一步商讨。（6）巩固实施成果。质量改进是一个持续改进的过程，以上五点必须重复进行，同时要注重定期定"零缺陷日"，以便及时并且郑重地让组织内所有员工明白公司新的质量标准。安排召开总结会议，公布这个管理法实施的效果，激发员工的积极性，巩固零缺陷管理法的成果。

（二）面向精益建造思想的质量成本控制模式

1. 面向精益建造的质量成本控制体系框架

面向精益建造的质量成本控制是一种新的成本管理方法。在这个方法中，应该考虑建设项目全生命周期的各个阶段，根据减少浪费、节约成本、最大化满足客户的需求，构建新的质量成本管理体系。首先需要建立一个质量成本控制体系框架，确保精益质量成本控制贯穿于高速公路建设项目全生命周期。整合框架以目标质量成本管理法为主框架，其他方法融合在其中，面向建设项目全生命周期实施质量成本控制。整个框架运用精益建造的思想，实现建设项目精益管理的战略。

通过顾客与市场的调查，制定项目管理战略和目标质量成本，然后根据项目管理战略和顾客调查来制定项目策划，根据供应链的管理和策划来制定项目与过程设计，根据当前的建造水平和预期物价水平估计出精确的质量成本，此质量成本和目标质量成本之间必然存在偏差。如果目标质量成本超过估计质量成本，表示项目实施拥有质量成本优势；如果目标质量成本低于估计质量成本，就需要在设计、施工、供应等方面消除偏差，如使用价值工程重新设计项目、使用流程改造优化施工过程、加强与供应商的磋商以减少供应成本等。总之，在满足质量、满足顾客需求的前提下，要尽量减少项目质量成本，减小偏差，达到目标质量成本。因此，整个管理框架通过全过程、全方位、全人员的质量成本控制，使项目的最终质量成本满足要求，成为高速公路建设项目精益管理战略的一部分。

2. 面向精益建造的质量成本控制组织框架

基于精益建造的质量成本控制模式要求全体员工参与，实现全员的质量成本管理。为了实现高速公路预期质量成本目标，需要所有参与者，从高层管理者、中层管理者到一线生产员工，以及包括业主、设计方、供应商、承包商、分包商等所有项目参与人员的共同努力。

（1）基于精益建造的质量成本控制贯穿于建设项目的全生命周期，包括前期策划、精益设计、精益供应、精益施工、营运与维护，直到项目报废。

（2）要求业主、设计方、承包商、供应商应该在项目实施的早期阶段介入，这对于目标成本的制定、设计方案的确定都很重要，可以减少成本变异，提高后期的成本可控性。

（3）由业主、设计方、总承包商和专业分包商以及供应商等共同组建一个跨功能团队，一起致力于联合的成本控制活动，将质量成本压力沿着整个价值流传递给整个价值链上的所有组织。

（4）业主、设计方、承包方、供应商之间要求信息透明，相互信任、风险共担、利益共享，从而更加有助于质量成本目标的达成。

（5）支持精益质量成本控制的技术与方法有：目标成本管理、全生命周期成本管理、作业成本法、价值流/供应链成本管理、精益会计、成本改进、价值流图分析法、成本差异控制、价值工程、持续改进等。

（三）高速公路工程质量成本控制措施

1. 预防成本控制

（1）认真编制该工程的施工方案并通过有关部门负责人审核签字盖章。

（2）编制预防措施方案及现场质量通病的预防措施计划。

（3）加强现场的监督检查频次，及时下发质量信息反馈卡。

（4）搞好施工过程的各项工艺工序交接检查、平行检查巡检和抽检，上道工艺验收合格后方可进行下道工序的施工。

2. 鉴定成本控制

（1）加强材料设备的进厂检验制度，必须有出厂合格证、出厂质量证明书或检验报告、生产许可证等质保证明资料，对特殊材质的取原部件进行检验试验。

（2）建立严格的材料出入库制度，避免材料流失，实行限额领料制度。

（3）对不合格的劣质材料和外购件应出具不合格检验报告，拒收并退货，严禁用于工程实体。

（4）对于可代用材料或可降级使用的材料，应根据材料性质和使用部位合理利用，并严格履行签字手续保证其可追溯性。

（5）合理利用废旧材料以减少材料损失，合理利用废品以减少废品损失。

（6）设立工序质量检查点并严格把关。

（7）建立各检验工序日常检查制度，重点项目必查，不重要项目抽查。

3. 内部损失成本控制

（1）严格认真地按照设计的图纸位置进行施工，按照质量检验评定的要求进行作业。

（2）每道工序作业前由技术人员和质量检查员向每一个作业班组进行技术及质量交底，并做好记录。

（3）加强班组各作业人员的技术技能培训，关键工序由有经验、技术好的人员进行操作。

（4）检查时发现不合格项应立即分析原因，必要时停工整改防止不合格项重复出现。

（5）返工返修时应充分利用废次品，减少材料消耗。

4. 外部损失成本控制

（1）正确处理甲乙双方关系，避免由于关系处理不当出现大量返工返修，从而造成不必要的损失。

（2）项目经理、材料员、预算员、技术人员、质量检查员应掌握定额标准，力求在保证质量的前提下，使人工和材料消耗不超过定额水平。

（3）根据设计要求和质量标准，合理选用施工方法和施工工艺，合理使用人工和材料。

加强服务意识，施工过程中和工程竣工验收后，应以积极的态度处理业主提出的问题，避免问题累积造成负面影响，导致直接或间接损失。

第五章 高速公路养护管理概述

第一节 高速公路养护管理的任务

一、高速公路养护管理的作用

高速公路养护管理的目的是为了经常保证高速公路及其附属设施处于良好的技术状态，从而保证高速公路上的车辆安全、快速、经济、舒适地运行。

高速公路建成通车后，随着交通量的不断增长和自然因素的破坏作用，必然导致高速公路及其配套设施遭受不同程度的损坏。尽管高速公路在设计标准、材料选用、施工工艺等方面的要求比普通公路的要求更加严格，但由于高速公路行车速度快，通行能力大等特点，必须及时发现并迅速修复高速公路的各种病害。即使是很小的路面病害，如不及时处理，在高速公路上也有可能引发严重的交通事故，进而引起严重的交通阻塞，影响到高速公路的通行能力，从而降低了高速公路的运营效益。因此，高速公路的养护管理比一般公路的养护管理更加重要。

高速公路养护管理的具体作用可以归纳为以下几点：

（1）及时了解并正确评价高速公路的状况及服务水平，及时安排维修保养、专项养护工程及大修工程，保证高速公路的良好行车环境。通过养护调查建立相应的技术状况数据库，为高速公路的运营管理提供完整、科学的技术数据，并将数据分析处理后为决策服务。

（2）提前预防道路及其设施病害的发生，及时治理随时出现的损坏，防止微小病害的进一步扩大，尽可能延长道路及其设施的使用寿命，延缓大修周期，降低运营管理成本。

（3）及时发现并弥补由于设计或其他原因造成的道路及其设施的先天不足和使用缺陷。

一般来说，在高速公路投入使用后，由于建设期间的种种原因，在实际使用中经常会出现道路排水、边坡防护、通道设置、标牌设置、建筑物使用功能等方面的问题，这些问题只能通过后期的养护维修加以弥补，并逐步形成高速公路完善的使用、服务功能。可以说养护是对高速公路建设的补充。

（4）减少或杜绝由于道路及其设施维护不当给道路使用者带来的意外损害，避免为此引发的不必要的法律纠纷。近年来，我国高速公路因为路上障碍、设施维护不当等原因造成使用者伤害的事件时有发生，这不仅增加了使用者与管理者的双重负担，也直接影响到高速公路的声誉。进一步加强养护管理是解决这一问题的根本手段。

综上所述，高速公路养护管理是高速公路运营管理中不可缺少的一项重要内容。高速公路养护管理一定要常抓不懈，常养不怠，为道路使用者创造一个良好畅通的行车环境。交通运输部提出"公路建设是发展，公路养护也是发展，而且是更重要的发展"，把公路养护管理提到了一个新的高度来认识。由此可见，高速公路的养护管理是一项具有战略意义的工作。因此，进一步加强高速公路的养护管理是实现国家交通运输长远发展目标的需要，是持续改善国家路网结构的需要，也是加快高速公路现代化进程的需要。

二、高速公路养护管理的任务

（1）根据《中华人民共和国公路法》（以下简称《公路法》），交通运输部颁布的公路养护技术规范、作业规程，高速公路经营公司制定的有关管理办法，制定养护基建工作指导书。

（2）养护、基建工作的实施应遵循"全面养护、科学管理、预防为主、防治结合、保障畅通"的方针，认真执行国家和交通部门所规定的技术规范和操作规程。

（3）养护、基建工作的主要职责是采取正确有效的技术措施和科学先进的管理办法，加强维修保养，及时维修损坏的路产和房建设施，保持高速公路及沿线设施的完好，保障道路的畅通。

（4）加强道路、房屋及其沿线设施的日常保养，保持道路、房屋、水电暖设施，经常处于完好状态。

（5）加强小型基建项目的组织和管理，严格基建程序，保证工程质量和工期，降低工程造价。采取正确的技术措施，提高养护、基建工作质量，延长房屋及高速公路的使用寿命。

（6）治理病害和隐患，逐步提高抗灾能力，做好灾毁修复工程和交通战备路桥保障工作。

（7）对达不到技术标准和影响使用的路段、构造物、房屋以及沿线设施，应进行分期改善和增建，逐步提高其使用质量和服务水平。

（8）及时做出预测，采取预防性养护措施，减少各种灾害造成的损失。

（9）坚持机械化养护为主，确保高速公路、房屋及其沿线设施迅速得到养护与维修。

（10）认真执行交通部关于桥涵的管理制度，加强桥涵的检测、维修、加固和改善。

（11）依靠科技养护，大胆采用新技术、新工艺、新材料和先进的管理方法，提高养护技术水平。

（12）重视环境保护，搞好所辖路段的绿化、美化，保护沿线景观和文物古迹，防止环境污染，治理水土流失，实现"畅、洁、绿、美"的交通环境。

（13）对养护过程中出现的新现象、新问题积极开展科学研究，采取必要的技术手段如检测、试验等，对出现的新情况分析其产生的原因，并对其产生的后果进行定量、定性的分析，采取科学、经济、有效的预防和修复措施，效果明显的予以推广。

（14）逐步采用现代化、科学化的管理措施与技术措施，建立相应的数据库，提高养护管理水平，延长公路的使用寿命。

总之，高速公路养护管理要加强预防性养护，同时养护工作的时机选择也很重要。养护工作者应不断更新知识，采用国内外先进的养护技术，总结出行之有效、科学合理的养护管理方法。

三、高速公路养护管理的特点

由于高速公路的设计标准、建设质量和运营方式与一般公路存在明显区别，因而其养护管理也有其自身的特点。

（一）养护实施的强制性

首先，由于高速公路本身固有的性质，养护工作的任何松懈或疏忽不仅会给道路及其附属设施本身造成潜在危害，更会对高速行车的驾乘人员构成严重的生命威胁。因此，高速公路的养护应当是强制性的。

其次，我国高速公路建设资金大多是通过不同的融资渠道解决的，存在着较大的还贷压力，故对养护的投入明显不足。特别是一些合资、合作经营的高速公路，在养护上更难做到及时、到位，这也表明了强制性养护的必要性。

要实现强制性养护，必须通过立法途径来加强政府的行业监督，在法律、行政、经济3个方面加以约束，正确处理公路建设、养护和管理三者的关系，应当提出"先养护，后还贷，再经营"的强制性要求。

（二）养护对策的预防性

高速公路养护管理的特点在于"预防为主"，所以我们在其建成通车投入运营之后，首先就应把养护管理列入重要的日程。实践证明，高速公路质量高，"早期养护没必要"的认识是错误的，高速公路早期不仅需要养护，而且早期养护意义重大。通过早期养护可以及时完善设计和施工中的不足和缺陷，消除潜在的质量隐患，延长道路及其附属设施的使用寿命，延缓大修周期，降低养护成本，以较少的投入获得较大的效果。

（三）养护管理的科学性

首先，要制定科学的养护方针：日常维修与集中整治相结合；维修作业与病害根治并重；有计划地安排专项治理；严格按规定的修补工艺施工，确保修补质量；加强交通管制，保证维修安全。

其次，建立完善的规章制度，使养护管理规范化。俗话说"没有规矩不成方圆"，制度是规范人们工作和行为的准则。一套好的规章制度，能使各部门工作正常衔接，责权明确，避免互相扯皮，可以收到事半功倍的效果。因此，需要建立一套科学完善的高速公路养护管理制度，为搞好养护工作打下坚实的基础。

再次，要加大科技投入，加强对新技术、新材料、新工艺的研究开发，保证高速公路养护管理的技术开发、研究、推广的费用，重视软科学课题研究，为养护管理决策提供科学依据。同时，还要加快科研成果产业化步伐，加强对已有新技术的推广应用工作，全面提高公路养护技术水平和工作效率。

（四）养护手段的机械化

高速公路的固有性质决定了高速公路损坏后必须及时修补，高速公路养护管理机构首先要满足"快速反应"这一基本要求。因此，必须建立一支以机械为主、人工为辅的机械化养护队伍，走机械化养护道路。

（五）养护信息的及时性

随着我国高速公路主骨架的逐渐形成，通车里程日益增多，需要对公路路况进行普查，加强公路信息资源的开发和利用，研究推广实用性的高速公路数据库，以提高高速公路养护管理的信息化和现代化水平。

（六）养护经费的高投入

由于高速公路建设标准高、养护范围广、材料选用精、机械化养护比重大、施工程序复杂、保护措施较全、现代化设施较多等原因，使得高速公路的养护管理成本比一般公路高出许多。但这种投入不仅合理也十分必要，因为高速公路的养护投入换来的是道路及其设施的长久完好，是服务水平的不断提高，是通行费收入和社会效益的双重回报。

在进行高速公路养护决策中，不能只单纯考虑到养护投入的多少，而要考虑到高速公路寿命周期费用的费用（寿命周期费用=建设费用+养护费用+运营费用+用户费用）投入。有时，增加了一些养护费用的投入，会大大节约运营费用和用户费用，从而减少高速公路寿命周期的费用。

第二节　高速公路养护分类及其内容

一、高速公路养护的分类

高速公路养护管理可以从不同的角度进行分类。

（一）按养护对象及部位分类

高速公路的养护对象十分广泛，如路面养护、路基养护、桥梁与涵洞养护、通道养护、隧道养护、隔离栅养护、紧急电话养护、标志标线养护、收费设备养护、房屋养护等。这种分类具有单一性特征，养护对象所指也很明确，特别适合于有针对性地制定养护措施，研究养护工艺。

（二）按养护手段及方式分类

这种分类方法主要从养护的手段入手，将高速公路养护划分为机械养护和人工养护两大类。这种分类方法较适合于考察高速公路机械化养护的比率和养护机械化程度的高低，是反映高速公路养护装备水平的一种方向性指标。它不仅具有统计学上的意义，同时对于具体的机械管理、设备租赁、养护规划等工作都具有现实的意义。

（三）按养护系统与专业分类

这种分类方法是在按养护对象分类的基础上进一步归纳后形成的专业分类方式。例如：道路桥梁养护、交通工程设施养护、机电设备养护、绿化景区养护等。主要侧重于不同专业的养护分工，组建专业性的养护作业队伍。

按系统和专业进行养护分类，有利于高速公路各专业部门的职能管理。既可以在管理上有专业侧重，又可以进行专业间的综合协调，从而保证高速公路养护管理的宏观调控，是一种较好的高速公路行政管理的分类方式。

（四）按养护性质及规模分类

高速公路的养护、基建工程，根据其工程性质、规模大小、技术难易程度划分为维修保养、专项工程、大修工程3类；房屋设施维修工程分为零星维修、中修工程、大修工程和小型基建项目4类。房屋维修工程的零星维修按养护维修保养工程进行管理，大中修工程按养护专项工程进行管理。

1. 维修保养

为了保持高速公路、桥涵及其附属设施的正常使用功能而安排的经常性保养和修补其轻微损坏部分的作业。是由各管理处在年度维修保养定额费用内按月安排计划、经常进行的工作。

2. 专项工程

对高速公路路基、路面、桥涵、绿化及附属设施的一般磨损和局部损坏进行修理、加固、更新、完善的作业，通常由高速公路分公司汇总年度计划报高速公路总公司批准并投资的工程（包括灾毁抢修、修复工程）。

3. 大修工程

高速公路、桥涵及其附属设施已达到服务周期，必须进行应急性、预防性、周期性的综合修理，使之全面恢复原设计（或达到新设计）的状态；对由于水毁、地震、交通事故、风暴、冰雪等造成的高速公路路基、路面、桥涵及其附属设施的重大损坏所做的及时修复工作，均属于大修工程的内容。大修工程由高速公路总公司按基本建设程序组织，分公司配合实施。

4. 零星维修

是为保证建筑设施的正常使用功能而安排的经常性保养和修补其轻微损坏部分的作业，由各高速公路管理处依据年度维修保养定额费用按月安排计划、经常进行的工作。

5. 房建设施中修工程

是对整个建筑设施进行的单项维修。它包括以下内容：全楼门窗油饰；全楼内外墙粉刷；全部或部分门窗更换；修补外墙装饰层；修补外墙板缝；阳台、梁、板、柱加固；屋面维修；修补或重做厨、厕间防水层；地下室局部渗漏维修；局部更换上、下水管线及设备等。

6. 房建设施大修工程

是指为使建筑设施全面恢复原设计（或达到新设计）状态而对整个建筑进行的全面维修。包括以下内容：翻建；屋面大修，坡顶挑修或全部换瓦、平顶换板、重做防水；整栋楼重做外墙板缝防水；抗震加固；综合维修；地下室重做防水；上、下水及设备更新；电器线路更新等。

7. 小型基建项目

是指各管理处需根据规划及建设功能需要，结合分公司年度工程建设计划，新增加的房屋建筑、土石方工程、设备安装、管线敷设等工程，按基本建设程序组织实施。

二、高速公路养护的内容

高速公路投入运营后，为保持高速公路及其附属设施的正常使用性能，恢复其原设计状态，须进行经常性、及时性和预防性的养护作业，其内容如下。

（一）维修保养的工作内容

高速公路的维修保养是对公路及其工程设施进行预防性保养和修补其轻微损坏部分的工程，它是使公路经常保持完好状态的一项日常性养护工作，具有经常性、及时性、周期性的特点。高速公路维修保养工作的内容见表5-1。

表5-1　高速公路维修保养工作内容

项目	维修保养
路基	1. 整修路肩、边坡，修剪路肩杂草，清除挡墙、护坡、护栏、集水井和泄水墙内的杂物； 2. 疏通边沟和修理路缘石； 3. 小段开挖、铺砌边沟； 4. 清除路基塌方，填补缺口； 5. 局部整修挡墙、护坡、泄水槽圬工； 6. 加固路肩
路面	1. 清除路面上的一切杂物； 2. 排除积水、积雪、积冰，铺防滑、防冻材料； 3. 水泥混凝土路面接缝的正常养护； 4. 处理沥青路面和水泥混凝土路面的局部、轻微病害； 5. 日常巡视和定期调查
桥涵、隧道及交叉工程	1. 清除污泥、积雪、杂物，保持结构物的整洁； 2. 清除立交桥下和隧道通道中的污泥杂物； 3. 伸缩缝清理修整，泄水槽疏通，部分栏杆油漆； 4. 局部更换栏杆、扶手等小构件； 5. 局部修理泄水槽、伸缩缝、支座和桥面； 6. 维修和防护工程； 7. 涵洞整修及清淤； 8. 疏通排水系统； 9. 日常巡视和定期调查
沿线设施	1. 标志、标线和集水井、通信井等设施的正常维修养护和定期检查； 2. 护栏、隔离栅和标志局部油漆与更换； 3. 路面标线局部补划
绿化	路属花草的抚育管理和补植

（二）专项养护与大修工程的内容

按照《公路养护技术规范》，高速公路专项养护与大修工程的具体工作内容见表5-2。

表5-2　高速公路专项养护与大修工程内容容

项目 ＼ 内容	专项养护	大修工程
路基	1. 全面修理挡墙、护坡、排水沟，铺砌边沟和路缘石； 2. 清除大塌方，处治大面积翻浆； 3. 整段增设边沟、截水沟； 4. 局部软土地基处理	1. 拆除、重建或增建较大的挡墙、护坡等防护工程； 2. 重大水毁路基的恢复； 3. 整段软土地基处理
路面	1. 处理路面严重病害； 2. 沥青路面整段路面； 3. 处理桥头跳车	1. 周期性或预防性的整段路面改善工程； 2. 黑色路面整段加铺面层； 3. 水泥混凝土路面板整段更换或改善； 4. 重大自然灾害造成的路面损坏的修复
桥涵、隧道及立交工程	1. 更换伸缩缝及支座； 2. 桥墩、桥台及隧道衬砌局部修理； 3. 桥梁河床铺底及调治构造物的修复； 4. 排水设施整段修理或更新； 5. 承载能力检测； 6. 金属构件全面除锈、油漆	1. 增建小型立体交叉或通道； 2. 整段改善大、中桥梁； 3. 隧道衬砌的全面改善
绿化	1. 开辟苗圃； 2. 更新树木、花木、草皮； 3. 增设公路绿色小品和公路雕塑	
沿线设施	1. 全面修理护栏、隔离栅和各种标志； 2. 整段重划路面标线； 3. 沿线整段钢质设施定期油漆； 4. 通信和监控设施修理	整段更换沿线设施

（三）对沿线景观、绿地的绿化美化和环境保护

绿化美化是高速公路养护管理的重要内容之一。目前我国高速公路的绿化任务大多是在通车后的养护期内完成或分步实施的。这项工作一般包括沿线中央分隔带及边坡的绿化养护、站区及办公环境的绿化养护、服务区的绿化养护、沿线特殊景点的绿化养护等。高速公路的绿化美化工作一般都被列入高速公路日常维修保养、中修工程之中，并根据高速公路养护管理的需要，有计划地完成。

此外，做好环境保护也是高速公路养护的重要内容，在这方面我国起步较晚，但是随着我国经济的发展，人民生活水平的提高，环保意识的逐步加强，环保设施会逐步增多。其中噪声控制设施、生态保护设施，以及结合绿化进行的绿化美化工程等都是高速公路环保工作的重点。

（四）灾害及恶劣气候环境条件下的抢修及应急对策

高速公路在运营过程中会遇到不良灾害天气的侵害，如飓风、暴雨、山洪、冰雪、地震和岩体滑塌等。这种情况尽管发生的机会较少，但造成的危害很大，往往会使高速公路运营管理工作陷入瘫痪。因此，对上述危害做好充分的物质准备，建立切实可行的抢修预防和快速反应机制，是高速公路养护管理不可缺少的重要内容之一。重大灾害造成的路基路面损害、桥梁结构物损害的修复，依据其工程量的大小一般都列入高速公路大修工程的范围。

（五）沿线机电设施的维护与管理

机电设施的维护与管理是高速公路养护管理区别于一般公路养护的重要特征，也是保证高速公路正常运营所不可缺少的重要环节。随着我国高速公路现代化水平的不断提高和技术含量的进一步增大，这项工作将会越来越受到高速公路管理者与使用者的双重关注。它不仅会为运营管理提供服务，也会给使用者带来莫大的方便。

就目前而言，机电设施的维护一般包括监控、收费系统维护，通信系统维护，通风照明系统维护，供配电系统维护以及消防系统维护等工作。

除此之外，高速公路养护管理还涉及机械设备管理、作业安全管理、养护技术管理等内容，这些内容共同构成了高速公路养护管理的工作体系，是不可缺少的重要组成部分。

第三节　高速公路养护管理方针与政策

一、高速公路养护管理方针

高速公路养护管理应遵循的主要原则是：

（1）以保障高速公路完好畅通为基本出发点，牢固树立建设是发展，养护管理也是发展的思想，把高速公路养护管理工作推向一个新的发展阶段。

（2）坚持"统一领导、分级管理"的原则，进一步深化高速公路养护管理体制改革。

（3）坚持依法治路，推进高速公路养护管理工作规范化、法制化。

（4）坚持树立"以人为本、以车为本"的服务理念，切实加强行业管理，着力引导高速公路养护工作向专业化、机械化、市场化的方向发展，提高养护资金使用效益和高速公路养护质量。

（5）坚持科技兴路，借鉴世界各国养护管理的先进技术和现代化管理经验，加强技术创新，提高公路行业的整体技术水平，大力推进高速公路养护管理信息化进程。

（6）坚持实施可持续发展战略，合理使用、节约和保护资源，积极推进绿色通道工程建设，完善交通安全设施，强化安全行车保障，进一步加强高速公路环境保护。

（7）加强精神文明建设，大力弘扬"铺路石"精神，努力造就一支思想作风好、业务技术精，具有良好职业道德和奉献精神的高速公路养护职工队伍。

二、高速公路养护管理的基本要求

为了实现上述方针，对高速公路养护管理提出以下要求：

（1）从每条高速公路的特点和实际情况出发，养护不拘形式，管理讲求实效，以保障高速公路及其设施的完好使用，确保高速公路安全畅通，充分发挥其经济效益和社会效益。

（2）本着精简、节约、高效的原则，能发包则发包，能外雇则外雇，充分组装社会生产要素，重在计划管理和巡查监督。

（3）强化预防性维护和机械化作业，尽可能避免封闭交通。

（4）优化交通条件，美化公路环境，实现畅、洁、绿、美。

（5）积极采用新技术，提高维修作业的时效性、机动性、安全性和可靠性。

三、高速公路养护管理措施

（一）正确处理公路建设、养护和管理三者的关系，充分认识加强公路养护工作的重要性

交通主管部门要牢固树立建设是发展，养护管理也是发展的指导思想。充分认识到加强高速公路养护管理工作，既是保持路网技术状况，发挥高速公路服务功能的重要保证，又是实现交通运输长远发展战略目标和高速公路可持续发展的需要。要像抓重点工程建设一样，把养护管理抓紧抓好。要根据今后10年公路养护管理工作发展的总体目标，认真研究制定本辖区的高速公路养护管理工作中长期发展规划，在资金安排上要合理确定高速公路建设和养护管理的投资比例，优先保证高速公路养护管理资金。要及时研究、解决高速公路养护管理中出现的新矛盾、新问题，保证高速公路养护管理工作的持续健康发展。

（二）积极推进高速公路养护运行机制改革

高速公路养护运行机制改革的主要目标是解决好投资与效益的关系，使有限的养护资金发挥最大的效益。当前，各省要继续积极稳妥地探索适应现阶段高速公路养护管理发展特点的运行机制，近期改革目标是：初步实现高速公路管理与生产分离，积极培育和发展公平竞争、规范有序的高速公路养护工程市场。

我国的公路养护工程市场尚处于培育和发展阶段，各级交通主管部门和公路管理机构要注意借鉴和吸收公路建设市场管理的经验，从市场准入、招投标行为和质量监督等环节加强政府的监管力度。交通部正在准备出台《公路养护工程管理办法》《公路养护工程市场准入暂行规定》和《公路养护工程招投标管理暂行规定》3个文件，主要目的是希望通过建立公路养护市场准入制度，规范公路养护市场招投标行为，使公路养护市场，特别是高速公路养护市场，在发展伊始就朝着公平、公正、规范和有序的方向发展。

（三）提高高速公路养护管理水平

继续加大科技投入，加强对新技术、新材料、新工艺的研究开发。各级交通主管部门要确保公路，特别是高速公路养护管理方面的技术开发研究成果的推广应用。要认真组织，选准课题，做好软科学课题研究，为各级领导决策提供科学依据，要加强养护管理的信息化工作，贯彻落实交通运输部提出的公路、水路交通信息化工作指导意见，以全国公路路况普查为契机，加强高速公路信息资源的开发利用，研究推广实用性的高速公路数据库，并实际应用于高速公路养护管理工作之中。同时，加快科研成果产业化步伐，加大对已有新技术的推广应用工作，全面提高高速公路养护技术水平和工作效率。

（四）合理安排高速公路养护工程，全面提高高速公路服务水平。

强化高速公路标准化、美化和管理规范化建设，继续组织实施GBM工程和文明样板路创建工作，以进一步带动高速公路养护管理工作走上新台阶。各地要根据交通部的统一规划，制定出本辖区的总体规划和年度实施计划，精心组织，逐年落实。

（五）重视和加强高速公路绿化工作，全面推进高速公路绿化向纵深发展。

各级交通主管部门要充分认识到高速公路绿化对于促进国民经济和社会可持续发展的重要意义，认真贯彻落实《国务院关于进一步推进全国绿色通道建设的通知》精神。在做好高速公路绿色通道建设的总体规划、明确标准的基础上，依靠各级政府，动员全社会的力量，投入高速公路绿色通道建设中去。对今后新建、改建、扩建的高速公路，要把绿化工作纳入工程规划，列入工程概算；对已有高速公路，在高速公路管理机构增加绿化投入的同时，可采取国家出苗、沿线群众承包造林管护、收益按比例分成的做法，调动各方面参与高速公路绿化工作的积极性，全面推进高速公路绿化工作向纵深发展。

（六）因地制宜，大力发展第三产业，为高速公路养护管理的深化改革创造条件。

交通主管部门和高速公路管理机构要充分发挥高速公路养护的特点，以高速公路养护工程项目为依托，努力向其他行业扩展。广开门路，大力提倡和发展第三产业，进一步加强高速公路服务区的建设，并合理调整人员结构，分流部分冗余人员，为高速公路养护管理的深化改革创造条件。

（七）牢固树立环境保护意识，实施可持续发展战略。

实施可持续发展战略，是关系中华民族生存和发展的长远大计。高速公路管理机构及养护生产单位不仅要在养护施工过程中重视环境保护，加快推广清洁生产技术，减少养护施工对社会环境和自然环境的不利影响，还要采取积极措施，减少高速公路运营过程中对环境的破坏，如营造防尘、防噪、防眩的高速公路绿化林带，设置服务区污水排放处理装置，逐步完善高速公路沿线的大气、噪声、地面水监测系统等，并根据监测结果及时调整完善高速公路环保措施等。

（八）加强行业精神文明建设，努力造就一支高素质的高速公路养护队伍。

采取积极措施，营造良好环境，吸收有较高素质的专业人才充实养护干部职工队伍，改善养护职工队伍的知识结构，带动养护行业整体素质的提高。

通过举办长期的培训班、脱产或半脱产进修、业余培训等多种形式，对高速公路养护职工队伍进行科学文化、岗位技能、知识更新的教育，使高速公路养护职工队伍素质跟上现代化建设和科学技术发展的步伐。

第四节　高速公路养护管理新观念

在新的形势和新的任务面前，为了做好公路养护管理工作，特别是高速公路养护管理工作，我们必须探索新的工作思路，树立新的管理理念，研究新的工作方法。具体来说，我们要树立四个新的观念。

一、建设是发展，养护管理也是发展

公路建设是发展，公路养护管理也是发展，这是从我国公路交通发展实践中得出的历史性结论。通过大规模的公路建设，我们解决的是公路基础设施总量上的不足和规模上的不适应问题；通过加强公路养护管理，我们解决的是巩固建设成果，提高路网服务功能，充分发挥建设投资效益的问题。没有公路建设做先导，我们就无法解决公路基础设施数量少、等级低、质量差、通过能力小的矛盾，公路交通就无法突破国民经济发展的"瓶颈"制约；没有公路养护管理作保障，公路基础设施就不能保持良好的技术状况，路网整体水平就得不到提高，公路建设的最终目标也难以实现。二者必须协调配合，共同发展，才能保证畅通，为国民经济发展提供良好的运输保障。

仅靠新建工程和总量扩张，并不能适应社会经济的发展，必须要通过对现有路网的技术改造和强化管理，充分挖掘现有公路网的潜力，才能适应发展需要。

因此，加强公路养护管理，既是国民经济和社会发展的客观需要，又是公路事业自身发展的内在要求。公路建设成绩越大，养护管理的任务就越重，越需要加强；社会越进步，人民群众对公路养护管理的现代化程度要求就越大，我们肩负的任务就越艰巨。公路交通部门一定要树立全面发展的观点，即"抓建设、保养护、强管理、促发展"的工作思想，充分认识养护管理工作的重要性和必要性。

二、以人为本、以车为本

公路是国民经济和社会发展的重要基础设施，也是为社会公众服务的公益性设施。它既关系国民经济发展大局，又涉及人民群众衣、食、住、行方面的基本利益，搞得不好还影响党和政府的形象。养护管理担负了保证公路畅通的基本任务，因此，可以说是一项"民心工程"。加强公路养护管理工作，创造良好的公路交通环境，是实践"三个代表"重要思想的实际行动，也是贯彻落实把提高人民生活水平作为根本出发点的目标。

从公路与公众生活的关系而言，国外公路发达国家均强调公路对国民经济发展和人民生活服务的目标，努力为不同地区、为普通民众提供公平均等的发展机会，提供方便、舒适、安全、快捷的运输服务。

时代在前进，文明在发展。我们提倡的"以人为本、以车为本"，就是要求我们在公路养护管理工作中要一切从人民、从方便车辆通行出发，制定合理的收费政策，公正执法，为车辆行驶提供各种便利，为老百姓出行提供便捷、安全、优质的运输服务。我们的公路养护管理工作一定要适应时代发展要求，增强服务意识，树立服务理念，在实际工作中采取切实有效措施，努力提高路网运行质量和管理水平，为车主、为公众创造优美、舒适、安全的行车环境。

三、以体制创新促进养护管理发展

我国经济发展中存在着许多矛盾和问题，一个重要原因就是受"体制瓶颈"制约较多。为此，要大胆创新，勇于创新，突破影响生产力发展的体制性障碍，逐步完善社会主义市场经济。在国务院召开的全国整顿和规范市场经济秩序工作会议上，国务院把查处地区封锁和部门行业垄断，打击地方保护主义作为整顿和规范市场经济秩序的重点工作之一。在公路养护管理工作中，随着公路管理体制改革的不断深入和养护运行机制改革的逐步推进，一些影响生产力发展的体制性障碍正在逐步消除。但不可否认，公路养护实行的行业内部封锁运行模式没有彻底被打破，公路养护工程市场的公开性、透明度不够，离真正的市场化、社会化的要求还有相当的距离。这对我们行业的长远发展是不利的。另外，燃油税改革也给我们今后的养护管理运行机制提出了新的课题。从根本上讲，这项改革符合市场经济的发展方向和要求，是大势所趋。随着费税改革的实施，公路建设养护资金拨付和管理方式都将发生重大变化，这就对公路养护管理工作提出了新的要求和挑战。我们只有从有利于公路事业长远发展的角度出发，对公路管理体制、投资决策方法、资金管理方式等进行改革和完善，才能保证公路交通事业的健康持续发展。

因此，我们一定要树立通过深化改革促进养护事业发展的观念，增强主动性和紧迫感，未雨绸缪，积极主动地推进养护运行机制改革。

四、依靠科技创新实现公路事业的可持续发展

21世纪是人类依靠知识创新和技术创新持续发展的时代。科技进步和创新已经成为一个国家、一个社会、一个行业发展的主导力量。高新技术的发展和推广应用将改变人们的工作、学习和生活方式，对现代社会生产力的发展越来越具有决定性作用。

科技创新对于公路养护管理工作也具有广泛而深刻的影响。近年来，我们开发研制半刚性道路沥青路面结构和抗滑表层技术、水泥混凝土路面修筑和路面施工养护专项技术、改性沥青应用技术等一大批先进实用的新技术，为我国大规模的高等级公路建设和养护提供了坚实的技术支撑。我们开发的路面管理系统与桥梁养护管理系统，大大提高了养护管理的信息化水平，使公路路面、桥梁养护计划的制定向科学化迈进了一大步。乳化沥青、稀浆封层、旧桥检测加固、公路水毁治理等养护新技术的推广应用，也取得了明显成效。这些新技术、新工艺、新设备的应用实践，充分说明了科技创新是推进公路养护管理的主动力，是实现养护管理现代化的关键因素。

在新的时代，我们必须借鉴世界各国养护管理先进技术和现代化管理经验，加强技术创新，利用电子信息等高新技术对传统的养护作业方式和管理手段进行改造，实现公路养护管理的跨越式发展，提升公路交通行业持续发展能力和竞争能力。

第五节　高速公路养护管理发展趋势

一、高速公路养护管理发展趋势

高速公路建设已经进入了飞速发展的黄金时期。随着时间的推移，投入运营的高速公路将陆续进入全面养护期。伴随着高速公路交通量的日益增大，对高速公路养护管理的要求也将越来越高。面对当前高速公路养护管理现状，探索出一条高速公路养护管理健康、持续发展的新思路已迫在眉睫。

从重高速公路建设、轻高速公路养护管理，到高速公路建、管、养并重的思想转变。公路建设规模是有限的，而养护期限是无限的，在高速公路建设高潮过后，全面养护需求将随之到来，养护工作的好坏对高速公路的使用寿命、使用性能和运营效益具有直接影响。因此，必须有超前意识，提前实现从重建轻养到建、养、管并重的思想转变，为积极推进高速公路养护管理体制改革，建立完善的高速公路养护体系做好充分的思想准备。

从高速公路管、养合一体制到管、养分离体制的转变。社会主义市场经济的客观要求及经济体制改革的主要目标是政企分开，即管理主体同经济实体相分离。养护体制的改革要贯彻管、养分离原则，将养护施工机构剥离为养护法人实体，对养护业实施企业化管理，把养护法人实体推向市场，参与竞争，逐步推行高速公路养护专业化、市场化。这样，一是有利于建立精简、高效、统一的养护管理机构和管理模式；二是能迫使养护企业强化管理，苦练内功，提高技术装备水平，降低养护成本，增强竞争力，同时，也为实现高速公路运营管理的产业化创造条件。

从传统的高速公路养护计划管理到市场化机制的转变。全国各地一直在致力于养护体制改革的探索，从养护承包制到内部招投标制，逐渐显现出养护管理市场化趋势。改以往完全由计划安排养护工程为全社会招投标承包，以合同形式确定养护管理主体与承包人的责任和权限，将养护工程推向市场。养护管理部门则着重抓好养护市场的培育、养护工程合同管理和养护工程监理。

完善政府对养护管理的行业监督。在培育和发展高速公路养护市场的同时，要建立有效的政府养护监督机制，加大政府对国有基础设施和投资效益的监管力度，保证高速公路养护质量与效益。

从养护作业的初级化向国际化转变。我国高速公路现行的养护作业技术水平同一、二级公路的养护作业相比没有明显提高，但仍难以适应未来大交通量的高速交通的要求。我们应该从高速公路养护作业的质量、速度要求及经济分析出发，按市场化的客观趋势，建立完善的养护机制，实现高速公路养护的专业化、机械化和社会化，尽量从高起点上同国际水平接轨。

养护机械实现社会化服务。鼓励建立养护设备租赁公司，集中大中型设备优势，向不同所有制形式的养护公司提供有偿服务，进一步提高设备的利用率和高速公路养护的机械化程度。

组建不同经济成分的养护公司。逐步将现有的养护队伍转变为具有一定规模的养护公司；允许和鼓励组建不同所有制形式的养护专业队，使其成为自负盈亏、自主经营、具有法人资格的经济实体，参与市场竞争。

国外的公路养护维修作业常常是由一些专业性很强的养护维修公司中标完成，如专业清扫公司、表面处治公司、旧桥加固公司等。专业性公司的优势是工作量饱满，有条件引进使用大型高效的设备，雇工数量大大减少，质量和效益得到提高。

将养护机构推向市场，将养护任务全部承包给社会，实行监理制，管理部门可以集中精力抓高速公路的运营管理及养护管理。从长远来看，有利于提高养护水平，降低养护投入，提高投资效益，促进高速公路养护管理的快速持续发展。

二、高速公路养护管理的体制创新

在今后若干年内，我国高速公路养护管理的主要任务是实行养护管理体制改革。其基本思想是实现事企分开、转变机制、引入竞争；走公司化、社会化、专业化、机械化的路子。在养护体制创新方面应当包括如下基本内容：

（1）改革养护工程费的核算和使用方式。按养护定额及养护工程量核定不同路段的养护费用，废除以"年公里"或"千平方米"为单位的指令性计划投资方式。

（2）开放高速公路养护市场。在保证养护施工质量管理的前提下，推行高速公路养护工程的招投标管理，允许具有资质的所有养护队伍参与高速公路养护竞争。

（3）组建不同经济成分的养护公司。逐步将现有的养护队伍转变为具有一定规模的养护企业；在条件成熟的地方，允许和鼓励组建不同所有制形式的养护专业队，使其成为自负盈亏、自主经营、具有法人资格的经济实体，参与市场竞争。

（4）实现养护机械的社会化服务。鼓励建立养护设备租赁公司，集中大型设备优势，向不同所有制形式的养护公司提供有偿服务，进一步提高设备的利用率和高速公路养护的机械化程度。

（5）完善政府对养护管理的行业监督。在培育和发展高速公路养护市场的同时，建立有效的政府养护监督机制，加大政府对高速公路养护的监管力度，保证高速公路养护质量与效益。

第六节　高速公路养护成本分析与控制

一、高速公路养护成本分布与特点

（一）高速公路养护工程简介

高速公路养护工程是指在高速公路竣工通车投入使用之后，为保持其处于良好状态，防止其使用质量下降，使其为交通运输提供最有效的服务，而对高速公路及其附属设施、环境保护等诸多方面提供人力、技术、物资等保障以及在计划、实施、控制等方面所进行的一系列活动。

我国公路养护工程按不同的表述方式有不同的分类，常见的有如下几种：

1.公路养护工程按其工程性质、复杂程度、规模大小划分

小修保养、中修、大修和改建工程等，具体划分标准由各省、自治区、直辖市人民政府交通主管部门制定。

（1）小修保养工程

是对养护范围内的公路及其沿线设施经常进行维护保养和修补其轻微损坏部分的作业。小修保养工程具有以下特点：①经常性，许多保养维修工作需要重复进行，对高速公路进行经常性的巡视、清扫、养护维修工作，以保证高速公路的安全、通畅。②及时性，高速公路经常产生突发性异常情况导致高速公路不能正常使用，因此，如果出现异常情况应及时应对做出处理。③预防性，高速公路的使用质量会随着使用年限和通车数量的增加而不断下降，小修保养要做到有计划、有预防性地进行养护。

（2）中修工程

是对公路及其沿线设施的一般性损坏部分进行定期的修理加固，以恢复公路原有

技术状况的工程。中修工程具有以下特点：①针对性，中修工程项目的养护技术方案与费用预算是针对某项特定作业而制定的。②计划性，中修工程必须经过科学的检测、计算、评价，按有关规范、标准设计相应的处理方案，并经过相关部门评审、批准后才能组织施工。

（3）大修工程

是对公路及其沿线设施的较大损坏进行周期性的综合修理，以全面恢复到原技术标准的工程项目。大修工程具有以下特点：①周期性，大修工程必须对养护范围内的作业内容进行周期性的检测，以保证维持原有的使用质量。②复原性，指大修工程严格按照有关施工规范、标准和操作规程进行施工之后，使路面完全恢复路面原有的实用性能，达到原技术标准。

（4）改建工程

是对公路及其沿线设施因不适应现有交通量增长和载重需要而提高技术等级指标，显著提高其通行能力的较大工程项目。改建工程具有以下特点：①改善性，指高速公路在现有的技术状况和通行能力下，经过改建作业后能够提高原有技术标准，满足现在的交通需求。②规范性，改建工程项目的设计、施工和监理实行招投标制度，质量管理按照《公路工程质量管理办法》的规定执行，验收根据《公路工程竣工验收办法》的规定执行。

2. 按公路养护时机的及时性分类

分为预防性养护、早期养护、被动养护三大类。

3. 按养护对象及部位分类

分为路基养护、路面养护、桥涵养护、通道养护、隧道养护、标志标线养护、房屋养护、机电设施养护等。

4. 按养护系统与专业分类

分为主体工程养护、交通安全设施养护、机电系统养护、房屋工程养护、绿化工程养护等。

5. 按养护手段及方式分类

分为机械养护和人工养护两大类。

（二）高速公路养护成本分布

高速公路养护成本是指为了保持高速公路的设计服务水平和服务质量，养护单位以养护项目作为核算对象的养护过程中所发生的各项生产费用支出和各项管理费用支出的总和。

1. 养护成本按养护工程分类

与养护工程分类相对应，高速公路养护成本可分为小修保养工程成本、大中修工程成本和改建工程成本三个部分。

高速公路小修保养成本，是指在日常养护过程中发生的成本，包括对路基、路面、桥涵、安全设施、机电、房建以及绿化等项目的保养产生的成本，其中对养护成本影响较大的是路基、路面、桥涵、绿化等四个方面的日常养护。路基保养成本是指处理路基翻浆、路肩加固、疏通修复排水系统等发生的成本。路面保养成本一般是指为路面保洁和缺陷修复而发生的成本。桥涵保养成本主要包括对桥涵的定期检测、保养和加固产生的费用。绿化保养成本主要包括购买草坪和绿化景观的费用以及人工成本。

高速公路大中修工程成本是根据长期养护计划每隔一定的时间对公路及其沿线设施进行中修所花费的成本，如对路基、路面、构造物、沿线设施、服务性站场及绿化工程进行周期性的综合修理。

高速公路改建工程成本是指为提高其通行能力而提升技术等级对公路及其沿线设施进行改造发生的成本。通常情况下，大修工程、改建工程与新建工程一起纳入基本建设工程考虑，独立于养护工程之外。

2. 养护成本按会计成本要素分类

参照《公路工程基本建设项目概算、预算编制办法》，公路养护工程项目总成本包括：

（1）养护工程费

包括直接工程费、期间费用、计划利润和税金。

（2）养护设备购置费用

即为满足公路养护需要而购置、更换设备的费用。

（3）养护工程其他费用

如养护工程管理费、养护工程监理费、桥梁特殊检查费、勘察设计费、研究试验费，以及专项费用和预留费用。

（三）高速公路养护成本分布特点

在高速公路的养护管理中，一直存在着养护综合成本偏高的现象，养护成本呈现养护机械费用高、养护材料费高、单项养护成本高、交通安全维护费用高等特点。

1. 高速公路养护机械费用高

据统计，部分养护项目的机械成本要占到总成本的60%，甚至更高。为提高养护质量和养护效率，加快养护作业进度，保证养护人员安全，在养护项目上尽量实现机械化，使养护机械配置及使用比例较大，水准较高。但同时由于高速公路是全封闭的，养护机械设备作业时只能在施工作业区内作业，作业区域变动时，要变换移动作业警示标志，重新圈定作业区域，致使机械设备不能连续作业，造成养护机械效率降低，这也是养护作业机械成本提高的原因之一。另外，因高速公路单向行驶，施工车辆不允许在高速公路上随意调头，材料运输车辆只能顺行车方向到最近收费站调头，也增加了机械费用支出。

2. 高速公路养护材料费用趋高

由于高速公路建设标准高、材料选用较精。如路面裂缝维修改性沥青填缝材料应用及路面材料增强纤维等科技含量较高材料的应用，在提高高速公路养护质量的同时，也提高了高速公路养护成本。有些养护项目的材料操作损耗增加，如沥青路面铺筑，铺至端头处会多出部分混合料，每层、每端头约1.5t左右。还有是由于养护材料价格提高，材料价格包括材料的供应价、运杂费、场外运输损耗、采保费，若材料运距增加，将导致材料的运杂费增加，进而导致材料的价格提高。如高速公路单向行驶，施工车辆不允许在高速公路上随意调头，材料运输车辆只能顺行车方向到最近收费站调头，使材料运距增加的同时，进而导致材料的价格提高。

3. 单项养护成本相对较高

高速公路功能决定了高速公路路基、路面、桥涵及沿线设施等应随时保持较高的完好程度和服务水平，因此一旦发现其出现了破损情况，应立即进行修理。虽然养护作业工程量少，但养护工序一个都不能省，使机械、人员等养护资源使用效率大为降低，这样势必造成高速公路养护作业成本增高。而一般公路因车辆对路面行驶质量要求低，其维修周期长，每次维修的工程量较大，使一般公路单项养护成本相对较低。

4. 交通安全维护费用高

高速公路养护作业必须严格按国家标准和有关部门规定摆放交通标志，圈定养护作业区域，并安排专门人员配备部分专用车辆进行交通指挥和维护，致使交通安全维护费用要远远高于一般公路。

二、高速公路养护成本预测模型

成本预测是指运用一定的科学方法和程序，对未来成本水平及其变化趋势作出科学的估算。成本预测不仅是组织成本决策和编制成本计划的前提，而且也是加强企业全面预算管理的重要环节。企业通过成本预测，可以掌握未来的成本水平及其变动趋势，有助于把未知因素转化为已知因素，作出生产经营活动中所可能出现的有利与不利情况的全面分析。成本预测可以使成本计划建立在客观实际的基础之上，避免成本决策的片面性和局限性。

高速公路养护工程项目成本预测，就是根据历史成本资料、有关经济信息和工程经验，在认真分析当前各种技术经济条件，外界环境变化及可能采取的管理措施的基础上，运用一定分析方法对工程项目未来的成本水平及其发展趋势所做出的科学估计。成本预测是养护工程进行成本决策和成本计划的依据，是降低养护成本的重要措施，同时也提高了高速公路运营公司的竞争力和经济效益。

（一）成本预测的步骤

1.确定预测对象

高速公路养护成本预测对象就是所要进行成本管理的对象。一般说来，可以是某高速公路路段小修保养工程的路面养护成本，也可以是大中修养护工程项目中的一部分或者某一项成本要素。例如，对10km的高速公路进行大中修养护，成本预测对象既可以是整个养护工程或者其中的某一段，也可以是人工费或者材料费等直接费用。

2.收集信息资料

有效准确地收集成本数据是成本预测的前提，直接影响预测结果的科学性。在进行成本预测时可以同时收集公路养护工程纵向数据和横向数据。纵向数据是指各类材料的消耗量及单价，现场施工机械消耗定额及工时，现场作业人工定额及工时等历史水平。横向数据是指在同一期间不同地区同类养护工程的施工成本资料，由于公路养护工程施工地点较为分散，因此在进行横向成本资料收集时要注意资料的可比性，一般来说，成本预测资料主要包括：①公路养护项目的总成本要求；②养护周边市场条件，包含原材料价格等方面；③历史上同类养护项目成本耗费情况；④其他相关资料。

3.选择预测方法

预测方法的选择对于成本预测是否准确科学产生重大影响，总的来说可将预测方法分为定性预测法和定量预测法两类。

4.提出预测结果

通过收集成本资料，采用恰当的预测方法对高速公路养护项目进行成本预测，在预测过程中，可以采取定性预测和定量预测相结合的方法，并根据养护工程施工现场的社会及地理条件，进行科学的成本预测，提出合理的预测结果。

5.评价预测结果

成本预测的结果可能会因为选择的方法和预测模型的不同而存在一定的差异，由于此局限性导致预测结果可能是一个近似值或是一个合理的区间范围，因此需要运营企业管理层根据影响施工项目成本因素的变动做进一步的修订改正，例如物价的变化、劳动生产率的提高、物料消耗量的变化等对预测成本产生影响。

6.确定预测成本

经过上述步骤之后，企业管理者可以根据最终的修正模型确定施工项目的预测成本。

（二）成本预测的方法

1.定性预测法

定性预测，是评估者根据自己掌握的实际情况、实践经验、专业水平，对评估客体或对象前景的性质、方向和程度作出的判断。同时在系统分析的基础上提出数量估计，考虑无法定量的因素，比较简便可行，是一种不可缺少的方便灵活的预测方法。特别是在预测资料缺乏或难以定量分析时，多采用此方法，适用于中长期预测。较为广泛采用的方法为德尔菲预测法、目标预测法以及主观概率预测法。

2.定量预测法

定量预测方法是根据已经掌握的成本资料，运用一定数学模型以及数学方法对掌握的成本数据进行加工，通过观察假设变量与成本变动之间的关系，推测未来成本变化的一种预测方法。定量预测方法主要有：移动平均数法、回归预测法、灰色预测法等。

（1）基于回归分析的预测。

回归分析预测法（简称回归分析法）是指用历史数据对因变量与自变量的关系进行相关分析，然后建立变量之间的回归方程，将建立好的回归方程作为预测模型进行预测。其主要内容如下：

第一，建立数学模型并估计未知参数值，具体方法是从一组数据出发确定各变量之间的定量关系式，然后用最小二乘法估计未知参数。

第二，对建立的关系式进行可信度检验。

第三，对于有多个自变量同时影响一个因变量的情况，先判断哪个自变量的影响程度显著，将此自变量选入模型中，同时消除影响不显著的变量。

回归分析法的主要特点是：技术成熟，预测过程简单易懂；回归模型误差较大，因为当相关因素有数据不完全或者比较复杂的情况时，增加计算量也无法对回归模型进行准确的修正；要求样本量大且有较好的分布规律，当进行预测的长度大于占有的原始数据长度时采用该方法进行预测，在理论上不能保证产生精确的预测结果。

（2）移动平均数法。

移动平均数法是利用过去实际发生的数据，求其平均值，在时间上往后移动，作为对下一周期的预测，适用于作短期计划预测。

（3）灰色预测法。

相对于一定的认识层次，部分信息已知，部分信息未知的系统，即信息不完全，称为灰色系统。灰色系统理论是研究解决灰色系统分析、建模、预测、决策和控制的理论。严格地说，灰色系统是绝对的，而白色和黑色系统是相对的。所以灰色系统理论认为，由灰变白不是绝对的，而是相对的，因而灰色系统允许在模型、预测、决策、数据分析中存在灰数，并把预测和决策目标定在某一范围的灰平面内或灰靶上的满意区域内。

灰色预测是对现有的数据进行处理，探寻他们之间的数学规律，然后建立模型，检验模型合格之后，根据现有的信息对未来的一种预测。

（三）养护成本预测模型

1. 基于回归分析法的预测模型

通过建立的模型得出的公路养护成本预测值，会由于历史数据的合理性、养护管理体制的改变、养护管理方案的不同、养护技术的进步、养护管理方案本身在实施过程中的反作用力等不确定因素的综合影响，结果可能会导致公路实际养护成本曲线相对于按历史数据拟合的养护成本曲线发生偏移，从而使公路养护成本预测值的可信度和可操作性大打折扣。为此，有必要在原有的公路养护成本预测方法基础上进行研究和改进。

为了能考虑多种不确定因素对公路养护成本实际值的影响，企业可在财务支持和请专家帮助下，通过线性回归方法、同行企业调查法等方法对养护方案实施时各种状况发生的概率及公路养护值进行预测，并可计算出公路养护成本预测值的期望和方差。按期望准则对各公路养护方案进行评判和选择，可从成本管理角度找到企业公路养护的满意方案。但是按选择的公路养护方案由于各方案实施状况的不确定性而存在一定的风险。

2. 基于模糊类比法的预测模型

模糊类比法计算预算定额的基本原理，是用收集到的若干个相似定额项目的资料与目标定额项目就其相应的特征元素做比较，利用专家的经验及模糊数学的公式量化其相似程度，并对目标定额项目进行分析，采用数学方法调整存在的差异，再建立模糊数学模型，应用模糊数学的理论及其数学表达式对目标项目的定额值进行确定。

用模糊类比法确定高速公路养护预算定额的一般步骤依次为：

第一，收集与目标定额项目相似的定额资料；

第二，确定目标定额项目及相似定额项目相应的特征元素：要根据高速公路养护定额的具体情况选择主要特征元素，即又能代表目标项目还能够使目标项目与相似项目区别开的元素；

第三，确定目标定额项目及相似定额项目之间的相似程度；

通过对特征元素间相似程度的判断来确定相似项目与目标项目之间的相似程度。

第四，建立模糊数学模型并利用前三个较为接近的典型项目进行目标定额计算。

第五，对计算结果进行调整确定最后的目标项目定额值。

3. 基于总成本习性模型的预测

（1）高速公路养护成本习性分析

高速公路养护成本习性是指养护总成本与养护作业量之间的关系，可以划分为养护固定成本、养护变动成本、养护混合成本三类。

①养护固定成本

是指其总额在一定时期和一定作业量范围内不随作业量的变化而发生任何变动的那部分成本。随着高速公路养护工程作业量的增加，它将分配给更多的作业内容，也就是说，单位固定成本将随着作业量的增加而逐渐变小。在高速公路养护工程中养护固定成本主要有机械设备按直线法计提的折旧费、管理人员工资、工人保险费等。养护固定成本总额是指在一定时期和一定作业量范围内保持不变，如果超出了这个范围，养护固定成本也会发生变化。因此，养护固定成本需要和一定时期、一定作业量联系起来进行分析计算。一般而言，养护固定成本会在以下两种情况下产生：

第一，为提供和维持养护活动所需要的基础设施、机构而发生的费用，这种固定成本的支出额取决于养护工程的规模和质量，是现在已经无法改变的成本，这种不能通过管理决策而改变的养护成本，被称为约束性固定成本。例如，养护企业的固定资产折旧、财产保险、管理人员工资等。约束性固定成本提供企业在一定会计期间内的持续施工生产能力，是养护企业为了维持一定的作业量必须承担的最低成本。只有合理利用施工生产能力，才能降低养护企业的约束性固定成本。

第二，为完成特定养护活动而发生的固定成本，这种通过经营决策而改变，发生额取决于施工企业根据特定养护工程而制定的经营方针，被称为酌量性成本。例如，养护技术的科研开发费、养护工人的技术培训费。酌量性养护成本能够提高企业的行业竞争能力，加大行业进入壁垒。和约束性固定成本一样，它也是一种提供生产经营能力的成本。

②养护变动成本

是指成本总额与业务量成正比例变动的那部分成本。在高速公路养护工程中养护变动成本主要有直接人工费、直接机械使用费等。养护变动成本也存在范围约束，即指只有在特定范围内养护变动成本才和作业量成正比关系。例如，在养护初期可能还处于施工不熟练阶段，直接机械使用费和人工费可能消耗较多，当技术成熟以后，机械使用费和人工费可能降低，在此期间变动成本不一定与养护作业量成正比。一般而言，养护变动成本会在以下两种情况下产生：

第一，由施工技术或者实物关系决定的变动成本，这种与养护作业量有确切的技术或者实物关系的变动成本，被称为技术变动成本，例如路面养护需要养护机械和原材料。

第二，由养护企业管理层决定的成本，即通过管理层决策行为能够改变的变动成本，称为酌量性变动成本。例如，养护企业按照一定的比例决策的新技术研发费用、技术转让费等。如果养护企业想要提高自己的行业竞争力，可以通过提高酌量性变动成本来实现。其最佳发生额一般不容易计算，通常由管理层根据经验来判断。

③养护混合成本

是指那些随着作业量的变动而产生变化，但不是成同比例变化，不能简单归入养护固定成本和养护变动成本的这部分成本。养护混合成本按照与作业量之间的关系可以分为半变动成本和半固定成本。半变动成本通常有一个初始值，在这个初始值的基础上随着作业量的增长而增长。例如，养护企业租用机械设备时，合同可能同时规定每天支付一定的租金（固定部分），工作每小时支付一定的租金（变动部分）。半固定成本是随着作业量的变化呈阶梯形增长，即当作业量在一定范围内时其成本不变，当作业量超过这个范围后其成本会跳跃到一个新的水平。例如，在高速公路养护工程中，实验员、质检员的工资就属于半固定成本。

（2）总成本习性模型的构建

通过上节对高速公路养护成本习性的分析，我们知道养护成本按习性可以分为固定成本、变动成本和混合成本三类，同时混合成本又由固定部分和变动部分构成。根据大量的历史资料或者发生成本的具体过程进行分析计算，寻找总成本与作业量之间的数量关系，确定养护固定成本和变动成本的历史平均值或者标准值，需要建立总成本的直线方程。因为在一定会计期间内养护固定成本的支出是稳定的；养护变动成本的支出在一定会计期间内随着作业量而改变；假设只存在这两类成本，则我们可以构建出如下的总成本习性模型。

三、高速公路养护成本计划制定

（一）养护成本计划定义

养护成本计划是养护成本管理的一项重要内容，是养护单位生产经营计划的重要组成部分。它以货币形式预先确定养护项目的成本目标及计划成本降低额和降低率，并按成本管理层次、成本项目的养护施工阶段，对成本目标加以分解，制定切实可行的各级成本实施方案。

（二）养护成本计划内容

根据养护工程范围的不同，养护项目成本计划所包括的内容也有所不同。例如，养护项目总成本计划应包括勘查、采购、养护施工等全部成本。养护项目成本计划一般由直接成本计划和间接成本计划组成。

1. 直接成本计划

直接成本是指与养护成本直接相关的成本指标，主要涉及养护工程的预算、计划降低成本额度等，除此之外，直接成本还应该包括降低成本的途径和方法，以及成本分析等过程。

2. 间接成本计划

间接成本计划主要是指养护间接成本的成本指标，主要涉及养护间接成本的预算、预计降低额等方面。值得注意的是，在计划制订中，成本项目应与会计核算中间成本项目的内容一致。

（三）养护成本计划编制步骤

编制成本计划时，首先由养护项目成本管理人员根据实际养护工程量，然后由项目经理、项目会计师、成本管理人员根据合同确定计划支出的人工费、材料费和机械费等费用。

1. 搜集和整理资料

对收集编制成本计划的资料进行整理，分析养护项目的当前情况及趋势，找出决定养护成本变动的因素，探寻措施等。

2. 确定目标成本

在各项成本要素预测和确定责任成本的基础上，根据不同阶段的不同需要来确定目标成本。

（1）养护工程的初始阶段，应在分析合同的基础上，确定项目经理的可控责任成本。该成本应符合项目经理的授权范围之内，并将其作为考核项目经理成本管理绩效的依据。

（2）项目经理把其可控责任成本分解给中层管理者和劳动作业人员。

（3）成本计划的编制要充分考虑不可见因素、自然环境因素及风险因素、市场价格波动因素，最终确定目标成本，并综合计算项目目标成本的降低额和降低率。

3.编制成本计划草案

中级管理层与劳务作业层根据项目经理分解到的可控责任成本，在上期计划成本的基础上，分析上期计划成本的完成情况，结合本期项目具体情况的变化情况编制成本计划草案，同时制定保障措施，将成本计划与个人绩效挂钩。

4.综合平衡，编制正式的成本计划

计划编制者应当从全局出发，综合分析成本计划面对的内外部环境，综合平衡成本指标，最终确定成本计划。

（四）成本计划的实施原则

（1）要坚持计划的严肃性。养护计划一经批准就不能轻易变动，年度计划在执行时一般不能进行调整，只有在上级部门同意的情况下才能调整。

（2）养护职能部门制订的年度计划、季度计划经批准后要与公路养护管理人员见面，进行交底，并组织人员进行讨论、分解，明确全年的养护任务和养护重点。养护部门再根据养护任务、养护重点、各公司养护管理的特点和季节性养护等因素，对计划进行分解执行。

（3）强化计划管理，将计划完成指标与职工个人利益挂钩。在执行计划过程中，各养护公司要进行各个养护项目成本分析，这样一来既能为高速公路养护定额的完善积累原始资料，又能有效地控制养护成本费用的支出。

（4）全年计划投资数，各单位均不能突破，确保全年投资不出现赤字。

（5）在养护计划的执行过程中，上级单位通过养护合同、进度报表、完成情况报表及实地检查等手段，实时监控计划实施的全过程，从而对养护计划的执行进行全面了解和控制。

（6）计划的制订部门，在年终要统一对全年计划进行评定，将全年实际完成情况与全年计划进行对比，对不足部分进行总结、分析，并在下年计划编制过程中进行调整，使计划编制更加合理、更加准确，切实发挥计划的指导作用，确保全年工作的正常进行。

（五）成本计划编制注意事项

（1）在计划编制过程中，要注意计划的连贯性和延续性，符合经营企业的经营方针和长远规划安排，在全年养护投资有限的情况下，保证全年每个季度生产安排，确保资金按计划投入，防止"前松后紧"或"前紧后松"的现象发生。

（2）计划编制前，要特别注重收集资料这一环节，并重点选择解剖有代表性的某一单位最近一年资金使用状况，对其进行分析，确定分项项目的最佳投资额，其他单位同类项目可参照确定。

（3）编制各级计划时，要紧紧围绕上级部门下达的投资计划数额，量力安排，严禁超计划运作，要留有余地，以防突发性情况发生时，没有合理的资金周转。

（4）在季度计划及月计划的安排上，要注意结合季节性养护特点和预防性养护要求，将年度计划合理进行分配。

（5）在计划编制时，要高瞻远瞩，尽可能减少计划编制的盲目性，减少计划安排的随意性，要依靠最新的路况调查、路面和桥涵检测等数据资料，对公路及其设施进行评价，并将之作为编制养护计划的依据，确定全年养护工作重点项目和资金投入数量，使高速公路养护计划投资更加合理，更符合实际情况。

四、高速公路养护成本控制

成本控制就是对企业生产经营过程中发生的各种耗费进行控制，高速公路运营公司的成本控制是指对养护生产施工过程中所消耗的物质资源、人力资源和所有费用进行预算、执行、调整和控制，及时对成本偏差进行纠正，把各项费用开支控制在允许范围内，以保证成本管理目标的实现。养护成本控制贯穿于整个养护施工生产过程的各个阶段，从工程准备阶段、施工阶段，到工程竣工、验收，都要进行成本控制。

（一）成本控制的原则

1. 合法性原则

对养护工程进行成本控制就是为了保证企业自身利益的最大化，但是在采用各种控制措施时必须保证在相关法律法规的允许范围内，不能违反相关法律的规定。

2. 合理性原则

高速公路运营公司在不同的发展阶段，其成本控制方案必须根据具体养护工程，根据企业不同部门、不同岗位和成本项目的实际情况进行设计，以实现对养护成本的合理有效控制。

3. 经济性原则

经济性原则是指高速公路运营企业因推行成本控制而发生的成本不能超过成本控制带来的收益。推行成本控制必然会消耗企业的资源，发生相应的成本费用，增加企业对施工生产的投入，这种投入至少需要得到合理的回报。

4. 全面性原则

全面性原则是指养护企业针对施工项目对养护成本要进行全方位、全过程、全员的控制。全方位控制指高速公路运营企业对所有与施工项目相关的成本都进行控制；全过程控制是指对施工项目中的每一个环节进行成本管理控制；全员控制是指从企业管理决策层到项目领导班子再到现场施工的所有人员都积极进行成本控制。

5. 分级归口管理原则

高速公路运营企业的每一个部门、每一个作业单位在参与养护施工过程中，为公司创造利润的同时，也都耗费着公司的资源，产生各种成本费用。把成本费用的控制按照各个部门和单位的职责权限进行分级归口控制，是成本费用控制的一个基本原则。通过分级归口控制，把成本费用控制的目标层次分解、层层归口、层层落实到各部门、各作业单位、各工段、各小组直至每一个人，从而形成一个严密的成本控制组织系统，以提高控制效果。

6. 激励与约束相结合原则

成本费用通过分级归口控制之后，还需要建立相应的激励与约束制度，才能保证控制目标的实现。激励是指对完成控制目标的部门、作业单位、工段、小组和个人，企业要根据其完成的程度给予适当的物质和精神奖励；约束是指对不完成控制目标的部门、单位、工段、小组和个人，企业要根据其没有完成的程度给予适当的物质和精神处罚。

（二）成本控制的步骤

养护项目成本控制的实现需要制定成本目标、分解目标成本、执行目标成本、计算成本差异、分析成本差异和考核目标成本等几个步骤（帅毅，2012）。

1. 制定成本目标

工程开工前期，项目成本经理组织预算成员采用正确方法，对工程项目的总成本水平和降低成本的可能性进行分析预测，制定出项目的目标成本。

（1）首先进行施工图预算。根据已有投标、预算资料，确定概算与施工预算的总价格差，确定中标合同价与施工预算的总价格差。

（2）对施工预算未能包容的项目，包括与施工有关的项目及其现场经费，参照定额加以估算。

（3）对实际成本可能明显超出或低于定额的主要子项，按实际支出水平估算出其实际支出与定额水平之差。

（4）考虑到不可预见因素，工期制约因素以及风险因素、价格因素，加以测算调整。

（5）综合计算整个项目的目标成本。

2. 分解目标成本

在养护施工项目目标成本确定以后，必须要将目标成本分解，送于工程项目经理部门实施，项目经理部门经过分析及核算工程项目的成本，制定项目目标利润，项目经理对目标成本管理负有主要的控制责任。最终，目标成本要分解到各个施工队中，可应用的分解方法有：

（1）按管理职能分解，可以分为工程综合办公室、子项目管理处、财务科和设备管理处、材料科等。

（2）按管理层次分解，可以将施工项目经理部门所承担的目标成本分解到路线工程队、路基工程队、桥梁工程队和隧道工程队等。

（3）按施工环节分解，可以分为桥梁工程、路基工程、路面工程、隧道工程和防护及排水工程等。

（4）按施工工艺分解，可以分为支模、混凝土浇筑、捆扎钢筋等工程。

3. 执行目标成本

目标成本制定并且层层分解之后，要建立目标成本执行系统，完善的目标成本执行系统能使项目的管理者更好地控制管理人员的工作，利用正式组织的权力结构发布政策和程序，促使施工人员遵守政策和程序，保证目标成本的正确执行。

4. 计算成本差异

项目目标成本与实际成本所出现差额的部分就是成本差异，当实际成本小于目标成本时称为顺差，反之称为逆差，成本差异的出现直接决定了利润的高低。对成本差异进行分析考核，哪些是内因，哪些是外因，是不是项目经理部门及施工部门所能处理的可控差异，比如消耗超定额，废料的减少等；而如价格变动等不可控差异，则是项目部门不能控制的。成本差异的计算是反映路桥施工项目相关部门、员工工作质量的重要参考，也是改进控制成本措施的重要评价指标。

5. 分析成本差异

当对项目进行分析评价成本差异时，一定要以预先制定的总目标成本为前提，全面分析经济效益，注意相关因素的影响，例如当一种材料费发生逆差时，可能的原因是采购价格的上涨、运输方式的变化，也可能因为施工工艺的改进必须使用其他代替品所造成质量成本的减少。不仅要对施工产品实际成本和目标成本的差异进行分析，而且必须将施工各个环节上的目标成本和实际成本进行对比，找出不符合目标成本规定的施工过程，此外也要分析目标成本各项费用与实际费用的差异。

6. 考核目标成本

进行成本分析之后，以成本分析的结果为成本考核的前提，在分析实际成本与目标成本差异的基础上，对各路桥工程项目工作部门的成绩进行考察，核定各部门责任完成的基本情况。所有的考核程序必须建立在实际成本分析的基础之上，否则会因为缺少实际的施工数据资料，而造成考核的结果失去依据，不具有符合实际的结论。

（三）成本控制的类型

按照成本形成的过程可以将成本控制分为：事前成本控制、事中成本控制和事后成本控制。

1. 事前成本控制

事前成本控制是指在养护企业开工之前的投招标、施工方案设计阶段，对影响成本的各有关因素进行事前控制。主要是确定成本目标、确定目标成本、编制成本计划进行成本预测，明确成本归口分级管理，建立责任成本中心库，目的在于防患于未然，从而为事中成本控制和事后成本控制提供依据。

高速公路养护工程总体造价偏低，导致养护工程的设计费用也较低。特别是小修保养项目，为了更加科学准确地预估养护成本，在实际的招标过程中，养护企业不能为了自身的经济利益，随意降低或者提高养护工程设计方案的成本，要保证做到工程设计方案的最优化。

与此同时，高速公路养护工程项目一般施工工期比较短，单位造价比较高，因此高速公路养护工程在设计阶段的控制就更加重要。工程设计必须体现出事前控制的总体思路，对养护工程的规模、工期、进度等做出合理的预计和规划。养护工程的施工方案在设计论证过程中，应当仔细认真地对所有方案进行对比分析，切实提高设计方案的经济效益。

2. 事中成本控制

事中成本控制是指在施工过程中，从安排开工、采购材料到施工生产整个过程的成本控制。主要包括人工费、材料费、机械使用费的控制和现场施工进度、施工质量的控制，以及其他管理费用的控制等内容，事中成本控制是进行成本控制的主要环节，可以采用标准成本控制、作业成本法控制、全寿命周期控制等方法进行事中控制。

（1）标准成本控制

标准成本法是指通过精确的调查与分析，运用技术测定等方法，在有效的经营条件下制定的用来评价实际成本、衡量工作效率的一种预计成本。标准成本控制是以标准成本为基础，把实际发生的成本与标准成本进行对比，揭示成本差异形成的原因与责任，同时采取相应的措施，实现对成本的有效控制。标准成本控制是成本控制中应用最为广泛和有效的一种成本控制方法。标准成本的制定与成本的事先控制相联系，成本差异分析、确定责任归属、采取改进措施则与成本的事中控制和事后控制相联系。

标准成本按其制定所依据的技术水平和经营管理条件，分为理想标准成本和正常标准成本，养护企业可以根据自身条件进行选择。理想成本是指在当前的技术条件下，利用现有的规模和设备能够达到的最优成本，也就是在资源没有浪费、设备没有故障、工时全部有效的假设条件下而制定的标准成本。

正常标准成本是指在企业效率良好的情况下，根据对下一期间将会发生的生产要素消耗量、预计价格和预计生产经营能力而制定的标准成本。这种标准考虑了生产过程中不可避免的损耗和低效率等情况，贴近下期的实际情况，成为切实可行的控制标准。因而正常标准成本具有客观性、现实性和激励性等特点，被广泛地应用于直接材料费、直接人工费等具体的标准成本的制定过程当中。在高速公路养护施工企业中，正常标准成本的数值可以参考养护定额的相关数据。

标准成本与实际成本之间的差额，被称为标准成本差异，对成本差异进行分析，找出实际成本大于标准成本的原因和对策，以便采取措施加以纠正，这是成本控制的关键所在。

①直接材料成本差异的计算分析

直接材料成本差异是指在实际工程量下，直接材料成本实际总成本与实际作业量下标准总成本（定额成本）之间的差额。它可以直接分解为直接材料用量差异和直接材料价格差异两部分。

②直接材料成本差异的控制措施

材料费用占整个公路养护工程项目的成本比重较大，因此，控制好材料费用的成本支出，对于加强成本控制具有重要意义。原材料从入场到使用会经过采购、运输、收发、保管等多个环节，因此在进行材料费用控制时应从材料整个使用过程入手，做好材料费用控制，其主要可从以下几个方面入手：

第一，加强材料采购管理，降低成本。材料费用的比重占整个公路养护工程成本比重较大，一般可达到50%～60%，因此，在材料的采购环节加强成本的控制，可以大大降低整个养护工程成本。具体说来，材料采购部门应当根据整个养护工程预算，确定材料采购的标准及价格，在实际采购过程中应当与供应商建立长期合作关系，降低采购成本；值得注意的是在采购过程中，不应当仅仅关注材料价格，还应当与材料质量综合起来，既满足质量要求，又应当节约成本。

第二，严格进出库管理，加强领料、退料管理。公路养护作业一般远离公司所在地进行野外施工，材料管理不好、领用基础工作跟不上，最容易给养护工程项目造成较大的浪费。因此，养护单位应当加强领料管理，在材料进场时，施工队提供重要的数据来源，从而使养护项目组更清楚地了解成本变化情况，及时做出调整，进行成本控制。

第三，紧缺材料单独处理，保证库存量。在公路养护过程中，总会有一些材料处于比较紧缺的状态，因此，施工队以及管理人员应当具有一定的前瞻性，对于未来有可能涨价且养护工程会使用到的物料应当进行一定量的储存，防止在原材料紧缺时由于购买不到延误工期或者由于购买高价原材料而增加成本。

第四，将材料费用与工人绩效挂钩。具体来说，对于钢材、水泥等主要材料，应当按照工程预算，制定严格的使用计划，确定用量和损耗量，并且将总体使用指标分解至各施工班组，并与施工班组绩效挂钩，在节约时给予奖励，在超出合理损耗范围时给予惩罚。

③直接人工成本差异分析

直接人工成本差异是指在实际工程量下，人工实际成本与标准成本（定额成本）之间的差额。它也可以分解为价差和量差两部分。价差是指实际工资率脱离标准工资率，其差额按照实际工时计算确定的金额，又称为工资率差异。量差实际工时脱离标准工时，其差额按照标准工资率计算确定的金额，又称为人工率差异。

④直接人工成本差异的控制措施

人工费用作为公路养护成本的主要发生项目，在进行成本控制时应当作为一大重点对待。首先，应当根据成本计划，对人工费用设定一定标准，并按照节约原则和全面性原则严格执行。高速公路养护项目直接人工费的控制主要是从人工工时和人工价格两方面着手。人工价格主要通过市场条件下，劳动力的自由流动性来调节，企业采取措施的效果空间不大。人工工时采用工程量用工包干和按件计价承包工资制度，以调动工人的积极性。在进行人工工时控制时需要注意合理调配机械与人员的使用；不断进行人员的培训以及选拔高技术人才；加强对散工的管理，制定散工使用规范，按规则使用散工。通过以上几个方面的管理，可以有效地减少人工费用的开支。

⑤机械使用费成本差异的控制

机械使用费成本差异可以采用与直接人工成本差异相同的分析方法，可以分为耗费差异和工时差异。此处不再赘述。

（2）作业成本法控制

作业成本是指产品消耗的作业所发生的成本和费用。作业成本法是以作业为基础而计算和控制产品成本的方法。作业成本法不仅揭示了成本的经济实质和经济形式，也反映了成本形成的动态过程，它把企业的生产经营过程描述为一个满足客户需要的一系列作业的集合，在作业链上发生的成本最终转移到产品成本上，同时企业价值也会最近转移到客户，形成价值链。其基本理念是产品消耗作业、作业消耗资源，生产导致作业发生，作业导致间接成本的发生，在此方法之下，将直接费用和间接费用都视为产品消耗作业付出的代价。

高速公路运营公司在作业成本系统设计时，要取得管理层和操作层的理解与认可，以达到施工企业内部各方面的协作配合，其系统设计一般按以下程序进行：

第一，分析资源消耗。对养护作业过程中消耗的资源，譬如人力资源、物资材料资源、机械设备资源、费用支出、管理消耗等进行分析。根据公路养护施工企业的特点，重视投标前的概预算、投标后的概预算，结合施工企业成本科目对消耗资源进行分类，并按其分类科目从账务记载消耗的资源及预算的细目入手，分析生产经营过程中消耗的资源。

第二，整合施工作业。产品的生产过程或者项目的完成过程是由一系列作业组成的，在进行作业成本计算时首先要根据实际计算的需要确定这些作业，划分出增值作业和非增值作业。由非增值作业及增值作业的低效执行引起的成本为非增值成本，作业分析的目的是消除非增值作业及非增值成本。作业认定应从组织框图开始，细分并描述各部门所包含的作业，然后可以按不同要求整合同质作业、作业的同质性和同层次性整合作业或者按重要性原则对作业成本进行整合。

第三，描述作业链。描述作业链以施工项目作业过程为导向，跟踪资源耗费向已认定的施工项目过程作业转移，着眼于成本发生的前因后果，描述作业与作业以及最终施工项目的联系，即描述了成本的转移，为成本控制和作业链重整提供重要信息。

第四，选择成本动因。成本动因的选择有资源动因选择和作业动因选择两个层次。

资源动因即引起成本发生的因素，是分配资源成本到成本库的标准，是联系资源和成本费用归集的桥梁。确定资源动因量常用的方法有经验法和测量法。经验法是根据技术人员的工作经验来确定各个作业中心所消耗资源数量的一种方法。测量法是利用仪器仪表等测量设备详细记录各作业中心消耗资源情况的方法。

作业动因是分配作业成本到产品或劳务的标准，是联系作业消耗量和企业产出量之间关系的桥梁。为作业成本库选择合适的作业动因是作业成本库费用分配的关键，通常一个作业有多个不同的作业动因，确定作业动因的关键在于要为每一个成本库选择一个能反映作业消耗量与实际消耗量相关程度较高的作业动因。

施工企业可以两者结合，即局部作业成本法的机械队可以选择资源动因，企业也可按人力资源选择资源动因，而作业成本法的项目可以选择作业动因。

第五，设置作业成本库。设置作业成本库要考虑作业链所描述的高速公路养护施工企业生产经营过程的特点，同时注重作业成本库的同质性；注重对成本动因的选择，要以成本效益为指导。

通过对作业成本的精确计算和有效控制，从而有效地克服传统成本法中间接费用责任不清晰的缺点，并使一部分不可控的间接费用在作业成本法系统中变为可控。同时通过作业活动动态跟踪，可更好地发挥决策、计划和控制作用。所以，作业成本法不仅是一种成本计算方法，也是一种实行成本控制以及企业管理的很有效的手段。

（3）全寿命周期成本控制

高速公路全寿命周期成本是指高速公路经历规划、设计、施工、运营、维护、翻修直至报废的全寿命过程所发生费用的总和，包括前期建设成本和后期运营养护成本。高速公路是一个运营使用周期较长的系统，因此运营养护成本在高速公路的全寿命周期成本中占有很大的比重，所以要在高速公路养护中推行以全寿命周期成本理念为指导的养护成本控制。高速公路养护的全寿命周期成本理念的基本思想是在适当的时间，将适用的技术措施，应用在适宜的路面上；坚持成本效益原则，使有限的养护资金发挥最大的养护效益；坚持发展与节约并重的原则，在资源节约中实现可持续发展，在可持续发展中注重资源节约。

基于全寿命周期成本理念的养护成本管理，在目标定位上，更加注重养护资金的节约、环境的协调和可持续发展，更加注重运营期内服务功能的匹配、使用寿命的协调和养护费用的平衡；在创新方法上，更加注重系统优化、服务优化、费用优化，注重全寿命周期成本理念的指导作用；在新技术应用上，更加注重新材料、新技术和工艺等的集成应用，注重科学管理手段和方法的应用。高速公路养护阶段通过全寿命周期成本理念的应用，将在路况质量的提高和后期的养护成本节约方面产生显著的成本效益变化。

运用全寿命周期成本理念对高速公路养护成本控制进行分析，控制原则应遵循以下几点：

第一，坚持"防治结合、预防为主"的方针。在高速公路状况良好时，采用先进的检测技术提前发现道路隐藏的病害，并在合理的时间内采用最佳成本效益的养护措施，进行有计划的强制的预防性养护，将病害处理在萌芽状态，达到延缓公路使用功能恶化速度，节约养护成本的目的。根据美国公路战略研究计（SHRP）研究结果：一条质量合格的道路，在使用寿命75%的时间内性能下降40%，这一阶段称为预防性养护阶段；如不能及时养护，在随后12%的使用寿命时间内，性能再次下降40%，而养护成本却要增加3~10倍。由此可见，虽然进行预防性养护也需要投入不少费用，但其相比大修的经济性更高，是一种成本效益比良好的养护形式。但是，我们也须注意到，要按照全寿命周期成本理念，本着公路养护科学发展、持续节约的原则，科学制定详细的切合实际的公路预防性养护计划和预防性养护管理实施预案；将适用的技术措施，应用在适宜的路面基础上，保证养护的时效性，避免错过"最佳时机"，这对节约全寿命养护成本，延长公路使用寿命具有重要意义。

第二，加强养护工程的质量管理。养护工程施工质量对养护成本高低会造成很大影响，良好的工程质量能减少以后养护的频率，延长公路寿命，减少养护支出，因此确保工程质量，杜绝"前修后坏"的现象，是节约和控制养护成本的一项重要措施，也为建设节约型公路养护，实现公路养护的可持续发展奠定基础。加强养护工程的质量控制要求养护施工管理人员平时必须加强学习，熟练掌握各项养护技术的特点、适用条件及施工工艺，在施工过程中严格按规范指导施工，加大对养护工程质量的监督检查和监理工作，对施工过程中出现的质量问题及时予以纠正，从而确保公路路况质量，避免由于质量原因造成工程返工引起资金浪费的现象。

第三，提高公路养护科技水平。依靠科技进步实现养护成本的节约，是公路养护成本控制的必由之路。先进的材料、工艺和技术对提高养护进度和养护质量，降低养护成本具有推动作用，因此，需要我们予以足够重视。为此，应逐步利用高精度传感器、雷达技术、RS技术等高科技检测手段，使公路质量的检测、评估和病害分析更加快捷，使公路养护更加智能化也更加经济合理。同时积极推进公路养护机械化进程，充分发挥养护机械化操作的优势。但需要注意的是，在提高先进设备配置率的同时，应降低设备的空置率，以控制机械使用成本。应积极采用SMA-5沥青混凝土薄层罩面、稀浆封层、同步碎石封层、新型灌缝灌浆料等新材料、新工艺，延缓沥青路面病害的发生；并积极推广应用沥青路面冷热再生、混凝土路面和水泥土路面破碎利用、边坡生态防护等养护技术工艺，以节约沥青、砂石等原材料，达到循环利用废料、保护环境的目的。但是在运用先进的材料、工艺和技术的过程中，要注意走自主创新的道路，自主生产新材料和新机械，研究新工艺和新技术，减少从国外的引进，降低养护成本，以更好地促进公路发展与资源节约、环境保护的统一，更符合全寿命周期成本理念。

第四，进行分阶段养护，推进养护过程节约。高速公路养护要注意根据路面等级、修建年限、路况质量、交通量大小和重要程度等，分"精心呵护、重点维护、尽力维持"三个养护阶段进行养护，正确分析和把握公路使用寿命周期内各阶段养护需求规律，以分别确定不同的养护目标、养护重点、养护措施或方案，实现资金的优化分配。

第五，在保证养护质量和服务水平的前提下，合理分配有限的资金，提高公路养护效益，促进公路养护管理进入良性循环，既是国民经济和社会发展的客观需要，又是公路事业自身发展的内在要求。基于全寿命周期成本理念的高速公路养护成本控制，能有效压缩公路养护成本支出，降低资源能源消耗，对建设节约型公路养护具有积极意义，对落实科学发展观具有推动作用。

3. 事后成本控制

事后成本控制是指养护工程完工之后的成本控制。主要是依据事先确定的控制标准，对实际形成的成本进行控制、分析和评价，包括成本差异分析、确定责任归属。目的是为未来的事前成本控制和事中成本控制打下良好的基础。事后成本控制包括及时办理竣工决算进行分析与考核等，可以运用财务分析的方法进行业绩评价，主要注意以下几方面的控制：

（1）及时办理竣工结算

高速公路运营公司应该做好工程技术资料的收集、整理、汇总、归档，以确保工程竣工时技术资料的完整可靠，及时办理竣工结算，明确债权、债务关系。进行成本核算，为成本分析和考核提供数据，并安排专人负责与开发商联系，力争尽快收回资金。

（2）进行财务分析

财务分析以养护企业的内部审计报告及其他相关资料为主要依据，对养护工程的经营成果进行评价和剖析，为企业优化经济决策提供重要的财务信息。养护企业可以采用比率分析的方法对成本各组成部分进行分析。例如，对直接材料费、直接人工费占实际总成本的比例与占计划成本的比例进行分析，找出差异及其原因，为以后的成本控制提供资料。

（3）业绩考核

高速公路运营公司应该重视对工程项目成本构成分析和影响工程项目成本因素的分析，弄清未来成本管理工作的方向和寻求降低成本的途径。此外还应该根据确定的目标成本和制定的考核制度，对责任部门和相关人员进行考核，实行奖优罚劣的原则，以提高成本的节约意识。总之，高速公路施工企业应该通过对成本控制的各个关键点的有效控制来实现整个工程项目的成本控制，从而实现整个施工企业的成本控制，降低工程成本，改善经营管理，提高经济效益，帮助企业应对激烈的市场竞争。

（四）养护成本控制的措施

1. 推进高速公路养护科学决策

大力推进高速公路养护信息化建设，建立数据动态更新机制。推广路况快速检测、分析、决策支持完备技术，促进路面、桥梁、隧道等养护管理系统的普及与集成应用。完善高速公路养护科学决策制度，研究建立以路况水平、服务水平和资金需求、投资效益评估结果等因素为依据的公路养护决策机制，初步实现在最佳时间对最需要实施养护的路段，采取最恰当的养护措施，提高公路养护决策的科学化水平和养护资金使用效率。

2. 加强公路养护装备与能力建设

逐步推进为高速公路养护施工队及作业人员配备必要的专业养护机械装备，以及专用的通勤车辆和安全防护设施等建设，不断改善基层养护单位和人员的生产、生活条件，保障养护施工作业人员的人身安全，同时提升基层养护单位和道班的养护专业化、机械化水平以及应急保障能力和公共服务能力。

3. 加强养护新技术的研发应用

大力发展养护新设备、新技术、新材料和新工艺的研究和应用，重点研发高速公路养护科学决策完备技术、公路和桥梁隐蔽工程检测技术、全寿命周期养护设计、高速公路快速养护施工技术、应急处置技术等，高度重视灌缝、挖补、沥青路面日常养护等技术和材料、设备的研发应用，着力提高全国高速公路养护整体技术水平。

4. 积极推进绿色养护

研究推广符合资源节约、环境友好、节能减排的绿色养护技术。重点推广沥青路面再生和温拌、水泥路面就地利用、废旧轮胎橡胶利用等废旧路面材料的循环利用技术和施工工艺，着力解决路面耐久性不足导致的损坏、车辙、反射裂缝等常见病害，在养护施工作业中降低排放，减少对环境的影响。

第六章　高速公路养护管理体制

第一节　高速公路养护体制概述

《公路法》规定，公路管理机构应当按照国务院交通主管部门规定的技术规范和操作规程对公路进行养护，保证公路经常处于良好的技术状态。上述规定表明，公路管理机构负有公路养护的法定职责。

公路管理体制

（一）公路管理的组织结构

组织结构是管理系统内部各构成单元的排列组合方式，它是组织机构各部门及各层级之间所建立的相互关系的体系。公路管理组织机构是公路管理活动的行为主体，一切公路管理活动都是依靠一定的组织机构来推行的。

1.公路管理的内容与特点

公路管理，按业务内容可划分为四大部分：公路建设管理、公路养护管理、公路路政管理以及公路规费征稽管理。公路管理的特点是：点多、面广、线长，管理跨度大，协调难度高。因此，设立公路管理体制时必须充分考虑这些特点。

2.公路管理与公路交通发展

衡量公路管理与公路交通发展的适应性与协调性可分别从管理体制、管理手段、管理效益三个方面及公路交通内部自身的管理方面来考察。

（1）管理体制与公路交通发展的适应性

公路管理体制主要指公路交通部门的机构设置及其管理权限的划分，而机构设置是公路交通体制的基础。

目前，我国公路管理体制不适应公路交通事业的发展，主要原因是体制的不合理和机制的不协调，并由此造成公路建设与养护上的顾此失彼等一系列问题。

公路管理体制不适应公路交通发展的另一大问题是公路养护市场机制还不够完善，不仅束缚了养护企业的发展，也影响了养护资源的配置效益。

（2）管理手段与公路交通发展的适应性

管理手段与方法大体可分为计划手段、行政手段、法律手段、经济手段、咨询方法、信息方法等。目前，我国公路交通采用较多的是行政手段，这些手段在市场经济不十分发达的情况下，曾经发挥了一定的作用。但随着市场化改革的进一步深化，这些手段已经不适应交通事业的发展。今后行政手段必须有较大创新，必须加强对计划手段、经济手段、法律手段的应用研究，使其起到更重要的调节作用。咨询手段、信息手段在管理中的地位也显得越来越重要。

（3）管理效益与公路交通发展的适应性

公路管理的最终目标是履行公路建、养、管的使命，并提高运输效率，实现公路交通的经济效益和社会效益。我国公路管理在现有状态下，基本实现了管理的目标，但面对未来的发展任务，在资金、人员、物资的管理使用上，若维持现状或改进不大，必然会大大降低公路管理的效率。

3. 公路管理机构和组织模式

管理职能是建立管理体制的主要依据之一，管理职能必须通过相应管理体制下的组织机构来付诸实施。组织机构实质上是落实职能的载体。组织机构一方面指从事行业管理的行政机关和具有一定行政管理职能的事业单位，另一方面还包括各管理单位内部的工作部门。按照传统的管理理论，常规的组织模式有"直线制""职能制"和"直线职能制"三种。

直线制的特点是管理机构自上而下垂直领导，最高首长直线统管下级机构，负有全责，政出一门，指挥统一。每一层级的平行单位相互分列，各对自己分内的一切活动负责，无横向联系，纵向联系也只是对上级负责。这种管理机构模式，上下级之间无中间环节，关系简明，责权清晰，机构精干，其管理活动以便捷见长。但因缺乏专业分工和协作优势，不利于横向协调，一般只适用于规模较小、业务简单的组织或单位。

职能制是在分级管理的基础上，各级机构中除主管人员外，还按管理业务职能的需要相应地设有职能机构。这些职能机构的责权在性质上是部分的，但行使的范围却是完全的，具有分职、专责之特点，它有权在自己的业务范围内向下级下达命令或指示。也就是说，下级领导除了接受上级领导的命令和指示外，还必须接受上级职能部门的命令或指示。这种管理机构设置模式，虽然有利于将复杂工作分工化，提高工作效率，有利于从各个方面强化专业管理，但容易形成多头指挥，造成职责不清。

上述两种机构设置模式各具优点，又有不足。无论何种模式单独用于公路交通管理体制的构建，都难以适应公路交通管理活动的特殊需要。

"直线职能制"吸取了"直线制"和"职能制"的优势，自上而下实施垂直领导，下级管理机构的领导只听命于上一级主管领导，执行相应职能。而各级管理主体均根据管理业务需要设置职能部门，辅助领导管理各类业务。上下级同类职能部门之间不存在领导和被领导关系，而只是业务指导关系。这种模式管理层级较为合理，管理幅度较为适当，责任权限清楚，有利于在统一指挥下各司其职、各负其责，有利于职能部门之间的紧密配合、协调，提高了管理效率。公路管理机构可以借鉴这种模式进行设置。

（二）公路管理的基本规则

公路管理的基本规则，是保证体制运行走向程序化、规范化、法制化轨道的基本条件。从公路管理的内容、职责来看，可归纳为法律规范、方针政策、规章制度、技术规范等。

1. 法律规范

公路管理常用的法律、法规、规章主要是：《公路法》《招标投标法》《行政诉讼法》《行政复议法》《国家赔偿法》《合同法》，以及交通运输部和各省颁布实施的有关公路建设、养护、运输、征费等规章和规范性文件。

2. 方针政策

党和政府制定的政策是一定时期内为完成特定任务或达到一定目的而制定的，要求各级党委、政府及各有关部门认真执行的行动准则和工作依据。从本质上讲，政策往往是指导性、原则性的，适用的领域也是有限的，而且还有一定的灵活性。而法律作为规范化、具体化的政策，对社会具有普遍的约束力。

3. 规章制度

公路管理体系本身是一个复杂的系统，国家的政策法规都要靠相应的组织机构来实现。而这些机构的具体业务、应达到的标准与要求千差万别，必须结合本部门的实际制定可操作的规章制度。

4. 技术规范

主要指公路管理中的行业标准与规范。

（三）公路管理人员素质

人的素质是指其身体条件和承担社会职责的基本能力。从承担社会职责方面看，人的素质主要包括：政治素质，要有坚定正确的政治方向，要全心全意为人民服务；知识素质，具有一定的科学文化知识和专业知识；能力素质，具有较强的工作能力、组织协调能力、创新能力和综合能力；职业素质，要爱岗敬业、胜任本职工作；心理素质，具有良好的品格、坚定的意志。

（四）公路管理运行机制

"机制"原本是生物学的概念，意指生物体内各组成部分间相互交换物质、能量和信息，以实现在自我适应环境求得生存发展的过程中相互联系、彼此作用的方式和规律。公路管理体制作为由实体要素（机构、人员）和关系要素（规则、机制）构成的有机整体，能够对公路交通进行决策、计划、组织、协调和控制，以达到管理的目的。公路管理体制运行机制是管理机构、人员和规则相互联系、彼此作用的方式及规律，主要有决策机制、执行机制、协调机制、反馈机制、动力机制、监督机制，它是管理体制得以良性运作的保证。

第二节　国外高速公路养护管理体制

国外的高速公路管理体制，由于各国国情不同，差异很大，但是管理的目标却是很一致的，就是要保证高速公路高效运营，使高速公路不断创造更大的经济效益和社会效益。

在管理、服务形式上，国外高速公路一般可分为收费高速公路和不收费高速公路两类。不收费高速公路一般由中央或中央和地方两级政府筹资建设；委托地方公路部门管理和养护。采用这种形式的主要有美国、加拿大、德国。由于高速公路投资巨大，一些国家采取吸收社会、民间资金的方法建设高速公路，再以特许收费经营的方式来组织运营管理。其中，日本的特许经营是通过半官方的日本道路公团，采取国有经营的方式来组织的。法国和意大利，以国有民营、特许经营公司的方式组织高速公路的运营和养护。

英国正在进行从政府管理的方式向私人咨询、管理公司的方式转变。

一、美国公路养护体制

美国的国道网称为"州际与国防公路"（全部是高速公路），州际公路网由联邦政府进行宏观管理。在联邦运输部内设有公路管理局，公路管理局的机构由华盛顿总部和区域性办公室组成。联邦公路管理局是主管全美公路规划、建设、养护、运营，以及汽车运输的职能部门。它主要是按照各个不同时期由国会批准的法案，对州际高速公路、国家公路系统的建设活动进行资助与管理。区域性办公室，包括资源中心（分别设在东部的巴尔的摩、南部的亚特兰大、中西部的奥林匹亚费尔菲和西部的旧金山）、州际联邦资助公路及汽车运输管区办公室（每州一个）和联邦属地公路管理处。管区办公室负责计划、技术、路政管理、道路桥梁安全、交通运管、环保、建设、养护、绿化等管理工作，属地公路处负责落实联邦属地公路计划。

美国公路的建设、养护和管理，以州及地方政府为主。州际高速公路及国家公路系统由联邦公路管理局规划，各州负责项目实施及运营管理。使用联邦政府燃油税建设运营的高速公路，由州运输厅组建公路管理机构，其管理养护经费从税金中支付。美国收费高速公路约有7500km，这些公路绝大部分是由州际议会通过特许经营立法授权设置的。立法条款对收取资金、使用资金、维修养护责任做了详尽的规定。

美国的公路养护并未划分公路等级的界限，根据AASHO养护手册，养护管理机构和养护作业机构的设置是按照地理或行政区域划分的。管理机构除了进行路产、路政管理，巡视公路以外，还要负责计划、财务、质量、环境的管理，管理机构往往把养护工程承包给私人养护公司。根据AASHO出版的《成员组织现场承包养护概况》和《典型承包养护工程工作和各种范围及单位成本》的规定，管理机构以业主的身份负责承包工程的谈判，并监督合同执行和验收工作。

启示：（1）美国将养护权利及责任下放，管理机构往往把养护工程承包给私人养护公司，并以业主的身份负责承包工程的谈判，并监督合同的执行和验收工作，这种做法能有效节约养护资金，并能保证养护工作优质、高效完成。（2）州际公路由联邦政府进行宏观管理，统一规则，但公路建设和养护管理却以州及地方政府为主。（3）美国公路养护按照AASHO养护手册进行，根据地理和行政区域划分，而不像我们按公路等级划分，有利于实行集约化管理。（4）管理与养护分离，建立了养护承包市场，养护承包公司可以跨地区承包各类等级的公路养护任务。

二、法国公路养护体制

政府的公路管理机构有公共工程、运输和旅游部，在该部之下设有公路局。该局负责公路建设投资和管理公路网，制定交通条例等工作。该局内设有高速公路特许公司监理部、高速公路建设养护处、高速公路管理处、安全与用户服务处等部门。中央政府通过公路局对下设机构进行管理，管理国道和相当于全国10%的高速公路的建设及养护，由于这些是政府使用税金直接投资建设的，所以免收通行费。

由于战后经济发展，汽车数量猛增，社会对高速公路的需求极其迫切，而政府利用燃油税又无法满足高速公路建设所需的巨额资金。因此，在20世纪50年代，法国政府颁布了旨在建立收费公路的《高速公路法》，将高速公路特许经营权授予5家由公共事业机构控股的混合经济型公司。这些公司由地方的合作经营企业、公共事业机构、储蓄银行等组成。公司负责贷款筹资修建高速公路、收费还贷；养护维修由政府负责。20世纪60年代末，法国政府对《高速公路法》又进行了修订，目的是吸引更多的资金。新《高速公路法》规定，政府可以向任何被授予高速公路特许经营权的公司担保，而不论其中是否由公共机构持多数股份。特许经营公司在国家规划控制下，负责高速公路项目的建设、运营和养护工作。这样，在原有5家公司之后，又成立了4家以私人资本为主体的高速公路公司。从20世纪80年代开始，为解决部分特许公司巨额负债的问题，法国政府着手对高速公路管理体制进行改革。通过收购股权的方式将私营高速公路公司转为部分国有，以解除其经济危机。建立一个公共性组织——法国高速公路公共机构，以此来收购各公司的股权，平衡公司间的分配，逐步推进收费标准全国统一。通过国家控股的方式，贯彻国家法规、规划、收费标准、养护投入和运营的各类服务水平。高速公路管理还逐步实现从局部到网络整体，机构从各段、块分割走向统一、协调，扩大了政府与民间、中央与地方的合作，采用企业化的管理方式，通过招投标的方式选择建设和养护的实施单位。

法国高速公路经营公司大多采用三级管理的方式。如东北高速公路公司管理着法国北部和东北部的高速公路，最高管理层在公司总部，设有董事会，其下设有管理部和养护施工公司。在管理部下设有管理站，管理部内的养护机构为技术与养护处。而管理站则负责具体的养护管理和实施，设有施工管理员、工程监督和养路工。负责管理的范围一般为40～85km高速公路的日常养护和收费管理。而管理部则领导一个区域内数个管理站。与其他国家不同的是，法国有专门为公路养护服务的机械公司。在法国本土，这类公司有90多家，他们的工作是出租公路养护、施工机械或直接进行养护施工作业。机械公司的规模按照覆盖道路的数量从几十人到上百人不等，按照"道路机械、维修及航空基地"的章程管理，配有各种施工机械。公司独立于公路管理部门和养护机构之外，以合同方式与公路养护部门建立联系，这种方式有利于高速公路养护工程向专业化、机械化、市场化方向发展。

启示：（1）法国高速公路特许经营公司通常采用三级管理模式，即：公司总部、管理部和管理站。这样分工明确，使各部门人员各司其职。（2）高速公路由国家高速公路公共机构统一管理，采用企业化管理方式，通过招标投标方式选择建设、养护单位。不像我国某些地区建设和养护不分。（3）有专门为养护服务的机械公司，这些公司独立于公路管理部门和养护机构之外，与养护部门建立设备租赁关系，有利于高速公路养护向专业化、机械化、市场化方向发展。

三、日本公路养护体制

在中央政府内，负责公路建设和管理的部门是建设省，建设省内设有道路局和都市局，代表政府对公路和都市道路进行政府的行业管理。高速公路的建设、运营管理和养护工作，并不是由政府直接组织实施，而是由道路公团负责。为了解决高速公路建设对巨额资金的需求，日本在20世纪中期制定了《道路建设特别措施法》，通过贷款和吸引民间资金修建高速公路并通过收费来偿还。为了有效地实施这项工作，成立了公共性组织，即日本道路公团。

日本道路公团是以建设和管理收费公路为主要业务的特殊法人，总裁和监事由建设大臣任命，副总裁和理事由总裁任命，建设大臣认可。

日本道路公团的主要业务范围包括高速公路及收费道路，收费停车场及高速公路相关设施的建设和管理。在公团以下设有区域性的负责高速公路管理和收费的管理局。在管理局以下，按区域设有负责养护维修的管理事务所。管理事务所按50～70km的范围设置。

日本道路公团对所管理的高速公路负有养护责任，具体养护工作是由管理事务所组织，管理所岗位设置定期养护作业。

日常养护的主要内容包括道路的检查、清扫、绿化、小型维修和冬季除雪。定期养护作业包括金属桥梁及构件喷漆，改善路面、更新设施等，还包括随着车流量的增大，在已运营的高速公路上增加出入口，扩建停车场和服务区，落实环保对策，改善或增设通信、信息发布设施等。

高速公路养护和管理所需要的资金是按照日本道路公团法的规定编报养护资金计划，经建设大臣批准后实施。收入预算包括有通行费收入、财政拨款、业务收入、国家投资、社会资金收入，民间借款和其他外债。支出的经费有建设费、养护维修费、业务管理费、灾害恢复费、本金偿还、支付利息等。

启示：（1）日本高度重视高速公路在社会经济发展中的重要作用。根据资料显示，日本公路承担的货物周转量和旅客周转量占周转总量的比重逐年上升，而高速公路承担的交通量是一般国道的2倍以上，是地方公路的4～7倍。（2）日本侧重于对养护业务和资金来源的管理。对公路管理注重以人为本，注重生态与环保，注重综合交通网的合理布局和共同发展。（3）日本道路公团下设多家分公司及管理局，涉及范围广泛，人员、资金充足，有效地保证了养护工作的顺利进行。（4）日本公路实行统一管理的特点比较明显，有利于交通政策、规范、财务、收费标准、通行费管理等的统一。（5）大力提高公路的科技含量。在公路建设、养护、管理等各个方面，要坚持依靠科技，积极采用新技术、新材料、新工艺，全面提高我国公路建设和管理的现代化水平。（6）从日本的交通法规建设看，一是体系比较完备，仅公路方面，就有以《道路法》为代表的法律20余部；二是立法级别比较高，上述法律均是由日本议会审议制定，其他诸如日本政府和国土交通省颁布的行政法规和部门规章更是种类繁多。

从美、法、日三国来看，他们都有一套全国统一的管理体制，而且上下关系比较顺畅，政令传达渠道比较规范。而我国由于各地区的经济发展不平衡，公路管理的条块分割现象比较严重，管理体制也显得零乱，势必造成管理上的混乱。

第三节　高速公路养护体制改革

伴随着我国高速公路运营管理体制的改革，作为其重要组成部分的养护管理体制改革也进入全面深化阶段。为此，交通运输部从"有利于公路事业发展、有利于提高投资效益、有利于增加职工收入"出发，提出了"事企分开，管养分离"的改革思路。

一、高速公路养护体制

养护管理体制，是指养护管理权限划分及管理活动赖以进行的物质存在形式（养护管理机构设置、管理人员配置）和一系列管理规则、秩序及规范所构成的制度体系。

（一）高速公路养护体制概述

1. 高速公路养护管理模式

在我国，由于高速公路投资主体多元化，建设方式不同，以及受不同时期国家行政与经济制度等因素的影响，高速公路养护管理体制主要分为4类：一是行政事业型，即省级成立高速公路管理局，统一管理全省高速公路，每条高速公路成立一个或数个管理处承担具体的管理任务；二是实行企业化管理方式，即省级设立高速公路公司，每条路又设立分公司进行具体管理；三是实行事、企结合的管理模式，即高速公路管理局、高速公路公司同时存在，一套人马，两块牌子；四是实行"一路一公司"的特管方式，公司为项目法人，对该路的筹资、工程建设、营运管理全过程负责。

2. 高速公路养护管理机构

（1）养护管理机构

一般高速公路管理机构都设有养护管理部门。在名称上，公司制的称为养护工程部，管理局形式的多数设置养护工程处。采取统管的部分省份，由于运营高速公路里程较多，按照养护维修分类的特点，将日常养护和小型维修的管理交由各线路负责，采取属段养护的方式，管理局在机构上设置养护处。而对养护中的大、中修项目实行统一管理，采取招投标方式组织实施，在机构上设置工程管理处。还有的省份考虑到养护机械、设备和材料管理的重要性和专用性，在养护处、工程处之外，还平行设置了材料设备处。

养护处（部）的主要职责是：贯彻法规、标准、办法、制度、技术要点；编制养护规划、维修计划、绿化方案，组织检查，督促落实；承办大、中修工程招标，组织监理、检测，参加验收，控制养护成本，材料设备管理，安全生产管理，组织工程抢险、技术培训，建立养护档案。

养护处（部）的岗位设置，一般情况下应为：处（部）长、副处（部）长，路面养护管理人员、桥梁等构造物养护管理人员，计划管理、材料设备管理、绿化管理人员等。

（2）基层养护部门

基层养护部门（每条路的管理处）是具体实施养护作业的基层单位，其工作重点是进行预防性养护，以及对公路设施的日常养护、小型维修，以确保道路的安全畅通。其主要职责是：执行法规、标准、制度、办法；落实计划、组织日常养护及维修工程实施；成本管理、报告情况、配合工程抢险等。

基层养护部门的岗位设置：一般是科长、副科长，另外设路面养护、桥梁等构造物养护、计划统计、内业管理、绿化管理、材料设备管理等岗位。

基层养护单位所从事的日常维修工作主要有：日常保洁（路面、桥梁、隧道、公路附属设施及交通设施的日常保洁）、小型维修保养（修补坑槽、路面灌缝、清理桥梁伸缩缝、边坡碎落物、疏通排水设施、局部整修构造物以及更换小型构件等）、绿化养护（灌水、施肥、修剪、植被等）、路容养护（构造物刷边、栏杆油漆、摆设公路小品等）、除雪防滑、水毁预防、路况巡视及调查等。

养护维修的基本指标要达到路面平整、无坑槽，路面整洁，排水畅通，设施完好，结构牢靠，绿化美化，保持高速公路的各项质量标准。

基层养护单位配置的基本装备，应能满足日常维修的要求，一般应配置的基本设备包括路容养护机械，如路面清扫车、洒水车等，还有绿化养护机械，如剪草机、除草机、除雪设备等。另外，有些设备是必须配置的，例如路面坑槽修补设备等。

（3）专业化、机械化养护队伍

考虑到路面、桥梁、标志、标线等专项工程施工特点，大部分管理机构都设置了初具规模的养护中心（或养护机械队），配置了机械设备和技术人员，以满足高速公路维修的需要。

机械化养护中心（公司、工程部）是养护维修的实施部门，是独立核算单位，管理部门与它的关系应按照市场关系，逐步将隶属关系改为甲、乙方的合同关系。机械化养护公司应承担的工作内容一般为路基改善，路面、桥梁维修、数量较大的安全设施维修及标志、标线施工、工程检测和材料试验工作。

维修能力的配置应按照能够快速、高效地完成所覆盖范围内的各项专向工程维修任务，在装备上应配备使用率较高的基本维修和抢险应急设备。

基地建设设有技术部、工程部、项目部和机械班，配有摊铺机、压路机、检测等专项工程养护设备。

独立机械化养护（基地）公司的数量和路面作业责任区辐射范围，各省应根据运营公路分布情况、交通流量、道路状况和维修数量来确定。道路密度较大、交通流量较大时，辐射半径应适当减小。机械化养护基地的地址，宜选择在多条路交会的区域。

（二）高速公路养护体制中的问题

我国已基本上在各管理形式中建立了与运营管理体制相对应的养护管理体制以及专门从事高速公路养护的机构或队伍，形成了多种体制并存的养护管理模式。同时，由于高速公路各管理体制的政策制定、计划拟订、财务核算及机构、管理方式的差异性，相应的养护决策、计划及养护管理的方式和内容等差异较大，主要存在以下问题：（1）管养不分、责任不清。在现行体制下，高速公路管理机构既是养护的管理单位，又是养护生产者。管理者责任不清，经常就养护经营计划发生矛盾，一旦发生养护质量问题，就很难追究责任了。同时由于职责交叉，经常出现面对问题、责任，互相推诿扯皮的情况。（2）人员设备超编。因为高速公路养护项目繁多，涉及方方面面，对养护队伍和设备要求高，所以设置了庞大的养护队伍，配备了大量的机械设备。同时，既要负担整个工区日常消耗和闲置人员工资、设备保养、折旧和养护机构的全部费用（包括医疗、养老、工伤等），还要负担过去购置的养护设备的维修保养，导致养护费用增加。（3）养护机构效益不高。尽管养护机构的人员数量不断增长，但人员素质总体呈下降趋势，普遍存在人才（特别是养护一线需求的技术管理人才）匮乏；养护队伍总体技术落后，由此导致人头费（包括工资、各种福利、补贴）居高不下，挤占了大量的养护资金；许多养护机构内部运行机制不活，养护作业效率低、成本高，限制了养护机构或队伍参与市场竞争的能力。（4）养护维修工程缺乏科学的规划和决策。许多管理机构往往是在高速公路出现一些病害或某些使用功能不足时才开始考虑到制定养护维修计划。科学的养护管理是建立在长期的跟踪检测和评价系统基础上的，根据科学的评价，决定养护维修的计划和内容。有些管理机构虽然定期或不定期地开展道路检测与评价工作，但由于数量不足或数据可靠性差，或者道路使用性能评价预估系统不健全，尚不足以制定科学的、寿命周期内养护费用最小的养护计划。

二、高速公路养护体制的模式选择

高速公路养护管理体制改革的总体目标是实现事企分开，强化监督管理，建立养护市场，完善养护体系，提高高速公路养护生产效益，确保高速公路使用性能，发展高速公路生产力。

（一）高速公路养护管理体制改革原则

我国管理体制改革的实践遵循了以下原则：一是坚持因地制宜、分类指导；二是按照社会主义市场经济的要求，转变政府职能，实现政企分开；三是按照精简、统一、效能原则，调整政府组织结构，实行精兵简政；四是按照权责一致原则，调整政府部门的职责权限，明确划分部门之间的职责分工，完善行政运行机制；五是按照依法治国、依法行政的要求，加强行政体系的法制建设。根据国家在管理体制改革的一系列原则，高速公路养护管理体制改革在与国家及地方管理体制改革保持一致的基础上，还应遵循下列原则：

1.坚持思想领先原则

改革是对旧体制不适应部分的否定过程，而参与改革的人员却大多为旧有体制下的既有人员。因此，要在过去体制的基础上创立新体制，是一场对体制的"革命"。在这个过程中，新旧两种体制并存，交互发生作用，不可避免地出现种种问题和矛盾纷呈的局面。因此，为达到改革的目的，首先应该在人们的思想上形成新的观念和新的知识体系，引导改革的健康发展，并形成对传统观念和习惯势力的巨大冲击。为此，要转变高度集权的管理观念，树立合理分权的管理观念；要转变传统的上下控制观念，树立民主、科学、法制观念；要转变机关作风，树立高效、负责的观念等。

2. 坚持借鉴的原则

随着高速公路通车里程的不断增加，养护任务的日益繁重，管理的内容和方式的日趋复杂，国内各省市都认识到适时地进行高速公路养护体制改革的必要性。体制改革和制度创新，已成为国内各省市公路交通事业发展中的一种共同趋势。认真地总结、分析、归纳各个国家及国内各省市的改革，吸取其成功的经验和失败的教训，无疑是非常必要的。当然，各地高速公路养护管理体制的改革还有其特点，因此，不能对各种成功经验机械地照搬照抄，要积极借鉴，实现经验的本地化。

3. 坚持实事求是的原则

由于历史、文化、社会环境和经济发展水平的地区性差异，决定了改革必须从各地的实际情况出发，以党的基本路线为指导，有计划、有步骤地进行。如果不考虑当地现实生产力水平、高速公路养护管理的历史和现状，以及社会保障能力等情况，盲目生搬硬套，或者不顾各地、各部门的具体情况，搞"一刀切"，那么改革非但不能成功，还有可能产生不良的后果。

4. 坚持科学性原则

要运用现代管理科学来指导改革，实现高速公路养护管理的科学化。技术创新和体制创新所取得的成就，为高速公路养护管理广泛运用先进的管理方法提供了可能，为实现高速公路养护管理的专业化、技术化和职业化开辟了道路。通过坚持改革科学性原则，加强综合、协调、规划工作，健全科学决策系统，建立科学管理制度，保证改革的顺利进行。

（二）高速公路养护管理体制改革方向

（1）理顺管理体制，逐步实现管养分离

高速公路养护机构首先要科学划分管理范围，根据高速公路养护现状和市场经济运作规律，剥离公路养护部门内的行政管理与生产企业职能，行政管理这条线按照事业单位运作，将养护施工这些企业性质的活动企业化，将养护作业包括养护工程设计、施工、监理等逐步推向市场。

（2）减编管理机构，充分发挥社会咨询公司的中间作用

建立科学的高速公路养护管理系统，对高速公路逐步实行信息化的动态管理，提高养护资金的利用率和养护质量。

（3）改善养护资金的供给管理

高速公路养护作为一种社会公益性事业，组建企业的目的不是为了营利，而是为了提高效率，发挥有限资金的作用。因此，为保证高速公路养护工作的正常开展，必须保

证养护资金按计划足额到位。如果没有充足稳定的资金供应，正常的养护工作将很难持续。所以，养护部门的职责就是加强统筹管理，广开渠道，筹集养护资金。

（4）建立市场化运行机制

在事企分开的基础上，通过对养护资金使用的市场化管理，包括优先项目确认、质量保证体系采纳，养护施工质量比选，养护技术评估，引导企业按市场化方式经营管理。

（5）引进养护工程招投标制度

制定相应的实施办法，建立养护工程质量监督、验收机制及相应的管理办法，真正做到将养护作业市场化、社会化、专业化。

（6）明确养护目标，履行养护合同

公路养护目标，有养护总体目标（如年末好路率、年均好路率、总经费指标等），阶段性目标（月、季好路率）。同时每项养护工程特别是大、中修工程都有质量要求、时间要求、计量单价等。根据目标、权利、义务、风险等，签订约束养护各方的合同书，为各方履行各自职责提供依据，在履行合同期间，遵循有据必依、违约必究、平等协商的原则，使合同具有一定的权威性和约束力。

（7）建立健全养护技术管理制度，提升高速公路养护管理的科技含量

强力推进高速公路信息化进程，对高速公路逐步实行信息化的动态管理，将高速公路养护管理系统与地理信息系统（GIS）相结合，统一规划、开发，逐步建立道路病害及交通状况预警机制。

（8）加强管理信息系统的建设

管理信息系统的建设是进行现代化养护管理和科学决策的重要保障。包括财务子系统、路况系统、养护企业子系统、管理决策支持系统等。

（9）发挥高速公路专业技术人才密集的优势，组建服务于养护管理的专业咨询顾问机构

实施"管养分离"，要使政府赋予的管理职能得到充分体现，以期达到降低养护成本的目的。实现"管养分离"，除将养护管理与养护作业分离外，还应逐步将养护生产性的工程设计、路况调查、检测与分析评价、公路设施各类数据库的数据采集与分析、大中修工程的可行性研究、养护工程质量监理等工作逐步推向市场，或交由一支技术力量雄厚的社会咨询公司来完成。

（三）高速公路养护体制的模式选择

根据改革目标，考虑到各地高速公路养护管理的实际，也为了便于与国家及地区相

应机构与体制的衔接，各地高速公路养护管理必须选择合理的、适应地方特色的模式。在此，建议采用以下几种管理模式。

1. 直接管理养护模式

这种管理模式是在原来管理体制的基础上，在高速公路公司组建维修养护部，根据高速公路穿过的行政区域分设养护站，并为每个养护站配备相应的养护机械，进行专业维修养护工作。只要是养护规范规定的维修养护工作内容，不管是否仍处在保护期内，都由维修养护部及其下属的养护站负责。整个养护系统采用自上而下的直接管理模式，维修养护部从行政、财务、采购等各方面对养护站进行管理，养护站基本没有多少的自主权，一切都由维修养护部进行控制。

这种管理模式在高速公路起步阶段的落后地区是必要的。因为高速公路刚刚起步或管理比较落后，高速公路养护管理人员，特别是养护站的基层领导和技术人员也缺乏相应的养护管理经验。在这种情况下，如果让基层单位自行管理，难免出现失误。另外，这种管理模式使养护部的高、中级工程师能够直接对基层管理人员的工作进行指导，使他们能够在较短的时间内熟悉养护工作并掌握相应的管理经验，对养护队伍的建设起到相当重要的作用。当然，这种模式也有其缺点：首先，在实际工作中，维修养护部没有足够的精力去解决养护站在日常行政工作中碰到的各种问题，会影响养护站日常维修养护工作的开展。其次，由于养护部的全方位管理，养护站的管理人员主动权十分有限，所能做的就是接受指示去开展工作。至于如何能够提高管理水平、提高工作效率，基本上没有考虑。长此下去，将会造成养护管理工作僵化，影响管理水平的提高。另外，这种管理模式对高速公路病害维修反应慢。通常路政巡逻队发现道路病害后，通知养护部，再由养护部发指令通知养护站进行维修，在这个过程中有一定的延误，会影响道路病害维修的及时性。

2. 目标管理模式

这种管理模式是直接管理模式的深化。对于高速公路比较发达的地区，其管理人员的技术水平、管理水平都比较先进。特别是养护站的管理人员和技术人员对高速公路维修养护工作已经比较熟悉，拥有一批技术熟练、配合密切的养护职工队伍，配备了专门的养护机械设备。对高速公路的养护工作由过去的被动地等待养护部的指示，变为主动向养护部提出养护工程项目，并且自行根据客观情况提出施工方案。

目标管理就是根据养护工作的内容、性质和目的，制定养护工作所必须达到的目标，而实现这个目标的方式，由各养护站自行决定。另外，为了加强对突发事件的及时处理能力，把由养护部直接管理的养护站划归管理处管理。养护部只负责高速公路的大修和专项工程的管理，对养护站的工作进行指导和对新材料、新工艺的开发应用等，以及着眼于全局性、长远性的工作研究。日常养护工作的开展和养护费用由管理处管理。养护站站长在技术业务上向养护部负责，日常管理和工作的开展向管理处负责。管理处是公司为了加强区域性管理而设置的机构，负责所辖路段的日常行政管理和业务工作，包括收费、路政、维修和行政管理等。管理处对于养护站的管理，也采用目标管理的方式，同时强调团队协作，加强内部各基层单位、各业务工种之间的相互联系和协调，提高了应付突发事件的能力。在这种体制下，养护站的积极性和创造性得到了充分的发挥，各养护站根据具体情况建立适合自己路段的工作方法。但与之共同实施的"养护站划归管理处"的区域性管理方案却利弊互见。该方案一方面提高了收费、养护、路政这3个不同业务之间的相互联系和协助，提高了应付突发事件的能力。但却引起了另一个问题，养护机械和人力不能够根据各分段的养护工程量进行灵活的调配，遇到大型的维修项目，缺乏协同作战的能力，影响了养护机械的利用率。这个问题主要是养护费用划分到各管理处，管理处出于预算费用的考虑，不愿意协助其他养护站，也不愿意花钱邀请其他的养护站协助工作。

3. 市场化管理模式

这种管理模式是高速公路养护管理的发展方向。所谓高速公路养护管理市场化，就是将高速公路养护和管理职能分开，从而使两方面的管理更加专业化、系统化、精密化，更便于权责区分，从而提高养护管理水平。市场化管理模式的操作方法是成立高速公路养护服务总公司。

（1）高速公路养护服务公司

在省高速公路管理总公司下成立高速公路养护服务公司，组建专业化的养护施工队伍，下面可根据各条高速公路分布情况设置养护分公司，竞争承包全省各条高速公路的日常维修保养，高速公路沿线服务开发，参与竞标专项工程和大修工程。这样既提高了全省养护专业化、机械化标准，促进大型综合养护机械合理流动，减少闲置浪费；又降低了养护成本，同时提高了养护机械化水平。

（2）高速公路养护管理机构及其职责

市场化养护管理模式通过改变机构设置从体制上解决了传统管理模式的缺陷和漏洞，把养护工程按施工难易和发生的频率区别对待，采取委托经营、任务包干等管理方式，既降低了工程成本，又引进了高水平的施工管理体制，提高了养护工作效率。为配合该模式，高速公路管理机构也要做相应调整。

在省级高速公路管理总公司设立养护工程处，宏观控制所辖高速公路养护经费投入、养护工程质量和养护资金使用，按既定频率委托各项技术指标检查，指定所辖高速公路养护工程的宏观规划和长远规划；在各高速公路管理处设养护科，直接负责全路段的养护工作；各管理所从业务上直接受养护科管理，专门负责所辖路段养护巡查，养护工作统计、分类、上报等，并对养护服务公司实施质量和效果监督、检查。

按照市场经济的要求，改革现行劳动人事制度。在管理单位，除少部分管理人员、骨干技术人员外，对于一般工作人员实行聘任制，根据工作需要设岗，通过考核择优聘用。现有工作人员通过竞争上岗，对未被聘用者进行分流，一部分可到企业单位任职，另一部分通过培训，提高业务技术水平。培训期间，发给基本工资，培训期满仍未能就聘的开始待业，发给基本生活费，劳动人事关系放到劳务市场。企业单位、生产经营性单位，实行承包经营、租赁经营。由承包人、租赁人聘用生产管理人员和工人。聘用范围原则上在交通系统内部，现有职工未被聘用者，可以自谋生路，也可以参加培训。

为保证劳动人事制度改革的顺利进行，在交通系统内部建立劳务市场。交通职工待业期间关系放在劳务市场。今后凡毕业的学生和新招人员，劳动人事关系均先放在劳务市场。交通系统管理单位、企业和生产经营性事业单位招聘人员，原则上从内部劳务市场选择。

（3）养护服务公司的机构设置及其职责

高速公路养护服务公司的设置本着机构简、层次少、人员精、素质高的原则。各部门之间相互配合协调，部门之间没有特别明确的分工，各公司实行成本核算包干制，所需机械在总公司内部明码标价，根据项目大小由经营计划部和机械调配部安排调配，人员相对独立。

养护服务总公司可根据拟服务高速公路数量，每条高速公路组建一个相对独立的养护公司（相当于养护工区），负责高速公路的日常维修保养，除常用的小型机械和工具外，所用机械设备一律从总公司租赁。

三、高速公路养护管理运行机制

我国高速公路养护管理运行机制改革的主要目标是解决好投资与效益的关系，使有限的养护资金发挥最大的效益，并初步实现运营管理与养护生产的分离，积极培育和发展公平竞争、规范有序的高速公路养护市场。为此，需要做好竞争、供求、监督、协调和激励等方面的工作。

（一）建立高速公路养护的竞争机制

主要包括：高速公路养护的价格竞争、质量竞争、技术竞争、经营竞争、设备竞争等。通过培育养护市场，规范市场行为，打破行业垄断、部门垄断和地域垄断，按照《招标投标法》和《公路养护招标投标管理规定》择优选择养护维修队伍，遵循公平、公正、有序竞争的原则，提高养护工程质量和投资效益，推动养护技术进步。但是竞争也有盲目性，管理部门应注意高速公路养护市场竞争中的不合理现象，以维护养护企业的合法利益，保证高速公路养护市场的健康发展。

此外，竞争机制还可以延伸到养护工作岗位和用工机制等方面。

（二）关注高速公路养护的供求机制

供求机制是指高速公路养护市场活动中养护工程的供给与需求，在价格、竞争作用下不断从不平衡走向平衡的运行机制。在高速公路养护市场中，供求机制与高速公路的建设速度、规模、建设质量及养护质量相关，同养护企业的数量直接相关。因此，高速公路养护管理部门要加强市场监督，防止恶性竞争及过度消耗，在保护企业利益的前提下，建立养护市场的竞争机制。

（三）完善高速公路养护的监督机制

监督机制主要包括养护管理单位内部的监督制约机制、社会监督和政府监督。

养护管理单位内部的监督制约机制是在企业内部，逐步建立各项规章制度，完善内部自我监督体系。以保证在实现高速公路的养护、服务水平的前提下，追求管理单位的合理成本和最佳效益。内部监督体系，包括财务合同体系，应从项目立项审查、设计预算的编制、项目合同文件和资金拨付、工程验收等多个环节来实现，以保证养护资金能够合理、恰当地用到养护工程上。技术质量管理体系，应从设计方案、施工图纸的编制、材料管理、质量监理、工程质量检测鉴定和实行缺陷责任追究等环节来实现。养护安全作业体系，可以通过工作目标责任制、事故责任追究制，以及现场检查、督促、通报、奖励等多种方式来组织实施。

社会监督是做好养护管理工作中一个不可缺少的环节，目前正在建立和完善的过程中。财务方面，将逐步实行会计社会委托制和财务审计社会化，路况检测咨询公司和监理公司也将逐步介入高速公路养护工程项目。除此之外，媒体监督和高速公路用户监督机制，也有待于建立和不断完善。

（四）重视高速公路养护的协调机制

高速公路管理体制作为一个有机整体，应有一种自适应机制。主要是指管理机构之间相互配合、相互支持，以实现系统功能的管理机制。它包括情况通报机制、协作机制和调度制度。在高速公路逐步成网，担负起国家交通运输主动脉的责任后，建立起一个有效的情况通报机制，对于改善高速公路的运营管理，提高维修的快速反应和优质服务就显得更为重要。情况通报包括多种方面和多种形式。养护维修的安排，往往对交通顺畅造成影响，养护管理部门应依靠情报通报机制将维修信息通报到各方面，通报到管理部门内部，其作用是协调工作，以便配合。重大的养护维修安排，一定要将信息通报到路政、收费、交通安全等管理部门。在网络内起重要作用的路段，还应将信息通报到相邻的高速公路管理部门。向社会上通报信息，其作用是对用户起到一个事先告知的作用。此项工作并非可有可无，国内高速公路管理部门因没有充分重视信息通报问题，而被用户投诉的案件已有发生。面向社会的信息通报有多种手段和方式，可以由管理部门在高速公路入口处通过信息板来发布，也可以通过媒体来发布，如交通信息台等。好的信息通报机制应是全方位、双向的或多向的，养护及管理部门要有意识地建立和维护好情况通报机制，以保证高速公路的高效、安全运行。

协作机制是协调机制的重要组成部分。高速公路养护管理涉及的学科和行业很多，要使用精干的人员做好管理工作，必须打破行业封闭和系统封闭，建立一个有效的协作机制，在系统内部与路政、通信、收费、监控、经营、服务部门，以及交通安全部门密切协作，将会提高养护作业的效率、质量，降低工期、成本和安全作业的风险。

调度机制是高速公路养护管理协调机制中的另一个重要机制，是安全、有效、有序运作的关键环节。高速公路统一、高效、特管，在一定程度上是通过调度制度来体现的。形成网络的高速公路，一个段落或一个部位的维修、关闭必然对路网的运行产生影响，还有可能造成巨大损失。要将这个影响减至最小，只有通过加强行业的统一管理、完善调度制度来实现。但是，调度制度集合了养护、路政、管理、通信信息、收费系统和交通安全管理系统的职能，所以随着高速公路路网的逐步形成，调度制度也应逐步形成和完善。

（五）引入高速公路养护的激励机制

随着高速公路养护的市场化改革，高速公路养护已经具备引入激励机制的条件。在通过招投标选择养护队伍的过程中，对讲质量、重合同、守信誉的养护公司，采取追溯其以往业绩的方式择优使用。管理部门可以根据养护标准，对养护成果进行检查、评定，并向社会公布；也可以按照养护成果，调整养护单位的资质等级，并采取荣誉称号、样板示范、优质报价等方式对表现突出的单位给予表彰及奖励，以充分发挥奖励的正向激励作用。除了高速公路管理部门可以对养护施工单位采取激励机制外，政府行业管理部门对高速公路经营公司也可以采取各种激励机制。可以按行业管理服务标准对养护和综合服务的软、硬件条件、水平，按照相应的标准与许可的收费率挂钩。养护服务不好的，不能执行较高的收费标准，或不具备申请费率提升的条件。对养护机构的管理人员，通过贯彻按劳分配与按生产要素分配，效率优先，兼顾公平的分配原则，扩大单位内部分配自主权，建立起重业绩、重贡献，向优秀人才和关键岗位倾斜，形式多样、自主灵活的分配激励机制。

此外，随着改革的不断深入，在高速公路养护管理机制的运作中，还需建立更完善的养护决策、养护规划、养护调度及养护监理制度，充分利用社会保障体系，并在公路沿线大力发展第三产业，向养护社会化、专业化、机械化、规范化的方向发展，努力形成一套操作性强、运转高效、效益显著的适合国情的高速公路养护管理机制。

第四节　高速公路养护市场化

所谓养护市场化，就是把高速公路养护工作全面推向市场，引入竞争机制，各管理处不养自己专门的养护队伍。养护工作实行日常维修保养对外承包，专项工程和大修工程向社会公开招标，择优选择施工队伍。

一、高速公路养护市场化趋势

我国传统的高速公路管理体制是建、养、管、征一体，公路管理机构既行使部分政府管理职能，又承担公路养护作业任务，这种管养不分的传统养护模式，很难保证实施的严格性和彻底性，监督的严肃性和有效性，给养护工作带来许多弊端。全国各地不同程度存在着养护质量低、道路质量差、路况不稳定等情况，除了养护资金不足、车流量大、路面老化和超载等原因，与这种管养不分、责任不清的体制有直接的关系。针对这种现状，在21世纪初的全国公路养护工作会议上，交通部提出了"实现公路管理与养护生产分离，积极培育和发展公平竞争，规范有序的公路养护市场"的明确目标。

高速公路养护真正实现两个根本转变，必须加快市场化进程，采用市场机制提高劳动生产率，实现公路资金、资产和人才的最佳配置。

二、高速公路养护市场化的意义

高速公路养护管理市场化与传统管理模式相比具有重要意义，其主要表现在人员和设备、效率和积极性、效益和风险等方面。

1. 在人员和设备方面

市场化管理模式不设自己的养护队伍；按工程量对外发包，养护中不负担闲置人员和设备费用；仅负担工程造价费用，其他责任推向社会；节省大笔购置养护设备费用；由有相应设备的单位承包，减少其设备闲置，增加设备使用频率，降低设备台班费用；只负担设备使用费，不负担设备购置费和闲置时的任何费用。

2. 在效率和积极性方面

市场化管理模式养护效率高，养护人员积极性强；作业内容专业化分工细，通过加强专业化管理和竞争手段适应市场，全社会流动，充分利用人员和机械设备。

3. 在效益方面

市场化管理模式根据养护工程需要，优选社会专业化施工队伍，引进竞争机制，提高管理水平和养护质量，同时还会降低养护成本；减少机械设备闲置，也相应提高了全社会的经济效益。

4. 在风险方面

市场化管理模式实行总价承包，由养护公司分担养护过程中的大部分风险。

三、高速公路养护市场化的实现

（一）高速公路养护市场化的步骤

高速公路养护市场化运作，取决于高速公路养护运行机制改革的成功。要按照"态度积极、工作扎实、步子稳妥、推进有序"的要求分阶段、有步骤地予以实施。

1. 培育内部养护市场阶段

主要任务是：完成省内高速公路区域调整；健全和完善养护管理制度；完成省级高速公路管理机构改革；选择一路试点，走咨询、养护、监理的企业化道路，并与公路主管部门基本分离；完成内部公路养护公司组建，初步形成单路范围内的内部养护市场。

2. 深化养护市场化阶段。主要任务是：各类养护生产性、经营性、服务性实体与其管理机构脱钩，取得相关资质，成为独立法人实体；基本实现分级养护，初步实现全省范围内的养护市场；推进部分路段的管理体制改革。

3. 实现养护社会化阶段

主要任务是：各类养护实体按照现代企业制度运行，不同所有制形式的养护公司各据一定的市场份额，全省范围内的高速公路社会化养护市场基本形成；组建养护集团公司，实行养护生产集约化、科学化、社会化；全面推进公路管理体制改革。

（二）高速公路养护市场化的实施方案

1. "管养分开"的实施方案

"管养分开"是公路养护市场化中最具挑战性也是比较关键的一项工作。政府职能部门应根据各地具体情况制定相应的改革方案。首先，主管部门要在对原有机构的人员、设备、资金等进行调查摸底和核实登记的基础上，对管养分开后管理机构和养护企业人员、设备、资金进行划分，并在国资部门对注入养护企业的资产进行确认的基础上，组建公路养护企业。

2. 制定配套政策与措施，健全和完善高速公路养护的政策和法规体系

有序的养护市场要遵循市场的运行规则，而这一运行规则只有依据法律、法规、行业规范等途径实现，才能对养护市场的运行起到规范的作用。交通部颁布的《公路养护工程管理办法》《公路养护工程市场准入暂行规定》《公路养护工程招投标管理暂行规定》将为养护工程走向市场开辟道路。但这还远远不够，还需要更多符合实际需要的公路法规、政府规章、经济技术标准等规范性文件，建立起养护企业的评价体系和考核指标，使养护管理逐步走上规范化、法制化的道路。

（1）养护项目的税收问题

在养护企业进入市场时，在一定时间范围内，应实行政府行业指导下的不完全竞争，在税收政策方面享受一定的优惠倾斜政策，以扶持新成立的养护公司，逐步走向市场。

（2）社会保障体系

完善配套的社会保障体系是保持改革稳定发展的重要措施。做好职工社会保障的协调工作是养护市场化的必要条件，特别是失业保险、养老保险和社会医疗保险等都是与职工切身利益息息相关的大事，这些问题的妥善解决有利于改革的平稳过渡和稳步发展。

（3）推行养护工程费用定额制

编制统一的地区性公路养护定额，按照养护工程量及养护定额，核定不同路段的养护费用，从而废除按"年公路"或"千平方米"为单位的计划投资方式。这是公路养护招投标的前提条件。

（4）建立健全养护质量保证与监督机制

实现管养分离，在生产和监督上不再自己给自己当裁判，使检查和监督比过去严肃有效。

公路部门应专设一个监督机构，分派监督专员到每个养护生产中心实行监督检查，

监督者的人事关系及待遇与生产部门彻底分离，监督人员分派，可实行不定期轮流制或者根据实际情况随时派遣。这样，监督就变成通过合同管理实现的监督，而不是上下级的监督。

由于公路是重要的国有资产，在国民经济中具有不可替代的巨大作用。因此，对于高速公路养护，应有一套完整的质量保证体系，以便及时制止因投资不足或养护不善给公路带来的不良侵害。如通过立法或法规条文规定中止经营权以及对养护从业单位的资信登记权，冻结经费账户权等。

3. 建立养护资信登记制度，逐步实行养护招投标管理办法

公路养护工程市场也需要经历市场培育，由逐步开放至完全开放这样一个发展过程，最终将逐步完善并建立公平、公开、公正的市场竞争规则与机制。建立市场准入制度，要进行养护资质划分，制定养护招投标管理办法等规章，为养护市场规范化奠定基础。

4. 建立完善的高速公路养护体系

高速公路养护体系包括：高速公路路况调查、检测及评价系统，高速公路养护方案、养护策略决策系统，高速公路养护施工系统及高速公路养护监理系统。目前，除养护施工系统外，其他3个系统都是薄弱环节，尚未构成完整的高速公路养护管理体系，这是制约我国高速公路养护质量和效益水平的主要因素。确立我国高速公路养护体系的主要原则应该是：

（1）立足高起点

以同国际发展方向接轨的高度，选准高切入点，大胆引进、吸收国际先进的路面养护管理系统、桥梁养护管理系统及先进的无破损检测系统、结构状况预警系统等，实现跨越式发展并同国际水平对接。

（2）强化系统性

从整个高速公路网络运营管理的大系统出发，根据高速公路运营管理的未来发展方向，去分析研究和把握高速公路养护管理的现状、特征和发展趋势，搞好高速公路养护管理的系统设计，增强全面性、时序性和可控性，真正达到收费、运营、养护、通行各系统在更高层次上的统一、协调、安全、高效、全面提高高速公路的生产力。

5. 构建三个市场主体，强化监督监理

健全高速公路养护管理体系，关键在于构建以下三个市场主体：高速公路路况监测咨询公司、高速公路养护公司和高速公路养护监理公司。三类公司功能各异、利益独立、协同共存，分别向高速公路养护管理法人提供路况调查、评价及决策建议和工程养

护施工作业及养护施工监理服务，而养护管理法人做出养护方案的最终决策或制定养护规划，负责养护方案的审查、决策、养护作业及监理工作的监督、检查和合同管理。

为使高速公路养护市场体系有效运作，使三个主体充分发挥潜能，还必须加强市场监管，即要强化高速公路市场体系的政府监督（或特许公司的法人监督）机制。这些机制包括高速公路养护管理的依法行政、养护咨询建议的决策、养护合同的监督执行和全路网的养护管理调度、规划和计划等。

第五节　高速公路养护管理制度

一、养护技术管理制度

养护技术管理主要包括交通情况调查、公路路况登记、养护检查与质量评定、工程检查与验收、路面管理系统和桥梁数据库开发与应用、计划统计与科研、档案管理等工作。

（一）养护技术管理体系

1. 养护管理机构设置

公司、分公司、管理处分别设置养护部、养护处、养护科。各管理处按养护里程每50km左右设置养护工区一处，重要的特大桥梁设专门的桥梁养护机构。管理处按实际需要配足养护工程技术人员。要加强对养护人员的培训，不断提高养护人员的管理水平。

公司、分公司养护技术人员（路面、桥梁、机械、绿化）要具备（相当于）大学以上文化水平或有中级以上技术职称，管理处养护技术管理人员要具备专科以上文化水平或初级以上技术职称，主要技术岗位（桥梁、路面）要具备中级以上技术职称。

2. 路桥检测机构设置

建立三级路桥检测机构对所属高速公路进行检测。公司建立道路、桥梁检测中心，分公司建立分中心，管理处建立试验室。控股子公司、参股公司可参照上述要求自行确定检测机构设置名称，但必须建立两级检测机构。各级检测机构配备必要的技术人员和检测设备，取得相应资质。

公司检测中心主要承担公司所辖高速公路道路、桥梁的年度检测和特殊检测任务。分公司检测分中心主要承担辖区内高速公路道路桥梁的季度定期检测和大修、特殊专项工程的检测，管理处试验室承担路面、中小型桥涵和一般专项工程的检测以及沥青、水泥、土工等常规试验。

3. 其他

应积极采用现代化管理手段和先进养护技术，大力推广应用新技术、新材料、新工艺、新设备，不断提高养护管理水平。积极寻求与国内外高校和科研机构的合作，吸取和借鉴国内外高速公路养护的先进经验和技术成果。

（二）交通状况调查

交通调查主要指交通量及其组成和行车速度的调查、观测整理和分析，并通过信息管理系统对车流密度、起讫点、轴载、通行能力、车辆横向分布和交通事故等进行调查。

交通调查为高速公路建设的规划与设计、可行性研究、养护计划的制定、交通管理措施提供重要依据，必须确保调查数据的准确性。

交通量调查工作由高速公路公司统一安排，交通量观测的具体位置由各管理处选定后报分公司审核确定，并报公司备案，观测位置（点）一经设置不得随意变动。具体要求是：（1）各管理处根据需要设立观测点（双向），选择责任心强、熟悉交通量调查业务的同志负责，并配备必要的设备及器具以满足观测要求。（2）交通量观测的时间定为每月25日08：00～26日08：00进行，要求24小时上、下（双向）行车道连续观测。（3）观测日如遇大雪、暴风雨等特殊气候应改期观测，但改期不应超过3日。由于施工阻断交通，短期内不能通车的路段，可停止观测，恢复通车后继续观测，但应说明情况。（4）起讫点、车辆横向分布等项目的调查由收费站信息管理部门分别汇总，对口逐级上报，公司养护部汇总。（5）车辆分类与折算系数：①小型载货汽车：载质量小于2.5t（含2.5t）的货车，折算系数为2；②中型载货汽车：载质量为2.5～7t（含7t）的货车，折算系数为2；③大型载货汽车：载质量大于7t的货车，折算系数为2；④小型客车：小轿车、吉普车、12座及以下的面包车，折算系数为1；⑤大客车：大型客车及12座以上的中型客车，通道式、半挂式客车，折算系数为2；⑥载货式挂车：半挂、拖盘载货车，折算系数为3。

对交通量观测点取得的原始观测资料，应及时进行整理、汇总、计算和分析，按规定上报各种图表。交通调查资料应归入公路技术档案，长期保存。

（三）路况登记

路况登记是公路养护的重要基础工作，其资料是技术档案的主要部分。它反映了高速公路及沿线构造物的全面技术状况，是制定规划、编制养护计划的重要基础资料，也是路产管理、资产评估的重要依据。

由各分公司养护处组织管理处养护科，根据高速公路建设时期的竣工资料对道路、桥涵结构物、隧道、沿线设施、交通工程、绿化等进行登记、建立档案，并对路况变更情况和技术状况及时登记。

路况登记的内容应符合交通运输部《公路养护技术规范》《高速公路养护质量评定标准》和省交通厅有关规定及全国公路普查内容的相关要求。

（四）计划统计与科研

养护计划统计与科研工作实行统一管理、统一制度、统一标准、分级负责、分类实施的管理体制。

公司负责编制养护中、长期发展计划，制定下达年度养护计划；分公司依据公司发展规划和年度计划，负责编制本公司的发展规划和年度、季度养护计划；控股子公司自行制定发展规划和年、季度计划，但应符合公司总体发展规划和行业标准；管理处根据分公司的发展规划和计划，负责编制本单位的发展规划和年度、季度、月份计划并加以组织实施，定期检查计划完成情况。

维修保养计划要根据工作的经常性、预防性、季节性和全面性的特点，结合路况、自然条件等因素编制。

认真做好统计工作，按时完成各种统计报表并按规定及时逐级上报。报表上报逐步实现电子化传输。

为了掌握养护作业情况和公路质量变化动态，要加强养护统计分析，统计分析的主要内容包括：分析计划完成情况，采用的新技术、新工艺，解决的重点、难点问题，取得的效果如何，存在的问题及今后打算。

实施"科技兴路"战略，加大科研力度，加快科研成果的转化应用，提高养护的科技水平。公司、分公司、管理处要大胆采用国内外养护管理方面的新技术、新材料、新工艺、新设备，积极寻求与高校和科研院校的合作，加快养护技术创新。

二、高速公路养护市场准入制度

（一）高速公路养护市场准入准则

高速公路养护工程市场管理应遵循公开、公平、公正、有序竞争的原则。并实行统一领导、分级管理。交通部负责全国高速公路养护工程市场的管理。省级交通主管部门负责本行政区域内公路养护工程市场的管理。

1. 交通部的主要职责

（1）制定全国高速公路养护工程市场管理的有关规章；

（2）监督执行国家有关公路养护的方针、政策、法规和规章；

（3）维护全国高速公路养护工程市场秩序。

2. 省级交通主管部门的主要职责

（1）制定本行政区域内高速公路养护工程市场管理的有关规定；

（2）监督执行国家有关公路养护方针、政策、法规和规章；

（3）负责本行政区域内高速公路养护工程从业单位资质的批准；

（4）维护本行政区域内高速公路养护工程市场秩序；

（5）依法查处本行政区域内违反《高速公路养护市场准入规定》的行为。

3. 省级高速公路管理机构的主要职责

（1）执行高速公路养护工程市场管理的有关规定；

（2）负责本行政区域内高速公路养护工程从业单位从业资质初审和复审的具体工作；

（3）发布本行政区域内高速公路养护工程市场信息；

（4）协助省级交通主管部门维护本行政区域内高速公路养护工程市场秩序。

（二）高速公路养护企业资质管理

养护资质是评价从业单位专业素质水平的主要标志之一，也是在通常技术市场管理从业单位必备的条件之一。因此，规范的养护工程市场必须对从业单位的资质及其进入进行严格的控制和确认，以确保良好的养护质量、养护声誉与养护市场秩序，对公路养护工程从业单位来说，应当实行资质审批、复审和确认制度。

1. 高速公路养护单位资质审批、复审与确认制度

进入高速公路养护工程市场的高速公路养护工程从业单位必须取得相应资质。申报资质必须提出书面申请，填写资质申报表，并提供下列资料：

（1）单位和单位负责人身份确认文件（复印件）；

（2）从事高速公路养护工作的资历和能力的评价和证明；

（3）单位所有工程、经济、会计、统计等人员的职称（资格）证书和养护技术工人上岗等级证书（复印件）；

（4）养护机具和设备的有关证明。

2. 公路养护平位资质分类

公路养护资质在划分的实践中倾向于"分类"方法。划分为5类：

一类：可以承担二级及其以上等级公路的小修保养作业。

二类：可以承担三级及其以下等级公路的小修保养作业。

三类：可以承担二级及其以下等级公路路面、路基、中小桥涵、隧道、绿化及沿线设施（不含监控、通信、收费设施）等的中修、大修养护工程。

四类：可以承担三级及其以下等级公路路基、路面、中小桥涵、隧道、绿化及沿线设施（不含监控、通信、收费设施）等的中修、大修养护工程。

五类：可以承担大型桥梁、特殊复杂结构的桥梁及长隧道等构造物中修以上养护工程。

可进入高速公路养护市场从业单位是具有一类、三类、五类资质的养护企业。

3. 资质条件

（1）申请一类公路养护工程从业资质的从业单位应当具备下列条件：

①从事二级及其以上等级公路小修保养作业8年以上。

②工程、经济、会计、统计等专业技术职称人员不少于10人，其中具有工程系列职称的人员不少于6人。

③从事小修保养作业的工人必须具有相应工种的养护维修操作等级证书，其中高级工不少于20人。

④资本金在100万元以上。

⑤具有从事高速公路及一级公路小修保养作业必需的清扫、绿化及其他（不含监控、通信、收费）专业机具设备。

（2）申请三类公路养护工程从业资质的从业单位应具备下列条件：

①具有二级及其以上等级公路的路基、路面、中小桥涵、隧道、绿化及沿线设施（不含监控、通信、收费设施）等的中修、大修养护工程10年以上作业经历。

②工程、经济、会计、统计等专业职称的人员不少于15人，其中工程系列职称的人员不少于10人。

③从事二级及其以上公路大中修工程作业的工人必须具有相应工种的养护维修操作等级证书，其中高级工不少于15人，中级工不少于30人，具有中、高工总数不低于技术工人总数的60%。

④资本金在200万元以上。

⑤具有二级及其以上等级公路中修、大修工程作业所必需的专业设备。

（3）申请五类公路养护工程从业资质的公路养护从业单位应具备下列条件：

①具有公路大型桥梁、特殊复杂结构桥梁或长隧道中修以上养护工程5年作业经历。

②工程、经济、会计、统计等专业职称的人员不少于15人，其中工程系列职称的人员不少于10人。

③从事公路桥梁或隧道中修养护工程施工的工人必须具有相应工种养护维修操作等级证书，其中高级工人不少于30人，且中、高级工总数不低于单位技术工人总数的70%。

④资金在200万元以上。

⑤具有公路大型桥梁、特殊复杂结构或长隧道中修以上养护工程作业必备的专业机具设备。

公路养护单位的资质应由申报单位向省级公路管理机构提出申请，经省级管理机构初审后，报省级交通主管部门批准。公路养护工程从业资质的有效期一般为5年，有效期满后，省级公路管理机构要对养护从业单位的业绩、信誉等进行审批，提出复审意见，并报省级交通主管部门核准。对于在从业有效期内业绩信誉不佳的公路养护单位可以采取暂停或取消从业资质。暂停资质是给从业单位规定适度的整改期限，整改期满后，经省级公路管理机构审查合格后方可恢复其资质。取消资质应当经省级交通主管部门批准实施，被取消资质的从业单位在一定年限内不得重新申报资质。

三、高速公路养护招投标制度

招标投标，是市场经济中的一种竞争方式，是在双方同意的基础上的一种交易行为。其特点是由唯一的买主设定标的，招请若干个卖主通过秘密或公开报价进行竞争，从中选择优胜者与之达成交易协议，随后按协议实现标的。工程招标是建设单位（发包人）就拟建的工程提出招标条件，发布招标通告或信函，邀请投标企业前来提出自己完成工程的报价和保证，从中选择条件优越的投标企业完成工程建设任务的委托方式。建设单位通过招标程序，从中选择评比标价低、工期合理和社会信誉高的承包单位，达到"货比三家，从中选优"的目的。

在高速公路养护工程中，对大修工程和较大的专项工程通过招投标方式优选施工单位，既是国家工程建设法律法规的明确规定，也是高速公路实行管养分离、提高养护管理水平和养护质量水平的重要手段，同时也是养护中心强化管理，增强自我发展能力的有效措施。高速公路养护市场化是近年来交通部制定的高速公路养护体制改革的一项目标，高速公路养护招投标工作则是公路养护走向市场化的一个关键环节。实行高速公路养护招投标能够激发职工的竞争意识，实现"两高一低"，即提高高速公路养护质量和养护工人收入，降低养护成本，是一项切实可行的管理办法。

高速公路养护招投标应当坚持公平、公正、等价、讲求信用的原则，以管理水平、技术水平、社会信誉和合理报价等开展竞争。高速公路养护工程的招标投标活动受国家法律的保护和约束，任何单位和个人不得以任何方式干预高速公路养护工程招标投标活动。

（一）高速公路养护招标

1. 招标人应具备的条件

（1）具有法人资格；

（2）与招标项目相适应的管理能力和资金；

（3）有组织编制招标文件和标底的能力；

（4）有对投标人进行资格审查和组织评标定标的能力；

招标人可以委托或指定符合上述条件的代理机构，具体负责公路养护招标的实施。

2. 招标项目应具备的条件

（1）项目已列入年度养护维修计划；

（2）资金来源已落实；

（3）有关设计文件已经完成；

（4）招标文件已经编制完毕；

（5）其他准备工作已经完成。

公路养护招标投标还应满足下列条件之一：

（1）公路日常维护和小修保养最小标的为10km或小于10bn的整条路段，最低养护期限为2年；

（2）高速公路、收费公路、特大桥梁、隧道、公共绿地养护应按发挥整体使用功能设定；

（3）50万元以上公路养护项目。

3. 招标方式

（1）公开招标

招标人通过报刊、广播、电视、信息网络等媒介公开发布招标公告。

（2）邀请招标

对个别技术难度大，工期特别紧以及情况特殊的养护项目，招标人可以邀请或经公路局同意指定的养护单位。通过协商，确定标价及有关事宜。应邀参加投标的单位不得少于3家。

因突发事件、紧急抢险、战备需要和养护规模较小的特殊公路养护项目可采取其他指定方式进行。

4. 公路养护招标程序

（1）组织编制招标文件；

（2）发布招标公告或发出投标邀请书；

（3）发放资格审查申请书；

（4）对投标人进行资格审查；

（5）向资格审查合格的投标人出售或发放招标文件；

（6）组织投标人勘察现场，针对投标人的询问，解释招标文件中的疑点；

（7）组织编制标底；

（8）接受投标人的投标书；

（9）审查投标书的符合性；

（10）开标并进行标书澄清；

（11）组织评审委员会进行评标，提出评标报告，确定中标人；

（12）发出中标通知书；

（13）中标人签定项目承包合同并根据情况确定是否履行公证手续。

5. 招标文件的基本内容

（1）投标须知

包括养护项目概况、投资来源、工期要求、对投标人养护资质类别的要求、资格审查、报送标书的截止日期、开标的时间和地点、投标保证金、合同文件格式等。

（2）合同条款

分一般合同条款和根据养护项目的实际情况对一般合同条款作出补充的特殊条款两部分。合同条款应全面、明确地阐述合同双方的权利义务关系，其主要内容包括：承包形式、付款和结算方法、工期要求、主要材料供应方式和价格、设计修改、质量要求、工程监理、验收以及违约责任等。

（3）技术规范

包括技术标准、操作规程的有关规定、养护技术要求、质量检验评定标准、计量与支付规则、验收方法及要求。

（4）投标书格式

包括投标信（函）、授权书、投标保证书（包括银行担保函）、辅助资料表、工程量清单及报价计算格式等。

（5）设计文件

包括设计说明书、设计文件及主要图纸、项目特殊要求、原路技术状况等。

招标人如需对招标文件进行补充说明、勘误、澄清等局部修正时，最迟应在投标截止日期前7天，以书面形式通知所有投标人。补充说明、勘误、澄清等局部修正，与招标文件具有相同的法律效力。标底是审核投标报价、评标、定标的重要依据，应力求正确、合理。每一个招标项目只允许有一个标底。标底在开标前应严格保密。另外，标底由招标人负责编制，也可由受委托的招标代理机构负责编制。编制标底应以招标文件、图纸、有关养护资料及相应的养护定额为依据。受招标人委托的标底编制单位及招标代理机构不得同时承接投标人的标书编制业务，不得泄露应当保密的与招标活动有关的情况与资料，一经发现上述行为的，招标无效，并按有关法律处罚。

6.资格审查

公路养护招标应实行资格审查制度。招标人应对投标人的资质、公路养护经历、财务状况、社会信誉、管理水平以及拟投入的人员、设备等综合能力进行审查、作出评估。投标人按照招标公告或投标邀请书的要求，向招标人领取资格审查申请书，认真填报。招标人应根据养护项目的性质、规模和技术要求，制定审查标准，在同等条件下进行资格审查，并将审查结果报公路局核备。资格审查申请书包括如下内容：

（1）投标人有效的证明；

（2）投标人的养护资质证书、各类人员的专业和技术构成；

（3）试验设备和养护设备的配备；

（4）拟承担本项目的主要技术负责人饱和设备的情况；

（5）投标人的经营情况、财务状况、任务公布与近5年的工作概况；

（6）养护质量与同类项目业绩等。

（二）高速公路养护投标

资格审查合格并接到招标文件的投标人，应按时参加招标人主持召开的投标预备会（标前会）及查看现场，按照"投标须知"的要求认真编制投标书，编制投标书及任何说明函件应经单位盖章及单位负责人签字，并在招标文件规定的日期内按要求的标书双层密封后送交招标人。

（1）投标书的内容

①投标信（函），写明投标价和工期；

②授权书；

③投标保证金（或开户银行出具的投标保函）；

④有报价的工程量清单及总价汇总表；

⑤投标书辅助资料表；

⑥养护实施方案：包括进度安排，平面布置，主要养护作业方法，使用的主要机具设备，技术措施，质量目标，安全、质量保证体系及措施等。

（2）投标人在领取招标文件、设计文件和有关资料时应交纳工本费。在递交投标书时，应同时提交投标保证金，或由开户银行出具的投标保函。保证金数额、交付方式及保证金返还办法由招标人在招标文件中规定。

（3）投标在招标文件要求提交投标书的截止日期前，可以补充、修改或撤回已提交的投标书，并书面通知招标人或招标代理机构。补充、修改的内容为投标书的一部分，应使用与投标书相同的密封方式投递。

（4）投标不得串通作弊，不得哄抬标价，不得对招标人行贿，违者丧失投标资格，并无权请求返还有关费用。

（三）开标、评标及定标

1. 开标仪式

开标仪式由招标人或委托代理招标机构组织并主持。投标人应出席开标仪式，应邀请省级公路管理机构、项目监理工程师、纪检监察等部门代表参加，需进行公正的，应有公正机关出席。开标时，由招标人及有关各方检查各份标书的完整性；招标人宣布评标、定标办法，并宣读各份投标书的主要内容。进行公正的，由公证人员对宣读的标价及相关内容现场复核，并致公正词。

属于下列情况之一者，应作为废标处理：

（1）投标书未密封；

（2）投标书未加盖本单位公章及未经单位负责人签字；

（3）投标书未按招标文件规定的格式、内容和要求编制；

（4）投标书字迹潦草、模糊、无法辨认；

（5）投标人在一份投标书中，对同一个项目报有两个或多个报价；

（6）投标人递交两份或多份内容不同的投标书，未书面声明哪一个有效；

（7）投标人未能按要求提交投标保证金（或开户银行出具的投标保函）；

（8）投标人未经招标人同意，不参加开标仪式。

开标后，招标人和投标人不得通过补充说明和有关资料，改变投标书的实质内容和报价。另外，如所有投标人的投标书报价均超过标底10%以上时，招标人应检查标底计算是否有误，如无误，且经招标人与所有投标人商议仍不能降低标价时，招标人可以宣布此次招标无效，重新组织招标。报价低于标底20%或高于标底10%的投标书，评标时可不予考虑。

2. 评标

评标工作由招标人或委托招标代理机构主持。评标小组由招标人代表、有关专家组成。评标小组一般由5~7人组成。评标、定标原则是：报价合理、养护方案可行、养护措施技术先进、能确保养护质量、重合同守信用、具有良好的社会信誉。报价是评标的重要因素，但最低报价不能作为中标唯一条件。评标时，应根据上述原则就具体项目要求，投标书的主要内容，投标书的信誉、优惠条件及已制定出的具体评分标准，对投标书逐一评定，以求全面、公正。

评标过程中，评标小组可分别请投标人就投标书的有关问题提供补充说明和有关资料，投标人应给予答复。补充说明和有关资料应作为投标书的组成部分。评标工作组成人员不得索贿受贿，不得泄露应当保密的与招标投标活动有关的情况与资料。在评标、定标工作期间，评标工作组成员不得出席由投标人主办或赞助的任何活动。一经发现上述行为的立即停止其评标资格，并追究当事人的责任。

评标定标可采用评分、投票或者其他约定方式进行。自开标到定标时间一般不超过7天。招标人根据评标小组提出的评标结论和中标候选人确定中标人。中标人接到中标通知书及承包合同拟订稿（副本）后，应在15天内签订承包合同（以中标人签收回执日期起计）。签订合同的唯一依据是招标文件、投标书及有效的补充文件和信函。合同价应等于中标价。

3. 签订合同

中标人拒签合同无权请求返还投标保证金；招标人拒签合同，应双倍返还投标保证金。因中标人的责任未能在规定期限内签订合同，可由招标人重新确定中标人。

签订承包合同时，中标人应向发包人送交由开户银行出具的履约保证金（简称保函），保函金额为合同总价的1%~5%。签订的承包合同应报公路局备案，承包合同的承发包人应当按合同约定履行双方的权利和义务。维护合同双方的合法权益，确保养护质量，保障公路畅通。

四、高速公路养护合同管理制度

合同管理是高速公路养护市场化管理中另一个不可或缺的重要部分。它对保护当事人的合法权益，建立自由诚信的市场秩序，规范养护市场行为起到积极作用。就高速公路养护而言，由于我国现有的高速公路大都采用公司化经营方式，因此其合同管理通常是指高速公路业主与养护承包方通过合约方式建立的经济关系，也可以理解为合同当事双方进行的自身管理。高速公路业主可以通过共同管理提高投入产出效益，实现管理目标；养护承包商可以通过合同管理提高企业信誉度与知名度，通过不断改善内部管理来降低养护成本，为自己创造财富。

（一）高速公路养护合同的选择

高速公路养护合同不同于一般的经济合同。养护合同是根据业主要求完成具有特定内容的工作成果。按照付款方式的不同，高速公路养护合同分为3类。

1. 总价合同

总价合同在养护上应当指同一标的，由不同项目组成并以总价支付的合同形式。一般适用于相对固定的周期、较长的时限、工程技术难度与风险相对不大的养护项目，如高速公路的日常维修保养。

采用总价合同将迫使养护企业放弃短期行为，在高速公路基础设施维护上承担更大的责任并做出较长远的考虑，有利于提高高速公路日常维修保养的质量。但同时也应看到，总价合同需要确定较准确的工作量，要有较科学的日常保养定额和对路桥状况做出合理的综合评价，同时也要有较丰富的养护管理经验。对于高速公路业主来说，总价合同即是一个合理的选择又是一个较高的要求，有待于进一步的探索和完善。

2. 单价合同

单价合同一般适用于工程项目明确、具有一定规模、技术难度比较高的养护项目。高速公路专项养护工程及大修养护工程应当选择单价合同。高速公路的专项或大修养护工程在实施工程中一般都有监理工程师在场监督，业主根据承包商完成的工序及监理工程师核定的合格工程量计量支付工程款，以保证合同的履行和落实。

单价合同在我国公路养护管理中比较常见，使用的频率较高，也累积了不少经验。工程项目的投资有比较明确的公路工程定额作为参考依据，又推行监理制度，合理分摊工程风险，承包人完全可以通过加强管理、提高工艺来节约成本，提高利润。

3. 成本加酬金合同

成本加酬金合同是指以养护工程的成本为基础，另加一定数量或比例的酬金而形成的养护合同，一般适用于需要紧急进行、缺少经验、工艺复杂且风险很大的养护工程项目。例如，在高速公路养护管理中，灾害后的养护抢修、特殊结构桥梁的养护维修、部分机电通信项目的维护等，比较适合于采用成本加酬金的合同形式，但因其不具备激励与竞争的性质，所以只可以作为养护市场合同管理中的一个补充形式，而不宜广泛或长期使用。

（二）高速公路养护合同文件

招标文件是签订养护合同的主要依据，或者说招标文件构成了养护承包合同的要件。

按照养护工程市场管理要求，高速公路日常维修保养、专项工程及大修工程等均应逐步向社会开放公平招投标管理。高速公路业主在招标前，必须把拟招标的养护工程项目的技术经济条件编写成招标文件，以提供投标人阅读理解，同时与确定的中标人签订承包合同，将养护工程项目落到实处。由此可知，养护合同的管理是贯穿于招投标及其养护项目实施的整个过程，凡是涉及招投标的主要文件均应视为合同的组成部分。

招标文件包括通用条款和专用条款。一般情况下，招标文件会依照其不同项目制订国内行业范本，交通运输部制定的《公路工程国内招投标文件范本》，要求公路工程项目的通用条款一律采用范本不作更改。专用条款则是根据各地区和项目的涉及情况，在通用条款的基础上对其中的某些商务或技术条款进行修订或补充，编制特殊的合同条款和补充技术规范并形成各具特色的"专用本"。目前，我国尚未制发国内统一的养护工程招标文件范本，但一些省市已经完成了各自范本的初拟工作。并在模拟养护市场的招投标工作中应用，取得了比较好的效果，并形成了各具特色的"专用本"。招标文件的组成一般包括10个部分：

1. 投标邀请书格式

其中包括：对拟招标养护项目基本情况介绍、招标方式、标段、购买招标文件及工程勘察《参考资料》、投标保函、工程现场考察及召开标签会议的时间地点和投标文件送交截止时间的说明。

2. 投标人须知

其中包括：招标范围、资金来源、投标人的合格条件、现场考察、标前会议；招标文件的内容、澄清和解答、修改；投标文件的组成、投标价、投标文件的有效期、投标担保、选择方案、投标文件的签署和装订；投标文件的送交、投标文件的密封和标记、送交投标文件的截止日期、迟到的投标文件的更改和撤回；开标与评标、保密、初步评审、算术性修正、详细评审、细微偏差、评标价、投标文件的澄清、评价方法；授予合同、接受和拒绝投标的权利、中标通知书、履行担保、合同协议书的签署、纪律和监督。

3. 合同通用条款

合同通用条款主要包括以下内容：

（1）监理工程师和监理工程师代表

监理工程师的职责和权限、总监理工程师代表、总监理工程师权限的委托、各级监理人员的任命、书面指令、监理工程师秉公办事。

（2）转包和分包

禁止转包；分包应得到业主或监理工程师的批准，且不超过一定比例。

（3）合同文件

法律、合同文件的优先次序；图纸和技术资料的提供、工程进度受影响、图纸或指示延误和延误造成的费用、承包人未能提交相关图纸、临时工程图纸、补充图纸和指示、承包人提供的施工图纸、批准不影响责任。

（4）一般义务

承包人的一般责任、现场作业和施工方法、合同文件中的差错、承包人工程资金的管理；合同协议书；履约担保、履约担保的有效期；参考资料、现场考察；投标文件的完备性、不可预见的外界障碍或自然条件；工程符合合同要求；工程进度计划的提交、工程进度计划的修改、年度施工计划的提交、合同用款的提交、未解除承包人的义务或责任；承包人对合同工程的管理、承包人的施工机械；承包人的职工、监理工程师有权反对；施工定线与放样；钻孔和勘探性开挖；安全、保卫与环境保护；工程的照管与维护、弥补损失或损害的责任、由于业主风险所造成的损失或损害、业主的风险；工程的保险、保险范围；承包人的雇员及装备的保险；例外情况；未能取得保险赔偿额的责任；保险的凭证、足够的保险额、对承包人未投保的补救方法、遵守保险单的条件；遵守法令法规；文物；专利权、料场使用费；施工队邻近房产和群众的干扰；避免损坏道路、临时道路、水运、爆破器材的运输保管；为其他承包人提供方便；承包人保持现场整洁；交工时的现场清理、交工后现场未清理的处理。

（5）劳务

职工的聘（雇）用、安全员和事故防范、妨碍治安的行为、卫生和供水、武器或弹药；劳务和承包人装备的统计表、事故报告。

（6）材料、设备和操作工艺

材料、设备和操作工艺的质量、样品费用、检（试）验费用、未规定的检（试）验费用；作业的检查、检查和检验的目的、拒收、独立的检查、试验室；工程覆盖前的检查、剥开和开孔；不合格材料或设备的拆运、承包人不执行指令。

（7）暂时停工

暂时停工、暂时停工的补偿、暂时停工持续56天以上。

（8）开工和延误

工程的开工；永久占地的征用、未能按期办妥永久占地的征用手续、临时用地的租用；工期；工期的延长、承包人发出通知和提交具体细节、延长工期的暂时决定、工作时间的限制；工程进度过慢；拖期损失偿金的减少；交工验收和交工证书、竣工文件、竣工验收与鉴定书。

（9）缺陷责任与保修

缺陷责任期、完成未完成工作和修复缺陷、缺陷修复的费用、承包人未能执行指令，缺陷的调查、保修期。

（10）变动、增加和取消

变更、变更的指令；变更后的作价、监理工程师确定单价的权利、变更超过15%、计日工。

（11）索赔程序

索赔通知书、当时的记录、索赔的证明、不合规定、索赔的支付。

（12）承包人装备、临时工程和材料

本工程专用的承包人装备、临时工程和材料、业主对损坏不负责任、承包人装备的租用条件、列入分包合同。

（13）计量

工程量、未填单价或总额价的细目；工程的计量；计量方法、总额支付细目的分目。

（14）暂定金额

暂定金额的定义、暂定金额的使用、凭证的出示。

（15）特殊分包人或供货人

特殊分包人或供货人、特殊分包人（或供货人）与承包人的责任划分、明确规定设计要求、承包人与特殊分包人的相关支付、对特殊分包人的支付证书。

（16）证书和支付

月结账单、月支付、保留金的扣留、保留金的退还、开工预付款的支付、开工预付款的扣回、证书的改正、交工结账单、最后结账单、清账单、最后支付证书、业主责任的终止、支付期限、缺陷责任终止证书、保修期终止证书。

（17）承包人违约

承包人违约、承包人违约而终止的合同、合同终止之日的估价与终止支付、契约利益的转让。

（18）补救措施

紧急补救工作。

（19）特殊风险

特殊风险、承包人对特殊风险不承担责任、特殊风险对工程的损害、由特殊风险引起的费用增加、由特殊风险而终止合同、终止合同时承包人装备的撤离、终止合同的支付。

（20）合同履行的解除

解除履行合同时的付款。

（21）合同纠纷的解决

监理工程师的裁定、友好协商或上级调解、仲裁、未能遵守裁定或协议、仲裁费用。

4. 合同专用条款

合同专用条款是在通用条款中明确指出要在合同专用条款或数据表中予以具体规定的数据、信息或与工程所在地具体情况有关的规定，是必备条款，不能缺少，否则通用条款就不完善。

5. 技术规范

主要规定了施工技术要求，以及计量支付的有关规定。

6. 投标书与投标担保格式

其中包括：投标书格式、投标书附录、投标担保格式、授权书格式。

7. 工程量清单

工程量清单是养护工程投标的基础，也是最终结算与支付的依据。工程量清单中养护合同工程的每一个细目均须填入单价，投标人应认真仔细地对照投标须知、合同条款、技术规范等进行填写与复核，确保准确性。其中包括：工程细目、专项暂定金额汇总表、计日工明细表、工程量清单汇总表。

8. 投标书附表格式

其中包括：拟为承包本合同工程设立的组织机构图、拟在本合同工程任职的主要人员简历表、拟投入本合同工程的主要施工机械表、拟配备本合同工程主要的材料、测量、质检仪器设备表、合同条款估算表、临时占地计划表、分包人表、特殊分包人表、调价公式的近似权重系数表、材料及其价格/指数表。

9. 合同协议书格式

其中包括：合同协议书格式、廉政合同书格式、安全生产合同项目经理委托书格式、联合体协议书格式。

10. 履约担保格式

其中包括：履约银行保函格式、开工预付款银行保函格式。

（三）高速公路养护合同的履行

高速公路养护合同的履行，即自合同生效之日起，承包人按合同的要求完成对高速公路的养护，监理工程师按合同的技术规范对其养护成果的监理与验收。当双方在执行合同过程中发生争议、纠纷时，应按照合同的规定进行协调解决。解决纠纷期间应保持公路养护的连续性，确保公路畅通和公路质量不受损害；协调不成时，任何一方均可向国家规定的合同仲裁机构申请调解或仲裁，没有约定仲裁的可以直接向人民法院起诉。在公路养护市场中任何违纪违法者都要承担法律责任。对隐瞒真实情况、通过弄虚作假申请各类专业养护资质的单位取消其养护资质。投标人在资质审查过程中不符合要求的其标书作为废标处理，并无权请求返还投标保证金。发包人未按合同要求及时支付工程款，造成养护项目严重停运的，除应采取措施减少损失外，还应赔偿承包人由此造成的停工、窝工、机械设备调遭、材料积压等经济损失。承包人如果不重视施工现场管理，不服从监理，违章作业，养护质量差，公路路况水平严重下降，工程质量低劣，偷工减料或采用不合格材料造成工程无法弥补损失的，可暂定或取消其资质，并视情节赔偿发包人全部或部分直接经济损失；造成重大质量事故或人身伤亡的，除按国家规定处罚外，由质量监督部门视情节予以通报批评或给予警告处罚。由于勘察设计和技术咨询单位造成返工或延误工期的，发包人可扣减5%～10%的勘察设计或技术咨询费；造成重大质量事故的，除扣除其损失部分的勘察设计或咨询费外，由公路局视情节给予处罚。由于监理单位或监理人员造成重大质量事故的，除扣除其损失项目的监理费外，由两级质量监督部门视情节给予处罚，并依据有关规定对监理人员注销其监理工程师资格。

公路养护市场管理人员及进入市场的各类专业人员在市场运作中出现失职、渎职、索贿、行贿行为，损害有关单位合法权益和国家利益的，视情节由纪检监察部门会同有关部门给予纪律处分，情节严重构成犯罪的由司法部门依法追究其刑事责任。

如果上述当事人对处罚决定不服的，在接到处罚决定之日起16日内向公路管理部门申请复议或直接向人民法院起诉。

（四）高速公路养护合同的责任承担

对于实行社会监督制度的高速公路养护项目，合同的执行过程就是业主委托监理工程师进行项目管理的过程，也是监理工程师对承包方的工作实行监理的过程。这时的合同管理就要明确业主、监理和承包人三方的权利与义务，按照合同条款，保证自己的权益。

1. 业主的权利与义务

（1）颁发中标函，授予合同。

（2）编制双方的合同协议。

（3）同意和拒绝承包商关于转让工程任何部分的问题。

（4）批准承包商递交的担保、保险单及承保者。

（5）承包商有适当的保证，业主应支付预付款。

（6）当工程师开具支付证明后，应及时向承包商付款。

（7）开工后，授权承包商进入现场，当工程师颁发移交证书时业主应接受工程。

（8）若承包商违约，业主可授权其他人去完成养护工作，也可终止合同。

（9）业主应和监理工程师保持联系，以便使工程顺利完成。

（10）监理工程师按照合同要求决定增加或减少工程量和单价，或工程延期之前要和业主协商，业主应及时做出响应。

2. 承包商的权利与义务

（1）在合同规定的时间内，进行中标项目的施工与竣工。

（2）开工前迅速及时地办理和提交各种保函、保险单。

（3）制定详细的施工进度计划。

（4）不负责永久性工程的设计和规范，也不负责不由其设计的任何临时工程。

（5）接受和遵从工程师代表业主发布的各种指令。

（6）在整个施工期内负责保护工程到直接移交给业主。

（7）对其职工和劳务人员负责，承担他们的社会保障和保险金。

（8）承包商自己设计的临时工程，必须将设计书、计算书（造价、经费、预算）递交监理工程师评价和批准。

（9）如果业主违约，承包商可以终止合同或降低工程进度。

（10）承包商应对每个分包商的行为和工作负责。

（11）几个承包商在一个地区施工时，应相互协作，提供各种便利，并且这种协作应体现在各承包商的施工组织中。

（12）缺陷责任期内有义务修补任何缺陷。

3. 监理工程师权利与义务

（1）监理工程师不属于业主及承包商任何一方，其主要义务是在养护工程中以合同为依据遵循业主的要求。

（2）在合同中有需要监理工程师酌情处理的时候，监理工程师必须在业主和承包商之间公平而无偏袒地行使权利。

（3）在施工过程中对承包商发布信息和指示。

（4）保证施工材料工艺的质量。

（5）校核并签署已完成工作量并递交业主，要求业主支付。

（6）评价承包商工作的建议。

（7）业主与承包商之间的联系必须通过监理工程以避免混乱和误解。

（8）在某些特殊情况下有权决定额外支付，以便高效管理。

（9）监理工程师的责任是解释书面合同，但业主与承包商均不受此解释的约束，任何一方对解释不满最终可申请仲裁，为避免工程中断或耽误，双方必须遵守工程师的决定。

（10）如果承包商不同意监理工程师的某项指令，也必须执行该指令，监理工程师有权告知承包商可做书面记录。

五、高速公路养护工程监理制度

工程监理是对工程建设有关活动的监督管理，它具有巡视、检查、评价、控制等从旁纠偏、督促目标实现的意思。它不同于一般性的监督管理，而是一个以严密的制度构成为显著特征的综合管理行为。工程监理通过对工程建设参与者行为的监控、督导和评价，并采取相应的管理措施，保证工程建设行为符合国家法律、法规和有关政策，制止建设行为的随意性和盲目性，促使工程建设费用、进度、质量按计划实现，确保工程建设行为的合法性、科学性、合理性和经济性。

（一）监理工作的基本原则与要求

监理工程师受业主委托进行养护工程监理，提供的是一种相对知识密集型的咨询服务。监理工程师的监理行为受到国家有关法令、法规及合同条款的限制与制约，我国公路工程监理的基本原则是：严格监理、热情服务、秉公办事、一丝不苟。

1. 严格监理

是指认真按照监理规范及技术规范行使监理工程师的职权，评判承包商的施工行为是否满足合同文件的要求以及作出符合合同文件要求的决策。如对每一道工序质量根据技术规范要求进行检查、评定，对下道工序的开工准备进行检查判定是否具备开工条件，以及作出正确的决策，即批准下道工序开工前或前道工序返工或采取某些必要的补救措施后再开工下道工序等。

2. 热情服务

各级监理人员应在思想上完全领会这一原则，同时要贯彻在实际的施工监理工作中。施工监理是一种合同管理工作，但绝不是传统意义上的行政管理工作。对于正常或合同文件明确的监理服务范围内的工作，监理工程师应积极主动地予以完成，同时求得业主与承包商的配合，而不是被动地等业主或承包商找上门来求监理工程师解决问题，更不能采取敷衍、搪塞或刁难的态度。

3. 秉公办事

FIDIC条款中明确指出监理工程师必须行为公正。秉公办事主要是指监理工程师在施工监理行为中一方面要严格按照合同条款履行自己的职责，另一方面对某一施工行为的结果，或某一合同付款的执行情况作出客观、公正的评价，而不能带任何的感情色彩。要执行好这一原则，不可避免地对监理人员在道德素质及技术水平与经验上提出了很高的要求。

4. 一丝不苟

主要强调的是监理工程师在施工监理过程中的工作态度与工作作风。一方面在对工地现场的检查及对文件审查过程中认真、踏实的态度有助于发现问题，另一方面在处理问题的过程中，不漏过任何一个环节，有助于问题得到满意的解决，只有这样才能做到防患于未然，并制止事故或合同纠纷的进一步扩大或升级。

（二）监理工程师的业务工作

工程师的任务可以概况为"三控，两管，一协调"，即：质量控制、速度控制、费用控制、合同管理、信息管理和组织协调。认真履行监理合同中规定的监理职责，充分运用业主授权，采取符合合同规定的组织、技术、合同和经济措施，对工程质量、进度、费用实行全面监理，严格合同管理和高效信息管理，保证合理地实现养护工程建设的质量、进度、费用三大预期目标。

1. 质量监理

监理工程师应按照合同规定对施工全过程进行检查、监督和管理，制止和防止各种不利于质量因素的影响，使承包人提交的工程符合合同、技术规范使用要求和验收标准的规定。防止任意环节出现疏忽（包括原材料、施工工艺、施工过程及验收）和放松质量检查，导致工程质量事故或留下质量隐患。质量监理的内容为：

（1）施工准备阶段

1）发布开工令；

2）召开第一次工地会议；

3）审批承包人的工程进度计划；

4）审批承包人的质量保证体系；

5）检验承包人的进场材料；

6）审批承包人的标准试验；

7）检查承包人的保险及担保，支付动员预付款；

8）审查承包人的施工机械设备；

9）验收承包人的施工定线；

10）验收承包人测定的地面线；

11）审批承包人提交的施工图；

12）检查承包人占用工程场地；

13）监理其他与保证按期开工有关的施工准备工作。

（2）施工阶段

1）对进入现场的所有材料、设备、构件、配件、混合料都要做检验，不符合规定要求的要拒收；

2）对构件、设备和重要材料的生产、制造和装配场所要实行监督；

3）抓好工序管理，每道工序开工都要申请和审批，只有最后验收合格才能进行下一道工序的施工；

4）落实合同要求的试验，并对实际工程的重要部位和薄弱环节安排增加试验；

5）制定巡视工地的次序和周期，对重要部位或操作实行旁站监督；

6）审批设计变更和图纸修改；

7）开好工地会议，组织质量专题会议，形成现场质量管理的制度；

8）监理工程师在必要时下达停工令，以处理工程质量事故；

9）审批分包合同和分包工程内容；

10）抓紧隐蔽工程的检验，未经监理人员检查或同意，不得将隐蔽工程覆盖；

11）监理工程师认为必要时，可以要求承包商撤换工作不力的人员；

12）严格进行中间交工验收。

（3）工程完工后的质量控制

1）按合同要求进行竣工检查和验收；

2）检查未完工作和缺陷；

3）审阅承包商关于未完工作的计划和保证；

4）监督试运行，及时解决质量问题；

5）审核竣工资料和竣工图；

6）缺陷责任期内，监督承包商完成未完工程和缺陷修补，直至签发缺陷责任证书。

2. 进度计划监理

在合同履行过程中，监理人员必须本着公平、合理的原则，协调现场各承包方之间的关系，负责对合同文件的解释和说明，处理矛盾，以保证合同的顺利执行，但无权改变合同条款。帮助承包方正确理解设计意图，负责有关工程图纸的解释、变更和说明，发出图纸变更命令，提供新的补充图纸，在现场解决施工期间出现的设计问题。监督检查承包方的施工进度，审查承包方入场后的组织设计、施工方案和施工进度实施计划以及工程各阶段或分部工程的进度实施计划，并进行监督实施。按照合同条款处理或接受承包方的申请处理有关工期延长问题。审批承包方保送的各分部工程的施工方案、特殊技术措施，必要时发出暂停施工的命令和复工命令，并处理由此引发的问题。进度监理的具体内容有：

（1）进度计划的检查与记录；

（2）定期举行工地会议，协调工程进度；

（3）局部修订工程进度计划；

（4）整体修订工程进度计划。

3. 计量与费用监理

在工程质量、工期符合合同要求的前提下，监理工程师对工程计量支付的监督管理，是监理工程师对工程施工实施监督管理和调控的重要手段之一。工程费用包括合同文件中工程量清单内所列的，以及因工程变更或业主未履行义务所涉及的一切费用。监理工程师应尽可能地减少工程量清单中所列费用以外的支出，使工程总费用控制在预定额度之内。

4. 合同管理

监理工程师依照合同约定，对执行合同过程中发生的有关合同的问题包括工程分包、工程变更、工程延期、费用索赔、争端与仲裁、工程保险、违约和转让等进行检查和处理。

5. 信息管理

在工程施工过程中，对反映工程施工质量、进度、费用实施状况，及参与者之间关系信息进行搜集、整理、分析及使用。信息管理是监理工程师正确处理问题的依据，是监理工作成果的体现和工程档案的重要组成部分。

6. 组织协调

监理单位是独立于业主和承包人的第三方，在工程实施过程中处于实施监督和管理的地位，对业主和承包人以及工程建设其他有关各方协调，使工程得以顺利进行是监理单位必须履行的职责。

（三）监理工作质量保证

由于高速公路养护工程具有养护实施的强制性、养护对象的广泛性、养护的高成本性、养护方式的独特性、养护技术的复杂性等特点，所以对工程监理的各方面都有更高的要求，只有这样才能保证高速公路养护工程高质、高效地完成。

监理工程师是施工监理工作的主体，监理工程师的行为是否适当是整个监理工作成败的关键，但有关其他各方对监理工作的认识和态度及行为对监理工作质量有十分重大的影响。为了保证监理工作质量，下列几方面的问题应引起高度重视：

1. 合同文件是监理工作最基本的依据

业主、监理工程师、承包商三方必须对此有充分共识，严格按照合同条件依法监理是监理工作质量最基本的保证。监理工程师按照合同条件行使职权，业主应给予充分的支持，承包商也应理解和提供全面的配合。

2. 高素质的监理班子是监理工作质量组织上的保证

所谓高素质是指监理工程师必须有良好的职业道德、精湛的业务知识水平及丰富的实际工作经验，只有这样，才能使监理工程师在行使职权时做到准确、科学、公正。也只有这样才能得到业主、承包商的理解、支持和配合。

3. 严格按照监理程序开展监理工作是监理工作质量的保证措施

监理工作程序充分体现了各级监理机构及人员的职责范围，严格遵循监理程序可以强化各级监理人员的责任意识，避免相互推诿、职责不清的现象发生。

4. 监理工作的重点应放在各种问题及事故预防上，而非事后检验和处理

如严格按照合同文件对承包商的人员、设备、材料的检查，把好开工报告的审批关及工序的开工申请单的审批关，则可将事故消灭于萌芽状态，避免事故的发生和损失的扩大，以保证业主及承包商的利益。

制度是规范人们各项工作和行为的准则。一套好的规章制度，能使各部门工作正常衔接，避免互相扯皮、推诿和工作遗漏，收到事半功倍的效果。高速公路养护工程市场管理应遵循公开、公平、公正、有序竞争的原则。一、三、五类资质的养护企业可进入高速公路养护市场。养护工程招投标是高速公路养护市场化的一个关键环节。评标、定标原则是：报价合理、养护方案可行、养护技术先进、确保养护质量、重合同守信用、

具有良好的社会信誉。招标文件是签订养护合同的主要依据。按付款方式的不同，高速公路养护合同分为总价合同、单价合同及成本加酬金合同。在合同管理中，需要明确业主、监理和承包商三方的权利和义务，按照合同条款，保证自己的权益。监理工程师的任务可概括为"三控、两管、一协调"。

第七章　高速公路养护质量管理

第一节　路面使用品质与路况评定

路面结构在行车荷载和自然环境等因素的长期反复作用下，其使用性能会发生变化并逐渐出现破坏，最终导致不能满足车辆高速行驶的要求。因此，高速公路在使用过程中，必须对路基路面采取相应的养护、补强措施，使其路面使用性能得到恢复，甚至得到提高。

高速公路路面的使用品质及路面状况评定，是高速公路管理部门运用一定的科学检测手段与方法对其进行必要的技术检查，以确定其路面结构现时的使用性能。

高速公路路面的使用性能包括路面功能、路面结构和路面安全3个方面的内容。路面功能是指路面为公路使用者所提供的舒适程度；路面结构是指路面的物理状况，包括路面破坏状况和结构承载能力；路面安全则是指路面的抗滑能力。

路面功能与安全方面的使用性能为高速公路的使用者所关心。对于高速公路管理部门而言，则更注重路面结构性能。因此，高速公路的路面使用功能的3个方面既相互联系又有一定的区别。

一、路面结构承载能力的评定

路面结构承载能力是指高速公路路面在达到预定的损坏状况之前还能够承受的行车荷载的作用次数，或者还能使用的年数。

路面结构的承载能力包括刚度和强度两个方面。路基路面整体结构或者是各个结构层应具有足够的刚度，使得在车轮荷载作用下不发生过量的变形，不发生车辙、沉陷或波浪等各种病害。同时路面结构应该具有足够的强度以抵抗车轮荷载引起的各个部位的各种应力，如压应力、拉应力、剪应力等，保证不发生压碎、拉断、剪切等各种破坏。

路面结构的承载能力同高速公路的破坏状况有着内在的联系。在其使用过程中，路面结构的承载能力会逐渐下降，同时破坏状况也会随之恶化。承载能力较低的路面结构，其损坏状况的发展也比较迅速；当路面结构的承载能力接近临界破坏状态时，路面的破坏状态将达到严重状态，此时必须采取相应的养护措施或改建措施来恢复或者提高路面结构的承载能力。

对高速公路路面结构的承载能力测定，主要是通过对路面强度的调查进行评价。

路面强度调查通常可以分为破损类和无破损类两种方式。前者从路面各结构层内钻取试样，试验后确定其各项计算参数，并通过与设计标准相比较，估算出其结构的承载能力；后者则是通过对路表进行无破损的弯沉测定，从而估算出路面结构的承载能力。

高速公路路面强度的调查指标为路面的弯沉值。路面在载荷的重复作用下产生的弯沉量，在一定程度上可以反映出路面结构的承载能力。路面的结构破坏可能是由于过量的竖向变形所造成，也可能是由于某一结构层出现断裂破坏而造成。对于前一种状况，一般采用最大弯沉值来表征路面结构的承载能力比较合适；对于后一种状况，则通常采用路表弯盆值的曲率半径来表征其承载能力比较合适。因此，比较理想的弯沉测定应包含路面的最大弯沉值和弯盆值两个方面。

常用的弯沉测定仪器有4种：

1. 贝克曼梁弯沉仪

用贝克曼梁弯沉仪测定时，将梁的端头穿过测定车后轴双轮轮隙，置于车轮前方10m左右的路面测试点上，梁在后三分点处通过支点支承于底座上。梁的另一端处架设一百分表，以测定端头的升降量。车辆以爬行速度向前行驶，车轮经过梁的端头时，读取百分表的最大读数；车辆驶离后，再读取百分表的读数；两者之间差值的两倍即为路表面的回弹弯沉值。贝克曼梁弯沉仪量测到的是最大回弹弯沉值。

2. 自动弯沉仪

自动弯沉仪测定时，将弯沉测定梁连接到测定车后轴之间的底盘上。测定时，将梁支于地面保持不变，车辆向前匀速移动，当后轮驶过并通过梁端头时，弯沉值被自动记录下来，达到最大弯沉值时测定梁被提起，并拉到车辆底盘的前端，到下一个测点处将测定梁再放下。自动弯沉仪测定的是最大总弯沉值。它可以连续地进行弯沉测定，并自动记录测定结果。一般检测车的行驶速度为3～5m，每天可以测定的路程约30km。

3. 稳态动弯沉仪

稳态动弯沉仪是利用振动力发生器在路表面作用一固定频率的正弦动荷载，通过沿荷载轴线间隔布置的速度传感器（检波器）量测路表面的动弯沉曲线。通常用在高速公路上的是轻型动弯沉仪，所施加的动荷载约50kN。

4. 脉冲弯沉仪

又称落锤弯沉仪（FWD），它以50～300kg的质量从4～40cm高度落下，作用于弹簧和橡皮垫上，通过30cm直径承载板传给路面半正弦脉冲力。通过改变落锤质量和落高，可以施加不同级位的荷载，一般为15～125kN。脉冲力作用持续时间约为0.028s。利用沿荷载轴线间隔布置的速度传感器，量测到路表面的弯沉曲线。由于仪器本身重量轻，路面受到的预加荷载的影响比稳态动弯沉仪的影响小得多。

前两种测定属于静态测定，可得到路面的最大弯沉值，其中轮载、轮压和加载时间（行车速度）是影响路面弯沉值测定结果的3项加载条件。在测定前和测定过程中，必须认真检查是否符合检测的规定要求。

测定时，检测车沿轮迹带行驶，测点间隔可为20～50m，视测定路段长度要求而定。

测定结果可以绘成弯沉断面图。由于影响承载力变化的因素较多，可以知道各点的弯沉值差异较大，因而通常我们采用统计方法对每一路段的弯沉值进行统计处理，以路段的代表弯沉值表征该路段的承载能力。

后两种则为动态测定，可以得到最大弯沉值和弯盆值。动态弯沉测定可以得到路表弯沉曲线。作用于路表的动荷载向路面结构内的应力扩散类似圆锥形。应力锥同各结构层次界面的交点具有特定的含义：在交点以外的路表弯沉值仅受到此交点所在界面以下的各结构层模量的影响。利用这一特性，可以依据应力锥和结构层次布置传感器的位置，并按照测量得到的弯沉值应用层状体系理论解分别确定各结构层的弹性模量值。同时在弯沉测定时对于所施加的动荷载的大小应尽可能接近于路上的车辆荷载。

对于沥青路面而言，由于沥青面层的劲度随温度变化，路基的模量随湿度变化，因此，弯沉测定的结果同测定时的路面结构的温度和湿度状况有一定的关联，通常我们以20℃作为沥青路面的标准测定温度，以最不利潮湿或春融季节作为测定时期。对于其他环境条件下测定的结果，应该做温度和湿度的修正。同时，由于气候、水文、地质和土质条件的不同，各地区路基湿度和季节性变化规律也大不相同，并且路面结构不同，路基温度变化对路表弯沉值的影响程度也不一样。因此，考虑湿度变化的季节修正系数随地区、土质、路基潮湿类型，路面结构等因素而变，应按当地的具体条件建立弯沉季节变化曲线，结合经验确定。

目前，提倡高速公路路面强度采用自动弯沉仪进行检测。对于弯沉的检测应在不利的季节进行，并注意温度和湿度的修正；若是在非不利季节测定，则应该按照各地的季节影响系数进行修正。

二、路面结构损坏状况评定

高速公路路面结构的损坏状况，反映了路面结构在行车荷载与自然因素的双重作用下保持路面整体稳定性与结构完整性的程度。

新建与改建高速公路的路面，都需要进行保养和维护，以延缓路面结构的破损状态；在结构出现破坏后，应及时采取相应的维修措施以减小路面损坏的速度；当路面损坏状况恶化到一定限度后，则应采取大修措施来恢复或提高其结构的完好程度。

在此对高速公路路面结构的损坏状况从三个方面进行描述：

（一）损坏类型

高速公路路面结构出现损坏的原因是多方面的，如荷载因素、环境因素、施工因素和养护因素等，因此结构损坏所表现出来的形态也是多种多样的。各种损坏类型对路面结构的完整性和路面的实用性能有着不同程度的影响，应该根据具体情况采用与之相适应的养护措施。因此，在进行路面结构损坏状况调查前，应依据损坏的形态、特征和原因进行分类。

按照损坏模式和影响程度的不同，将常见的损坏类型分为4类（见表7-1）。

1. 裂缝或断裂类

路面结构的整体性因裂缝或断裂而受到破坏。

2. 永久变形类

路面结构虽能保持整体性，但形状在各种因素的作用下产生了较大的变化。

3. 表面损坏类

路面表层部分出现局部缺陷。

4. 接缝损坏类

水泥混凝土接缝及其邻近范围出现的局部损坏。

表7-1　路面损坏分类

类型	沥青路面	类型	水泥路面
	纵向裂缝	裂缝或断裂	纵向裂缝
	横向裂缝		横向裂缝
	龟裂		斜向裂缝
	块裂		角隅裂缝
	温度裂缝	变形	沉陷
	反射裂缝		隆起
永久变形类	车辙	表面损坏	纹裂或起皮
	波浪		
	沉陷		
	隆起		坑洞
表面损坏类1	泛油	接缝损坏	填缝料损坏
	松散		接缝料损坏
	坑槽		拱起
	磨光		唧泥
	露骨		错台

（二）损坏分级

高速公路的各种路面损坏类型处于不同的发展阶段时，对于路面的使用性能有不同程度的影响。例如，在裂缝出现时，缝隙细微，边缘处材料完整，因而对行车的舒适度影响极小，裂缝间也尚有较高的传荷能力；发展到后期，缝隙变得很宽，边缘处严重碎裂，行车出现较大颠簸，裂缝之间几乎没有传荷能力。因而，为了区别同一种损坏对路面使用性能的不同影响，对各种损坏按照影响的严重程度划分为几个等级（一般有2～3个等级）。

对于断裂或裂缝类损坏，分级时主要考虑对结构整体性影响的程度，可采用缝隙宽度、边缘碎裂程度、裂缝发展情况等指标表征；对于变形类损坏，主要考虑对行车的舒适性的影响程度，可采用平整度指标进行分级；对于表面损坏类，则不需要分级。而具体指标和分级标准，则根据各地区的特点和其他因素综合考虑，经过调查分析后确定。

各种损坏出现的范围：对于沥青路面，通常是按照面积、长度，除以被调查子路段的面积或长度后，以损坏密度计。对于水泥混凝土路面，则调查出现该种损坏的板块数，以损坏板块数占此路段总板块数的百分率计。

（三）损坏调查和损坏状况评价

损坏调查通常由2人组成的调查小组沿线进行目测。调查人员鉴别调查路段上出现的损坏类型和严重程度并丈量损坏范围，记录在调查表格中。如果同一路段出现多种损坏或多种严重程度，应分别予以计量和记录。为了定量化地比较各路段的损坏状况或严重程度，需采用一项综合的评价指标，把这4方面的状况和影响综合起来。

通常我们采用的是扣分法，首先选择一项损坏状况的度量指标，如路面状况指数PC，以百分制或十分制计量。对于不同的损坏类型、严重程度和范围规定不同的扣分值，按路段的损坏状况累计扣分值，最后以剩余的数值表征或评价路面结构的完好程度。但各种损坏类型和严重程度对路面完好程度及其衰变速率有不同程度的影响，对路面使用要求的满足程度有不同的影响，对养护和改建措施也有不同的需要，因而很难建立一个明确的数量关系。所以我们一般采用主客观相结合的方法，确定不同损坏类型、严重程度和范围的扣分值。

首先制定一个统一的分级和评分标准表，将路面状况划分为几个不同的等级，采用百分制，为每一个等级规定相应的级差范围和相应的养护对策类型。其次，选择一些单一损坏类型，由专门的人员组成评分小组，按评价标准对各路段进行评分。通过对评分结果进行整理，制定每一类损坏类型的扣分表。如果某一路段上出现几种损坏类型或严重程度等级，分别按单项扣分值累加得到多种损坏类型或严重程度路段的扣分值，有时会超过对多种损坏路段进行评分的结果。这种情况需要按一定的标准进行修正。

三、路面行驶质量评价

高速公路路面行驶质量的好坏，从路面状况的角度考虑，主要因素是路面的平整度。路面平整度是路面诱使行车出现振动的高程变化。路面不平整引起的车辆振动，对车辆磨损、燃油消耗、行车舒适、行车速度、路面损坏和交通安全等多方面产生直接影响。

（一）路面平整度测定方法

通常我们根据路面平整度测定方法和仪器的不同，分为断面类平整度测定和反应类平整度测定两种方法。

1.断面类平整度测定

断面类平整度测定是直接沿行驶车辆的轮迹量测路面表面的高程，得到路表纵断面，通过数学分析后采用综合统计量作为其平整度指标。这一类测定方法主要有：

（1）水准测量

采用水准仪和水准尺沿轮迹测出路表高程，从而得到精确的路表纵断面。其测定结果比较稳定，方法简便，但速度慢。

（2）梁式断面仪

用3m长的梁连续量测轮迹处路表同梁底面的高程差，由此得到路表纵断面。比水准测量的速度要快些。

（3）惯性断面仪

在测试车身上安置竖向加速度计，测定行驶车辆的竖向位置变化，车身同路表面之间的距离，利用激光或超声等传感器测定。把这两方面的测定结果叠加，便可得到路表纵断面。

这种断面类平整度测定方法的优点是可直接得到轮迹带表面的实际断面，依据它可以对路面平整的特性进行分析。但这类测定方法的操作和维修技术要求较高。

2. 反应类平整度测定

反应类平整度测定系统通常是在主车或拖车上安装由传感器和显示器组成的仪器。可以传感和累积车辆以一定的速度驶经不平路表面时悬挂系统的竖向位移量。显示器记下测定值，通常是一个计数数值，每计一个数相应于一定的悬挂位移量。

反应类平整度测定系统的优点是价格相对低廉，操作简单，同时可用于大范围的路面平整度快速测定。但是这类测定系统对路面平整度的测定是间接量度，因而测定结果同测试车辆机械系统的振动特性和车辆行驶的速度有关。所以这类测定系统的缺点是：①时间稳定性差，即同一台仪器在不同时期测定的结果，会因车辆振动特性随时间的变化而不一致；②转换性差，即不同部门测定的结果，因采用的测试车辆振动特性的差异而难以进行对比；③不能给出路标的纵断面。

为克服第一个缺点，需要经常对测定仪器进行标定，标定路段的平整度采用断面类平整度测定方法测定。测定仪器在标定路段上的测定结果与标准结果建立回归关系，即为标定曲线。利用此曲线，可将不同时期的测定结果进行转换。

为克服第二个缺点，我们一般寻求一个通用的平整度指标，以便把不同仪器或不同部门测定的结果，统一转变为以通用指标表示的平整度值，从而可以相互比较。

（二）国际平整度指数

反应类平整度仪测定的结果，通常以车辆行驶一段距离后的累积计数值表示，即为（计数值之和）/（所测公里数）。若把每一种反应类平整度仪的计数以相应的悬挂系竖向位移量表示，则测定结果可表示为m/km，它反映了单位行驶距离内悬挂系的累积竖向行程。这是一个类似于坡度的单位，称作平均调整坡（ARS）。以ARS作为指标表示测定结果时，不同反应类平整度仪测定之间可以建立良好的相关关系，但这种关系只能在测定速度相同的条件下才能成立。所以，必须按照速度分别建立回归方程。

国际平整度指数（IRI）是一项标准化平整度指标。它同反应类平整度测定系统相类似，但是采用数学模型模拟1/4车（单轮）以规定速度（80km/h）行驶在路面上，分析具有特征参数的悬挂系在行驶距离内由于动态反应而产生的累积竖向位移量，分析结果也以m/km表示。

（三）行驶质量的评价

路面行驶质量同路表面的不平整度、行驶车辆的动态响应以及人的感受能力等3个方面的因素有关。因而，不同的乘客乘坐同一辆车行驶在同一路段上，由于各人对行驶舒适性的要求和对颠簸的接受能力不同，因而对该路段的行驶质量也会做出不同的评价。

由于评价带有一定的主观随意性，因而我们通常采用主客观相结合的评价方法进行行驶质量评价。一方面邀请具有不同代表性的乘客，按个人的主观意见进行评分，而后汇总大家的评价结果，以平均评分值代表大家的评价。另一方面对各评价路段进行平整度量测。通过回归分析建立主观评价同客观测量结果的相关关系，由此建立合适的评价模型，便可以对路面的行驶质量进行比较统一的客观评价。

对行驶质量的评价可采用10分评分制。要求评分小组的成员应涵盖对行车舒适性有不同感应的各类对象（不同职业、年龄、经济状况以及文化背景等）。所选择的评分路段，其平整度和路面类型能覆盖可能遇到的范围和情况评分所选用的车辆，应选择其振动特性具有代表性的试验车，且在整个评分过程中，应采用相同的试验车和行驶速度。

整理各评分段的主观评分和客观量测结果后，通过回归分析建立线性或非线性的评价模型，如：

$$RQI = 6.76 - 0.46 IRI$$

利用评价模型对路面行驶质量的好坏做出相对的评价，还需要建立行驶质量的标准，以衡量该评价对使用性能最低要求的满足程度。

对于评价标准的制定，一方面依赖于乘客对行驶舒适性的要求，另一方面在很大程度上受到经济因素的制约。评价标准定得太高，会使路网内许多路段的路面需要采取改建措施，从而提高了投资额。因而，在考虑到乘客的经济方面因素的同时，仍需要按照当地的经济条件分析这一标准的可接受程度，再做出决定。

四、路面抗滑性能

路面抗滑性能是指行驶车辆轮胎受到制动时沿路表面滑移所产生的抗滑力。它是路面安全性能评价的主要指标，其调查指标为轮胎与路面的摩擦系数。

（一）摩擦系数的测定方法

1. 制动距离法

以一定速度在潮湿路面上行驶的四轮小客车或轻型车，当四个车轮被制动时，车辆减速滑移到停止的距离，可用以表征非稳态的抗滑性能，以制动距离数SDN表示：

$$SDN = v^2/225L_S$$

式中：v ——刹车开始作用时车辆的速度，km/h；

L_S ——滑移到停车的距离，m。

要求测试路段为材料组成均匀、磨耗均匀和龄期相同的平直路段。测试前和每次测定之间，先洒水润湿路表面到完全饱和。制动速度以64.4km/h为标准速度，也可以采用其他速度，但不宜低于32km/h。

2. 手工（或电动）铺砂法

用中子源发射的许多束光线，照射到路表面的不同深度处，用200多个二极管接收返回的光束，利用二极管被点亮的时间差，算出所测路面构造深度。路表构造深度TD（min）是指一定面积的路表面凹凸不平的开口空隙的平均深度。这种方法测试速度较快，适用于测定沥青路面干燥表面的构造深度，用于评价路面抗滑及排水能力，但不适用于较多坑槽、显著不平或裂缝过多的路段。

3. 偏转轮拖车法

拖车上安装有两只标准试验轮胎，它们对车辆行驶方向偏转一定角度（7.5°～20°）。汽车拖车以一定速度在潮湿路面上行驶时，试验轮胎受到侧向摩擦力的作用。记下此侧向摩擦力，除以作用在试验轮上的载重，可得到以横向力系数SFC表征的路面抗滑性能：

$$SFC = F_S/W$$

式中：F_S ——作用在试验轮胎上的横向摩擦力，N；

W ——作用在轮胎上的垂直荷载，N。

锁轮拖车法和偏转轮拖车法都具有测定时不影响路上交通，可连续并快速进行的优点。

4. 摆式仪法

摆式仪的摆锤底面装有一橡胶滑块，当摆锤从一定高度自由下摆时，滑动面同试验表面接触。由于两者间的摩擦而损耗部分能量，使摆锤只能回摆到一定的高度。表面摩擦力越大，回摆高度越小（摆值越大），用摩擦摆值BPN表示。

（二）抗滑性能评价

影响路面抗滑性能的因素有路面表面特性（细构造和粗构造）、路面潮湿程度和行车速度。路表面的细构造是指集料表面的粗糙程度，它随车轮的反复磨耗作用而逐渐被磨光。细构造在低速行驶条件下对路表面抗滑性能起作用；而高速时起作用的是粗构造，它是路表外露集料之间形成的构造，能使路表水迅速排除，以免形成水膜。构造深度表征粗构造的性能。

路表面应具有的最低抗滑性能，视道路状况、测定方法和行车速度等条件决定。各国根据对交通事故率的调查和分析，以及同路面实测抗滑性能之间建立的对应关系制定抗滑指标。根据不同的测定方法，评价路面抗滑性能时应采用不同的测试指标。

为提高高速公路的抗滑能力，要求沥青路面的抗滑表层要有粗糙的表面，保证满足表的指标。在养护时，除了规定抗滑表层的矿料级配外，《公路沥青路面施工技术规范》还对抗滑表层粗集料的抗滑性能作了规定，要求石料的磨光值不小于42，冲击值不大于28。

如果抗滑性能不足，可采取全面加铺抗滑磨耗层或者对局部进行处理。

第二节　高速公路养护质量评定

一、高速公路病害及其分类

由于前面已经介绍了路面病害，这里主要介绍路基病害和桥梁病害。

（一）路基的病害及其分类

路基是路面的基础，其强度和稳定性是保证路面结构稳定、路用性能完好的基本条件。路基的病害及破损由路基的强度和稳定性不足引起。主要有两方面的因素：一是自然因素和地质条件；二是人为因素，包括设计、施工和养护。我们将路基的病害分为以下几类：

1. 边坡病害

高速公路特别是山区高速公路的边坡病害是路基常见的病害之一。包括以下几种：

（1）崩塌

岩体突然而猛烈地从陡峻的斜坡上崩离翻滚跳跃而下的现象。它可能发生在高峻的自然山坡上，也可能发生在人工路堑边坡上。

（2）落石

是岩石碎块的一种剥落现象，路堑边坡较陡，岩石破碎风化严重，在震动和水的浸蚀与冲刷作用下，块状沿坡滚落。

（3）滑坡

路基山坡土体或岩体，长期受地面水、地下水活动的影响，使其结构破坏，逐渐失去支撑力，在自重力作用下，整体沿着一定的软弱面或软弱带向下滑动的地质现象。

（4）坡面冲刷

花岗岩残积层、石炭系炭质、泥质页岩、砂岩残坡积层都有不同程度的坡面冲刷问题，其中以花岗岩残积层的坡面冲刷最为严重。

（5）剥落

是指边坡表土层或风化岩表面，在湿热的作用下，表面发生胀缩的现象，从而引起零碎薄层从边坡脱落下来。

（6）泥石流

泥石流形成的类型可分为：

①水流冲刷山坡滑落物质形成的泥石流；

②由水流冲刷河床物质形成；

③由滑坡直接演变成的泥石流；

④高山地区山坡在冻融作用下产生下滑的液体冻土。

2. 高填土路基常见病害

（1）沉陷

高填土路基随时间的延长与荷载的作用，路面在垂直方向上产生较大的变形和沉陷，在沉陷的同时，还伴随着路基横纵向开裂或边坡滑动。

（2）排水不畅

路基排水不畅，导致路基浸水和软化，使路基下沉塌陷，造成局部沉陷，路面结构早期损坏。

（3）路堤冲刷损坏

高填土路基如果不是全防护，裸露部位易被暴雨冲刷，造成病害。冲刷严重时，易造成边部、边坡局部开裂，局部滑塌等现象。

3. 路基水毁

由于地质、地形、地貌、气象等自然条件，人为对环境的破坏，养护措施不力或施工缺陷的原因，造成了形式多样的水毁形态，例如有水毁滑坡，坡面冲沟、坍塌、淤塞涵洞、掏挖路基和冲垮桥梁等。

4. 翻浆

潮湿地段的路基在冰冻作用下，地基中的水分不断地向上移动聚集，引起路基冰胀。春融时，路基湿软，强度急剧下降，加上行车荷载的作用，路面发生坍塌、冒浆、车辙等现象。

（二）桥梁的常见病害

1. 桥梁裂缝

桥梁出现裂缝，但其宽度不大，无明显的发展趋势，主要是由施工过程中对质量控制不严造成的。

2. 桥面板渗水

桥面板渗水严重，主要是由于桥面铺装层防水设施不好，在降水过程中或冬季融雪水渗入桥面造成。

3. 支座老化、变形

对于桥梁的橡胶支座老化、变形、开裂现象，应适当增加观察次数，如发现影响桥梁使用，应尽快予以更换。

4. 墩台清理

桥梁的墩台上方有施工时遗留的垃圾，影响到支座的伸缩及梁体的位移，应予以清理。

5. 桥头跳车

桥头跳车主要是由变形沉降造成，桥头沉陷形成的跳车绝大多数发生在大中桥等柱式结构的台底，而且沉降量较大。

6. 桥面不平或者沥青混凝土脱落

沥青混凝土桥面铺装厚度太薄是造成桥面不平的主要原因。沥青混凝土脱落主要是由于铺装前桥面清扫不净，有杂物或悬浮粒料存在或桥面防水混凝土施工时水灰比过大造成灰浆上浮成层，加之表面渗水，使沥青混凝土与桥面之间的存水不能及时排除，容易产生冻胀破坏，形成软弱夹层，使沥青混凝土铺装层与桥面不能形成良好结合，在行车荷载作用下，产生推移、拥包、翻浆及沥青混凝土脱落。

7. 伸缩缝与路面连接不顺及损坏

大桥的伸缩缝一般采用梳齿型钢板伸缩缝，其梳齿在反复行车荷载及自身的伸缩过程中易产生翘曲，杂物的填堵更加剧其变形，造成与路面的连接不顺；在中小桥使用橡胶板式伸缩缝，其橡胶体直接承受车轮碾压冲击，其本身及锚固件易损坏，而其施工又不易控制，造成质量不稳定，其他伸缩缝较宽，行车软硬过渡中必然产生较大的震动，从而导致伸缩缝损坏与路面连接不顺。

二、高速公路养护质量检查

（一）高速公路养护质量的分级检查

高速公路养护质量检查包括：各省对本地区高速公路养护质量的定期检查；交通运输部对各省高速公路养护质量的定期检查。

交通运输部对各省的检查为一级检查评定，检查周期为每5年1次，一般安排在检查年份的第3季度，由交通部根据有关规定，组织或委托各省有关专家进行分片或专线联合检查；各省对各自管理路线的自检为二级检查评定，检查周期为每年1次，原则上为每年10月份，各地根据实际情况确定检查时间（如在冬季检查，北方寒冷地区绿化项由除雪防滑项替代）；高速公路各基层管理部门的日常检查为三级检查评定，检查周期为每月1次。

一级检查为抽检，各受检单位受检路线原则上不少于两条；二级检查为普检，各省对各自所管路线进行全面的检查评定，并对每条路线形成完备的自检报告，以备一级检查使用；三级检查也为普检，是高速公路基层管理部门对日常养护工作的全面跟踪检查。各管理处所辖路段为一调查段。以百米里程桩之间为一个调查单元，以公里桩之间为一个统计段，按左、右车道分别统计，互通立交作为一个独立调查段，每一个匝道列为一个统计段，互通立交主线仍列入主线内统计。将各个路段内各破损数据分别统计后，计入汇总表内，汇总表应包括路线编号和起止桩号。

（二）高速公路养护质量检查

1. 日常检查

（1）日常巡视

为了掌握公路路况和交通运行状况等进行的巡视。主要巡视路基、路面桥涵隧道等构筑物及绿化、沿线设施的完好程度，检查是否有影响行车的路障。巡视每天不少于1

次，并及时做好记录。

（2）夜间巡视

为了检查夜间照明和标志、标线的技术状况而进行的巡视。每月不少于1次，对发现的问题及时做好记录并提出处理意见。

2.定期检查

为了掌握高速公路及其附属设施的技术状况，制定养护工程计划和评定养护质量而实施的检查。为加强养护质量管理，应建立健全定期的养护工作检查制度。分公司每季度进行1次，管理处每月进行1次检查、评定养护质量。

（1）养护工作检查的内容主要有：公路养护质量，养护工区管理，执行公路养护政策情况，维修保养、专项工程、大修工程，养护机械使用与管理，清障工作情况，技术管理，安全生产情况等。

（2）高速公路养护质量检查评定，按部颁标准执行。

3.特殊检查

指发生大的洪水、台风、地震等自然灾害和有可能对高速公路及其附属设施造成破坏的异常情况发生时进行的检查。

（1）检查内容：主要检查处于危险地点的路基、路面、桥涵、隧道等构造物及沿线设施。

（2）特殊检查时，应携带通信设备和安全标志，以便沟通情况，采取应急措施；同时还应检查沿线养护单位的材料、设备、技术力量，为合理制定防灾措施、恢复原有技术状况提供决策依据。

（3）特殊检查结束后，检查人员应及时将检查情况提出专题报告。

（三）高速公路桥梁隧道养护检查

高速公路桥梁养护检查是为了掌握高速公路桥梁、隧道技术状况，各管理处每年应对大、中桥梁、隧道进行专项检查。桥梁、隧道养护检查分经常性检查、定期检查和特殊检查，检查的内容和要求根据《公路养护技术规范》或各地根据实际情况制定的特大桥、隧道养护管理实施办法的要求进行执行。

（1）经常性检查由专职桥梁养护工程师（技术员）主持进行。以直接目测为主，配合简单工具测量，以掌握桥梁技术状况的变化，为桥梁维修保养工作提供依据。经常性检查每3个月进行1次。在汛期前后应进行1次检查。检查应如实作好记录，当场填写桥梁经常性检查记录表，存在3类以上桥梁技术状况的病害时，应及时上报。

（2）定期检查以目测结合仪器检查为主，对桥梁各部分进行详细的检查。定期检查时间一般每年进行1次。发现3类以上桥梁技术状况病害的以及难以判断损害程度和原因的，应做出详细描述、说明，填写相应表格，必要时应附以照片。检查结束后应按要求写出检查报告，整理检查记录、存档。

（3）特殊检查分为应急性检查和专门检查，主要采用仪器、设备等特殊手段和科学方法分析桥梁病害的确切原因的程度，确定桥梁的技术状态，以采取相应的加固、改造措施。承担特殊检查的单位应按规定时间完成检查任务，提出检查报告。特殊检查工作由桥梁工程师负责协调监督，由主管部门主持组织桥梁工程师以及有关专家对检查报告进行评审，提出评审意见。

（四）高速公路养护质量的外业调查和内业评定

在进行外业调查前，要合理安排外业调查计划，包括路线、外业时间、人员、检测设备、记录等，其中路面调查包括路面破损状况、路面结构强度、路面平整度和路面抗滑能力4项。内业评定重点是各种数据的整理分析，报表的分类管理。制度的检查侧重于养护工作制度、目标管理、日常考核办法的制定。

对于不同的外业检查内容，应尽可能地采用先进的自动化检测设备，而且不同的内容，要求检查的频率也是不一样的：

（1）路面破损状况（PCI）的调查指标是综合破损率（DR）。对于路面的破损状况数据调查，根据我国高速公路的发展现状，宜采用人工和自动化仪器相结合的调查方法，并逐步过渡到路面摄影调查方法；检查范围包含所有的行车道和超车道，紧急停车带按路肩处理；要求1~3月调查1次。

（2）路面结构强度（PSSI）的调查指标为路面弯沉值（DF）。对于路面弯沉值的调查，应采用连续式路面自动弯沉仪或车载式落锤弯沉仪进行检测，测定时按现有交通量测定上、下的行车道，互通立交匝道的测定视情况抽样进行；要求检测数量不小于20点/车道·公里·方向，且只检测外侧行车道；要求1~2年调查1次。

（3）路面平整度（RQI）的调查指标为国际平整度指数（IRI）。对于国际平整度指数的调查，全面调查时采用车载式颠簸累积仪进行，小范围抽样调查时可采用连续式平整度仪或三米直尺；并且只检测外侧行车道，且每100延米记录1个检测结果；要求1年检测1~2次。

（4）路面抗滑性能（SRI）的调查指标为横向力系数（SFC）。对于横向力系数的调查，建议采用横向力系数检测车或其他自动化检测设备进行检测，要求1~2年调查1次。

（5）对于路基构造物的路基、路肩、边坡和边沟等的检测，应采用实地丈量的方法，用路况数据采集仪采集；要求1～3月进行1次。

（6）对于桥梁、涵洞、通道等的检测，一般采用目测或尺量的方法进行，要求1～3个月进行1次。高架桥或跨江、河的桥梁在进行桥梁构部件破损检测时，推荐使用桥梁综合检测车进行辅助检测。

（7）对于隧道的监视、通信、照明设施等的检测，要求1年检测1～2次。

（8）对于交通安全设施和沿线设施的检测，要求1～3个月调查1次。

（9）对于绿化或者是除雪防滑的调查，要求1年1次。

三、高速公路养护质量评定

高速公路养护质量的评定，以公里为单位，以里程碑为界，按路面（沥青混凝土路面或水泥混凝土路面）、路基构造物、桥梁通道、隧道、交通安全设施、绿化（除雪防滑）、沿线设施7项养护内容（表7-2）来评定。

高速公路养护质量评定标准采用高速公路养护质量指数MQI（Expressway Maintenance Quality Index）和相应的分项指标确定。

根据MQI的评价结果，将高速公路分为优、良、中、次、差5个级别。

高速公路养护质量指数应经常保持不低于80。

表7-2　高速公路养护质量检查评定内容

工程项目	检查内容
路面	1. 强度、平整度、摩擦系数的定期测定； 2. 路面病害的定期调查与及时处理
路基构造物	1. 整理路肩、边坡、修剪路肩草，保持路容整洁； 2. 疏通排水设施，保持排水系统通畅； 3. 清理浮石及塌方、填充冲沟、保持进坡平顺稳定； 4. 经常维护路基构造物使其处于完好状态
桥涵通道	1. 桥头（涵顶顶）跳车处理； 2. 清除污泥、积雪、杂物、保持路面、通道内和涵洞口清洁； 3. 泄水孔、涵管和通道排水系统疏通，栏杆油漆粉刷、桥下淤泥疏导； 4. 伸缩缝或个别构建的修理更换； 5. 河床铺底及调制构造物的修复；通道结构部位破损的修复； 6. 墩、台及倒墙的修理；涵洞进出口铺砌的修理； 7. 上部构造局部破损修理
交通安全设施	1. 标志牌、里程牌、百米栏、轮廓线、标线、集水井、通信井、紧急电话、可变情报板的维护机修理； 2. 护栏、隔离栅、防眩板、隔音墙等的维修

工程项目	检查内容
绿化（除雪防滑）	1.乔木、灌木、花草的施肥、修剪、打药、浇水护管情况； 2.缺株、缺苗、枯死树、倒歪树情况； 3.景区清除杂物； 4.空白路段（①清除积雪；②除雪的及时性；③撒布防滑料）
隧道	1.清除隧道内路面污染物及杂物，保持清洁； 2.疏通隧道排水沟； 3.照明设施、监视设施的清尘； 4.照明设施、通报设施、通信设施，监视设施的局部维修更换； 5.主体衬砌及构造物的修复
沿线设施	1.上跨桥防落网破损、结构部件的维修； 2.收费岛部位的破损、防撞立柱变形； 3.管理处、收费站、服务区、停车场坞工体及广场路面破损

四、养护质量评定的相关规定

交通运输部颁布的《高速公路养护质量检评方法》是公路管理部门加强高速公路养护管理工作，及时掌握高速公路养护质量和服务水平，推进高速公路路况科学检测和养护质量评定工作的科学化、规范化和制度化的基本方法，高速公路养护质量检评工作需要遵循相关规定。

1.路况数据检评

高速公路养护质量评定所需数据按上行方向（桩号递增方向）和下行方向（桩号递减方向）分别检测和记录。桥涵构造物扣分计入桥涵构造物所属路段。高速公路匝道的养护质量由高速公路管理单位或经营企业自行评定，评定结果不纳入统计和上报范围。

（1）路面破损状况检测

1）路面破损状况按规定的类型和内容进行现场调查。

2）路面破损状况检测范围包含所有行车道和超车道。紧急停车带按路肩处理。

3）路面破损状况数据应采用自动化的检测系统检测。条件不具备时可采用实地丈量，用路况数据采集仪（PCR）记录的方法采集。

路况数据采集仪（PCR）是一种便携式多功能路况数据检测设备（16cm × 7cm × 3cm，）。可用于记录路面破损、路基、桥涵构造物和沿线设施等项目的检测数据，并能与计算机实现双向数据通信。

（2）路面结构强度检测

1）路面结构强度应采用连续式路面自动弯沉仪或落锤式弯沉仪检测。

2）弯沉检测数量应不小于20点/车道·公里·方向。

3）路面结构强度只检测外侧行车道。

将路面弯沉检测密度定为20点/车道的主要考虑是高速公路管理系统（Cpms）的养护决策需要和路面补强设计需要。

路面自动弯沉仪是用于采集路面弯沉的大型自动检测设备，采集速度约为3km/h，检测密度超过100点/km。

（3）道路平整度检测

1）道路平整度应采用车载式颠簸累积仪或其他自动化设备检测。车载式颠簸累积仪是用于检测道路平整度的自动化检测设备，能在正常车流速度下采集道路平整度数据。

2）道路平整度检测设备必须进行定期标定，每年至少标定1次。

3）道路平整度只检测外侧行车道，每100延米记录1个检测结果。

（4）路面抗滑性能检测

1）抗滑性能检测应采用横向力系数检测车（SCRIM）或其他自动化检测设备。横向力系数检测车是用于采集路面抗滑性能的大型自动化检测设备，能以正常车流速度采集相关数据。

2）抗滑性能检测数量应不小于10段/车道·公里·方向。

3）路面抗滑性能只检测外侧行车道。

（5）路基、构造物和沿线设施检测

1）高速公路养护质量评定所需要的路基、桥涵构造物和沿线设施数据，应采用实地丈量的方法，用路况数据采集仪（PCR）采集。

2）在桥梁检测时，有条件的省市应积极采用桥梁综合检测车。

2.路况数据检评频率

与路面破损等指标比较，在高速公路上，路面结构强度、路面抗滑性能和道路平整度的变化较为缓慢。综合考虑有关规范规定、国内外有关文献、管理经验、养护需求、检测设备的性能（速度）和检测成本等因素，高速公路养护质量评定所需数据的调查频率按表7-3执行：

表7-3　养护质量评定数据调查频率

调查项目	调查内容	调查频率
路面	路面结构强度（PSSI） 路面抗滑性能（SRI） 道路平整度（RQI） 路面破损状况（PQI）	每2年1次 每2年1次 每1年1次 3个月1次
路基	路基、路肩、边坡、边沟	3个月1次
桥涵构造物	桥梁、涵洞、隧道	3个月1次
沿线路设施	收费站、服务区、标志和标线	3个月1次

3. 养护质量指数（MQI）

高速公路养护质量指数（MQI）评定时，对不足1km的路段按1km处理。

路段MQI评价：高速公路管理单位或经营公司应用前面提供的计算方法，以公里为单位计算路段的MQI。

区间或路线MQI评价：在进行以区间或路线为单位的养护质量评定时，应采用区间或路线内所有路段的MQI算术平均值，作为该区间或路线的MQI值。

所有路段的高速公路养护质量指数（MQI）应经常保持在80以上。相关的分项指标PQI、SCI、BCI、TCI应不小于75。在高速公路养护管理中，MQI及分项指标值为75时，表示路面、路基、桥涵构造物和沿线设施都处于中等状态。中等状态是汽车行驶和公路养护的关键时期，对于高速公路用户来说，主要表现在乘车舒适性、行驶安全性的下降；对于高速公路管理部门来说，不及时抓住养护的关键时机将导致更多的养护投入和更高的用户费用。

4. 次差路率（RoP）

次差路率确定：根据各路段MQI的评价结果，按前面提供的计算方法计算区间或路线的次差路率（RoP）。高速公路应确保无次差路。

5. 养护质量报表

高速公路养护质量评定工作由高速公路管理单位或经营企业具体负责实施，每季度评定1次。高速公路管理单位或经营企业应于每个季度的首月10日前，按规定表格的要求向省级交通主管部门或公路管理机构报送所辖高速公路养护质量的评定资料。

省级交通主管部门和公路管理机构应加强对高速公路养护质量评定工作进行定期和不定期的检查和监督，确保检测结果真实可信。

6. 现代化管理

高速公路管理单位或经营企业应及时利用高速公路管理系统（Cpms），对所检测的数据进行分析处理，根据评定结果提出养护对策，确保高速公路的养护质量和服务水平。检测单位应积极引进现代化的检测仪器和设备，提高检测数据的准确性。

第三节　高速公路养护质量管理要求

对于高速公路养护质量的基本要求是：保持路面整洁、横坡适度、行车舒适；路肩整齐、边坡稳定、排水畅通；桥梁、隧道、涵洞等构造物维护完好；安全设施鲜明；沿线设施完善；绿化协调美观。要使高速公路的养护质量水平达到一定的高度，必须建立和完善与之相适应的养护质量管理体系和制度，采用先进的管理方法和手段，也只有这样，才能够使养护质量有高的标准。

一、高速公路养护质量管理体系

高速公路养护质量管理，是通过对高速公路养护维修施工单位、工程监理单位和监督管理部门的科学管理实施的。应该按照"质量第一"的方针和全面质量管理要求，采取有效的技术管理措施，不断提高养护质量管理水平，建立和健全"政府监督、社会监理、企业自检"的质量管理体系，严格执行质量审核制度。

（一）施工单位自检

施工单位的质量管理是工程质量的基础和保证，因此施工单位必须按照公路工程建设法律、法规、规章、技术标准和规范的规定，结合高速公路工程质量管理的特点，按照设计文件、施工合同和施工工艺的要求组织施工。

施工单位应制定和完善相应的岗位规范，质量责任考核办法，加强施工的自检、自查和交接验收工作，建立有效的质量自检体系，推行全面质量管理，落实质量责任制，做好工程质量的全过程控制，确保工程养护质量。

养护工程施工质量控制，应包括所用材料的质量检验、修筑试验段、施工过程中的质量控制和工序之间的检查验收。

施工前，对沥青材料按照规定的技术标准要求进行各项技术指标的测试，在施工过程中，也可抽样检查，根据实际情况只做针入度、软化点、延度的试验；对石料、砂、石屑以及矿粉也应进行质检。对石料的测试项目有：抗压强度、磨耗率、磨光值、压碎值等；对砂、石屑测定其相对密度，级配组成、含水量、含土量等；对矿粉测定其相对密度和含水量并进行筛析试验。

在施工过程中，应对沥青混凝土性能进行抽样调查，其项目有马歇尔稳定度、流值、空隙率、饱和度、沥青抽提试验，抽提后的矿料级配组成等。

沥青混凝土路面在施工过程中，由于面层位置的不同，其质量控制标准也有所不同，如表7-4所示：

表7-4　施工过程中沥青混凝土路面外形尺寸质量控制标准

层位	项目	质量要求（单点测定）	试验方法
下面层	厚度	<±7mm	挖坑或钻孔量，用混合料数量校核
中面层	平整度（最大间隙）	<5mm	三米直尺
上面层	厚度	<±3mm	挖坑或钻孔量，用混合料数量校核
	平整度（最大间隙）	<3mm	三米直尺
	宽度	<±3cm	用尺量
	中线高程	—10～20cm	用水准仪
	横坡度	<±0.3%	用横断面仪，水准仪
	抗滑表层的构造深度		
	一般路段	>0.4mm	砂铺法
	特殊路段	>0.5mm	砂铺法

为了确保工程质量，避免返工现象，施工单位应指定专人进行下列工作：

（1）量测并记录沥青混凝土到达工地、摊铺、初压、复压和终压时的温度和铺层厚度；

（2）加强测量工作，确保基准线的准确，并利用允许误差调整横坡度，以保证各结构层厚度，满足设计要求；

（3）初压后及时检查平整度，路拱，进行必要的修整，坚决消除沥青混凝土摊铺时的离析现象，保证结构层的稳定度和密实度这两项重要指标达到设计要求。

在完成沥青混凝土面层施工后，施工单位应及时提供自检资料，并会同其他基础资料提交驻地监理工程师，作为面层验收的依据。

（二）监理单位检查

高速公路养护质量应进行有效的社会监理制度。质量监理是监理工程师受业主的委托，在委托权限的范围内，按照合同条件、设计条件及技术规范的规定和要求，对工程施工全过程实施的全面的质量控制和管理。质量监理不同于政府部门的质量监督，也不同于施工单位的质量自检，它是监理工程师以合同条款、设计条件和技术规范为依据，建立相应的组织系统，执行规定的工作程序，运用各种有效的手段和方法，对影响工程质量的各环节、各部位进行全方位、全天候、全过程的监督和管理。

监理工程师的质量检查工作主要有：

（1）检查施工单位的施工工艺是否符合技术规范的规定，是否按开工前监理工程师批准的施工方案进行施工；

（2）检查施工中所使用的原材料、混合料是否符合经批准的原材料质量标准和混合料配比要求；

（3）对每一道工序完工后进行严格的质量验收，合格后才能允许施工单位进行下一道施工工序；

（4）对施工过程中产生的工程缺陷或质量事故进行调查、处理。达到设计要求后才允许施工单位继续施工。

监理工程师应尽可能地增加检查时间，加密检查点，使得检查工作达到足够的深度和广度，从而尽可能早地检查发现问题，做到防患于未然，对已发生的质量问题，应及时责令其进行处理。

（三）管理部门监督

高速公路工程质量监督管理部门，是对公路工程质量进行监督管理审核的专职机构。它依照国家的有关法规和交通运输部颁布的技术规范、规程和质量检验评定标准，对公路工程质量进行强制性的监督管理。因而，建设、设计、监理和施工单位在工程实施阶段必须自觉接受政府质量监督部门的监督。对于高速公路的各项工程，应按此要求接受高速公路管理部门的工程质量审核，以保证高速公路的养护质量。

高速公路养护质量工作实行统一管理、统一规划、统一制度、统一标准、分级负责、分类实施的质量管理体系。

高速公路公司负责编制养护中、长期发展规划；制定各项管理制度和办法；制定下达年度养护计划；负责检查、监督养护工程建设市场管理情况；审批大修工程或个别技术难度很大的专项工程的技术方案、预算、决算和招、评标方案，并组织交工验收和竣工验收工作；定期检查、评定、考核养护质量和养护管理情况，并做出奖惩决定。

分公司依据公司的养护发展规划、年度计划，负责编制本公司的养护发展规划和年度计划，并制定季度计划；根据公司各项管理办法，制定具体的实施细则并认真抓好落实；负责组织管理大修工程项目或个别技术难度很大的专项工程项目；审批专项工程的技术方案、预算、决算和招、评标方案，并组织交工验收和竣工验收工作；按季进行养护质量和养护管理的检查、评定、考核和奖惩。

管理处作为公司的业主代表对所辖路段的养护工作负全责。它根据分公司、全资子公司的养护发展规划和计划，负责编制本单位的发展规划和年、季度计划，并应制定月度计划加以组织实施；负责管理经常性的保养维修工作和组织管理专项工程项目；按照分公司、子公司的各项管理实施细则，落实各项养护措施；按月进行养护质量和养护管理的检查、评定、考核和奖惩。

养护经费的使用应建立分级、分类、分项支出的核算制，维修保养经费，公司按月全额拨付，管理处管理使用，按季办理决算报分公司审查，分公司每半年汇总1次报公司备查；养护专项、大修工程经费，公司依据工程预算按工程进度拨付，管理处、分公司按监理工程师的计量进行支付，工程完工后编制决算，分级审批，已完专项工程分公司按季汇总决算上报公司备查。

控股子公司的养护发展规划和年度计划，大修工程的预、决算、技术方案以及招、评标方案的审批工作，考核养护质量的奖惩办法，养护经费的拨付使用等按本公司的章程规定执行，但发展规划应符合公司发展规划的总体要求，大修工程的技术方案须征得公司同意，年度计划、预算、决算和招、评标工作接受公司的指导、监督，并报公司备案。

二、高速公路养护质量管理制度

建立完善的养护质量管理制度，对于确保工程质量是至关重要的。

（1）对于高速公路管理部门而言，需要做好以下工作：

①根据交通运输部《公路养护技术规范》及有关规定，制定养护质量管理实施细则，健全规章制度，依靠科学养护，实行规范化管理。

②建立技术管理体系，养护技术管理主要包括交通情况调查、公路路况登记、养护检查与质量评定、工程检查与验收、路面管理系统和桥梁数据库开发与应用、计划统计与科研、档案管理等工作。按实际需要配足养护工程技术人员，加强业务培训，提高养护人员的管理水平。

③建立三级路桥检测机构，对所属高速公路进行检测。各级检测机构配备必要的技术人员和检测设备，取得相应资质。

④积极采用现代化管理手段和先进养护技术，大力推广应用新技术、新材料、新工

艺、新设备，吸取和借鉴国内外高速公路养护的先进经验和技术成果，不断提高养护管理水平。

（2）对施工单位而言，养护质量管理制度的建设主要有以下方面：

①建立由项目经理负责、技术负责人主持的工程质量组织体系。工程质量组织体系包括质检室、工地实验室、技术室及各单位工程中的质检组。其职责是组织、实施工程项目，对进场材料进行质量检验和试验，提出技术方案措施。

②加强全员质量思想意识，树立正确的质量观。坚持"预防为主"的方针，强化质量意识，落实质量责任。

③认真编制施工组织设计，严格地、科学地组织施工；经常检查施工的组织设计与施工方案的落实情况。

④建立健全工程材料进场检查验收和取样送检制度，保证工程材料按质、按量、按时的供应。

⑤在项目负责人和技术负责人的领导下，质检室设立专职工程师负责日常质量管理工作，定期组织质量检查。如有问题发现，质检人员有权制止，必要时可向主管领导提出暂停施工进行整改的建议。

⑥加强施工人员的技术培训，提高工种岗位的实践技能，提高人员素质。

⑦施工中坚持自检、互检、交接检制度，所有工序坚持标准化操作。

⑧建立质量责任制，明确落实施工人员的质量责任，提高施工人员自我控制施工质量的意识。

⑨坚持工前有交底、工中有检查、工后有验收的操作管理制度，做到施工操作程序化、标准化、规范化。

⑩处理好质量与进度的关系，摆正"进度服从质量"思想，坚持好中求快、好中求省，严格按照标准、规范和设计要求组织、指导施工。

三、高速公路养护质量管理方法与手段

为保证质量的目标，监理工程师一般采用以下方法和手段开展养护质量管理工作。

1. 检查核实

经常对施工单位所报送的各类报表和质量数据进行检查核算（内业）或者进行现场核实（外业）。

2. 抽检试验

抽检试验包括室内实验和现场试验两类。它是监理工程师确认各种材料及施工部位

质量的主要依据。公路工程的施工质量判断，必须经过大量取样试验才能得出结论，因而试验是监理工程师控制施工质量的一个重要手段。

抽检试验的内容以能控制各施工项目施工质量的主要技术指标为依据。

3. 测量

在监理过程中，监理工程师离不开测量，它是对施工各部位的平面位置、里程、几何尺寸等进行检查和控制的重要手段。其主要包括施工放样、现场复核、施工中的测量跟踪以及工程验收检测等各项工作。

4. 旁站

监理工程师在承包人施工过程中，用全部时间或部分时间盯在施工现场，对承包人的各项工作进行跟踪监理。

5. 工地巡查

监理工程师在公路工程的施工过程中，为了解工程施工质量的全貌，利用相对较短的时间，对工程的整体（包括较次要部位、较次要工序等）进行巡查和检视。

6. 指令文件

指令文件一方面是指监理工程师在监理过程中，以书面文件的形式，提醒承包人注意施工过程中存在的质量隐患或质量问题；另一方面是指监理工程师为保证工程质量，向承包人发布的工程变更、补充技术标准、施工技术要求、工地会议纪要等。因而指令文件是进行工程质量监理的必不可少的手段。

四、高速公路大修质量控制

为确保高速公路大修质量目标的实现，应根据全面质量管理的要求，建立健全有效的质量保证体系，实行严格的目标管理、工序管理与岗位责任制度，对施工各阶段的质量进行检查、控制、评定，达到所规定的质量标准，确保养护施工质量的稳定性。

不同的工作部门，根据本部门的特点，严格按照规范的要求进行把关，确保工程实施过程中，质量完成的万无一失。

1. 项目部的质量控制

（1）增强质量意识，更新质量观念。严格按照ISO 9000质量体系的要求，开展各项质量管理工作，记录施工详况，使工作流程完全书面化。

（2）建立员工技能、素质培训制度，不定期集中学习，聘请有关专家或高级工程师，有针对性地对员工进行专业技能培训，提高员工的综合能力和素质。

（3）建立内部事务讨论制度，让员工参与问题的讨论和决策，集思广益，增强企业内部凝聚力和感召力。

（4）建立项目责任制度，层层落实质量目标。结合工程特点及详细的工程质量管理细则，推行工程质量责任制，对项目部成员定岗定责，采用逐层分解质量目标的模式，将施工质量与各作业班组质量责任人联系起来，将质量目标的完成情况作为责任人的考核指标，与各责任人签订目标责任书，使质量管理落实到人。

（5）加强对各部门管理，全面控制施工环节。采购材料时，进行市场调查，多中求好，好中求廉。进场材料必须检验，合格后方能进场，对不合格材料坚决清场。材料堆放整齐且有醒目标志，防止错倒混料。严格按计划进行设备安装调试，建立机械设备日常保养、检查修理制度，防止质量或安全隐患出现。

2. 工程部的质量控制

对各部门技术人员进行技术交底，熟悉设计文件及施工工艺要求。每周对施工班组进行技术质量检查，对存在的质量隐患提出整改方案，并书面传达。不定期召开质量专题会议，分析解决施工中存在的问题。推行质量管理"三检制"，班组自检合格后，专职质检员进行全面检查验收，然后请监理工程师验收，任何一环不合格，坚决要求返工。每月向经理部上报当月工程质量报表，进行质量分析，建立工程质量台账，收集整理各种工程质量资料。进行技术总结，针对每一个问题，进行书面传达。

3. 试验室的质量控制

从原材料选定、进场到施工配合比设计、成品料铺筑，进行全面质量控制，实行质量一票否决制。任何一道工序或环节出现不合格，试验室有权要求清退返工。依据一定的检测频率对原材料进行检查评定。施工过程中的质量数据及时反馈给作业班组，为作业班组提高施工水平、改进施工工艺提供技术依据。在资料整理上，实行动态管理，以试验检测为基础建立工程质量数据库，将试验结果逐次绘制管理图，供有关人员随时检查，一旦发现变化较大，及时分析原因，研究对策。

4. 拌和厂的质量控制

严格按试验中心提供的混合料设计配合比生产，禁止一切主观性的操作，并对所生产的成品料进行自检，保证成品料出厂合格率达到100%。根据当日气候条件、运距、混合料类型及温度对成品料进行有效的保温措施。合理组织混合料运输车辆，并在装料前对车况进行检查，禁止可能影响运料时间的车辆运料。

5. 铣刨过程中的质量控制

为彻底处理深层次病害，对各结构层按照设计文件进行逐层铣刨、逐层分析，并提出合理的处理方案，对存在的软弱土基，坚决处理，力求将各结构层的病害一次性处理完成，消除质量隐患。要求专人收听天气预报，掌握天气变化动态，避免雨天施工。雨季时，对开挖的路槽进行保护，并根据实际情况及时排水。铣刨后路槽的各平面尺寸应符合设计文件要求，且工作面无软弱松散层。

6. 基层施工质量控制

摊铺前对路槽两侧的松散层用钢刷进行彻底处理，并在摊铺时将细料填于接缝处，重点控制接缝处压实度，保证接缝密实。对到场混合料水泥剂量及含水量进行观察检测，对确定不合格的混合料有权拒绝使用。严格按照试验段确定的施工方案和碾压组合进行作业，不得随意改变。水泥稳定类碎石基层底基层控制指标：压实度>98%；平整度（最大间隙）为10mm、厚度偏差为0～10mm。严格按照施工规范对基层进行养护，在龄期内保证基层处于湿润状态。

7. 面层施工的质量控制

摊铺前对作业面进行彻底清扫，保证摊铺底层的清洁，严防摊铺底层有泥土和浮料的存在，确保各结构层间的黏结。对混合料级配、油石比及到场温度进行观察检测，对不合格的混合料拒绝使用。

严格按照试验段确定的施工方案和碾压组合进行作业，不得随意改变。按照混合料的供给情况调整好摊铺机的摊铺速度，保持连续、稳定的摊铺作业。正确指挥自卸车给摊铺机卸料，防止碰撞摊铺机，以免影响摊铺质量。

摊铺和碾压是保证沥青路面平整度和密实度的两个重要环节，首先要摊铺得均匀、平整，要求摊铺机要有自动找平装置，首选的纵向找平基准方式是钢丝绳基准，后面的摊铺也可采用浮动移动式均衡梁、拖杠或滑靴。特别在上面层施工时，及时对摊铺作业面进行测量，对沉陷路段实行挂线摊铺，保证其平整度。

按照铺层料温控制压实过程，及时检测压实后的平整度和密实度，发现问题及时采取补救措施。使用振动压路机碾压沥青混凝土时，最佳的振幅在0.4～0.8mm，振动频率应高于25Hz，高频率碾压的压实效果比较好，路面不会产生波纹和搓板，这一技术特性特别适合于改性沥青面层的碾压，完全满足于改性沥青面层要求快速压实的要求。对不同厚度的沥青混凝土面层铺筑，使用多振幅振频压路机可以有更多更好的选择，能完全保证压实质量的要求。

面层控制指标：压实度为97%（99%），以试验段钻孔取芯密度为标准密度时为99%，平整度（最大间隙）：上面层3mm、中面层5mm、下面层7mm，厚度偏差：中、下面层0～5mm、上面层-5～0mm。

第四节　高速公路养护工作考核

养护工作考核的原则是：以养护质量为基本评价依据，以养护管理情况为重要内容，充分考虑道路原有的技术状况和养护工作量，对各养护单位做出公正合理的综合评价。

养护工作考核公司每年度进行2次，分为半年抽查考核和年终全面考核，半年考核和年终考核成绩所占比例为4∶6。

养护工作考核的主要内容是养护质量、养护管理、专项工程及大修工程。考核工作由高速公路公司组织，以分公司为考核单位，以管理处为检查计分单位。养护质量计分以管理处的养护里程进行加权后的平均值作为考核单位的成绩，养护管理计分按各管理处得分的算术平均值作为考核单位的考核成绩。

一、养护质量考核

养护质量考核按交通运输部的《高速公路养护质量评定标准》实施，满分100分。

养护管理考核包括安全生产、养护内业、机械设备、绿化管护、技术管理和养护保障体系建设等内容，按照高速公路公司制定的《养护管理考核标准》进行，满分50分。

养护质量和养护管理考核评定标准及奖罚比例。两项考核满分为150分，分为优、良、中、次、差5个等级，评定标准及奖罚比例见表7-5。

表7-5　养护质量和养护管理考核评定标准及奖罚比例

评价等级	优	良	中	次	差
分值	≥135	≥110，<135	≥90，<110	≥70，<90	<70
奖罚金额（完成工作量的百分比）	3%	2.0%	1.0%	0	－1.5%（单位工资总额的百分比）

二、专项、大修工程考核

专项、大修工程考核以单项工程按质量和管理两项进行综合考核，满分150分。质量考核按照交通运输部颁发的《公路工程质量检验评定标准》执行，满分100分，综合评分达到85分以上者为优良，70分以上、不足85分者为合格，70分以下者（不含70分）

为不合格。养护专项、大修工程管理按附件二考核评分，满分为50分。两项考核按得分情况评定为优良、合格、不合格3个等级进行奖罚，具体见表7-6。

表7-6　专项、大修工程考核评定标准及奖罚比例

评价等级	优良	合格	不合格
分值	≥130	≥100，<130	<100
专项工程考核奖罚金额（完成工作量的百分比）	0.8%	0%	－0.5%（单位工资总额的百分比）
大修工程考核奖罚金额（完成工作量的百分比）	0.5%	0%	－0.2%（单位工资总额的百分比）

三、奖罚措施

（1）对于奖金的使用，主要用于第一线从事养护生产和管理工作中做出成绩的单位和个人，各单位可自行制定具体分配办法。

（2）对于在养护管理改革中做出突出成绩的单位或个人，给以适当的物质和精神奖励。

（3）对于在养护技术、科研方面做出的成果，经鉴定后按有关规定给以单位或个人物质奖励。

（4）对在养护工程方面采用新技术、新工艺、新材料，降低造价，提高质量方面做出突出成绩的单位和个人，给以节省经费1%～2%的奖励。

（5）对于在灾毁或紧急事件抢险中，勇于负责，为维护人民生命财产做出突出贡献的单位或个人给以精神和物质的嘉奖，因公殉职的按上级有关规定授予荣誉称号；对于因不负责任造成不必要的人员伤亡和财产损失的单位和个人，除给以必要的经济处罚外，并根据情节轻重追究单位或个人责任。

（6）对在养护工作中出现的重大质量责任事故、安全责任事故等，对奖励实行一票否决，还要根据情节轻重，追究单位负责人和当事人的责任。

（7）养护资金必须专款专用，对于截留、挪用、贪污养护资金的，除如数追回外，还要根据情况追究单位主要负责人和当事人的责任，并给以适当的纪律处分；构成犯罪的，移送司法机关处理。

第八章　高速公路养护信息化管理

第一节　路面养护管理数据库

管理信息系统（Management Information System MIS）是管理学科发展的一个重要领域，它是一个由人和计算机等组成的能进行信息收集、传递、储存、加工、维护和使用的系统。

一、数据库的基本概念

作为当今数据管理的主要方式，数据库系统在社会、经济、生活等各个方面的应用很广。随着公路交通发展的智能化、信息化，公路管理人员应当具备数据库的基本知识，从中找到与高速公路养护管理的结合点。数据库技术经过长期的发展和应用，已比较成熟，所涉及的内容也较多，限于篇幅的限制，在此仅介绍一些数据库的基础知识。

1. 数据库

简单地说，数据库就是为了实现一定的目的，按某种规则组织起来的"数据"的集合。在现实生活中，这样的数据库随处可见。如为了保持和朋友的联系，常常用一个通信簿将他们的姓名、地址、电话等信息记录下来，这样要查朋友的信息就很方便。这个"通信簿"就是一个最简单的"数据库"。每个人的姓名、地址、电话等信息就是这个数据库中的"数据"。可以在通信簿这个"数据库"中添加新朋友的个人信息，也可以修改某个朋友的个人信息。

数据库主要有层次型数据库、网状数据库和关系数据库。在如今的数据库系统中应用最广的是关系数据库，在工程应用中也主要是使用关系数据库。

关系数据库是用一组表格来表示数据及其相互关系的数据库模型。关系数据库由一些表格组成。通常每一张表格称为一个关系，表格的名称称为关系名。表格中的每一行称为关系中的一个元组，每一列称为关系中的一个属性即数据项。属性取值范围称为域。对关系进行描述的表达式称为关系模式。关系数据模型具有形象、直观、应用方便等特点。同时还具有功能丰富、允许表达式对关系模型进行各种查询的高级语言。

2. 数据库管理系统

数据库里的数据应该像图书馆里的图书一样，要让人能够很方便地找到才行。如果所有的书都不按规则，胡乱地堆在各个书架上，那么借书的人根本就没有办法找到他们想要的书。同样的道理，如果把很多数据胡乱地堆放在一起，我们也同样难以找到自己需要的信息，这种数据集合也不能叫作"数据库"。人们将越来越多的数据存入计算机中，通过一些编制好的计算机程序对这些数据进行管理，这些程序就被称为"数据库管理系统——DBMS"，它可以帮助人们管理输入到计算机中的大量数据。

3. 表

关系数据库中的数据以二维表的形式进行存储，一张表实际上就是一个"关系"。密切相关的表便构成了一个数据库。表8-1是一张关于高速公路基本资料的数据库表格，它给出了有关路段编号、公路等级、交通量、路面类型、路面状况的资料。通过该表可以和其他的表（如养护单位表）联系共同组成数据库。

表8-1　高速公路资料表

路段编号	公路等级	交通量	路面类型	路面状况
10901	高速公路	162989	沥青路面	优
10902	高速公路	131694	沥青路面	良
10903	高速公路	196145	沥青路面	良

4. 字段（属性）

表中的列称为字段，它是一个独立的数据，用来描述数据的某些特征。比如表8-1中的路段编号、交通量等都是字段，在关系数据库中，它们又被称为实体的属性。

5. 记录

表中的行称为记录，它由若干个字段组成。如我们可以看到这样一条记录：10901，高速公路，162989，沥青路面，优。记录反映了某一事件的基本信息即该路段的编号、等级等信息，它是数据库操作的独立单位。

6. 主键（关键词）

在关系数据库表中不允许存在两个或两个以上的相同记录。主键是指关系表中能唯一确定一条记录的属性或属性的组合。一旦确定了主键的属性或属性组合的值，则唯一的一条记录就能被确定。

二、路面养护管理数据库设计

（一）数据库的一般设计过程

所谓数据库设计，就是根据一个单位的信息和数据库的硬、软件环境，设计出数据模式——外模式、逻辑模式、内模式，以及相应的应用程序。整个数据库设计的过程不只是在系统设计阶段独立完成，它是融合在系统调查、系统分析和系统实施各个阶段之中。数据库系统的设计可以划分为以下几个阶段：a.用户需求分析；b.概念结构设计；c.逻辑结构设计；d.物理结构设计；c.数据库的实施；f.数据库的维护。

（二）用户需求分析

需求分析阶段是对现实世界深入了解的过程。由于数据库是一个单位的模拟，设计时必须对一个单位的组织、各部门之间的联系、数据、信息流、报表及其格式等进行了解，获得用户对所要建立数据库的信息要求和处理要求的全面描述，与用户取得对需求的一致认识。需求分析的结果必须整理成需求说明，其中确认了数据库中应包含的数据及其有关特性，如数据名、属性、主键、数据量估计、更新要求、共享范围、语意约束等。要对数据库系统的整个应用情况进行全面、详细的调查，收集支持系统总的设计目标的基础数据和对这些数据的处理要求，确定用户的需求。

我国高速公路的养护管理一般由高速公路股份有限公司负责。具体的养护管理实行总公司和下属管理处的二级管理，即总公司负责全线工程养护工作的统一领导与管理，主要职能部门是工程技术处。沿线设若干管理处，负责其所辖路段的工程养护，其主要职能部门是工程技术科。总公司组建的专业化养护中心，负责全线的专项工程、大中修工程、灾害性预防及抢修工程的实施，并在工程技术处的指导下对全线路况进行定期检测。各管理处建立养护队，以机械化养护为主，负责所辖路段的维修保养。

确定全部的用户信息需求比较困难，这也是系统开发中最困难的任务之一。因为：首先，系统本身的需求是不断变化的，用户的需求必须不断调整，使之与这种变化一致。其次，由于用户缺少计算机化信息系统设计方面的专业知识，要表达他们的需求比较困难。最后，要调动用户的积极性，使他们能积极参与系统的分析与设计工作也有相当的难度。

一般而言，路面养护管理中需要的数据通常有：

1. 路面的基本资料

路线名称、路段名称、起点桩号、终点桩号、路面结构材料类型、路面各层次的厚度、设计弯沉、路面宽度、建成年月、修建单位等。

2. 路面的检测数据

路面弯沉数据（包括测点桩号、实测弯沉、代表弯沉等）及其统计分析信息、横向力系数及其统计分析信息、平整度数据及其统计分析信息等。

3. 路面巡查数据

坑槽、松散、拥包、翻浆、沉陷、泛油、车辙、龟裂、网裂、波浪与搓板、横坡不适、平整度差、修补损坏等。

4. 养护计划维修信息

养护费用计划数据（养护费用来源、分项养护费282用支出等）、维修保养计划数据、专项工程计划数据、大修工程计划数据、灾害性预防及抢修工程计划数据等。

5. 日常管理信息

人员管理信息（姓名、年龄、性别、学历、职称、岗位等）、合同管理信息（合同编号、合同名称、项目内容、签约单位、签约时间、合同期等）、设备管理信息等。

对用户对数据处理的要求是：（1）对数据能够进行增加、删除、修改操作，要求数据基本满足养护工作的实际需要。（2）对数据能够进行有条件查询和全部查询，对查询结果要求可以直接打印或存储。（3）能够将数据按要求组织起来，进行相关的统计分析，得出预期的结果，并以多种形式加以反映；能够提供相关的报表和业务台账。（4）在实际工作中要求总公司和管理处每月进行两三次的数据交换。但总公司可要求随时调用管理处的最新数据。（5）要求对数据做好备份与转储管理并提供部分照片的存储和浏览功能。

（三）概念设计

概念设计阶段的主要工作是在需求分析的基础上综合用户需求，用概念数据模型（如比较流行的E-R数据模型）表示数据及其相互的关系。概念数据模型与数据库管理系统（DBMS）有关，接近现实世界，用户容易理解。概念设计产生的数据模式能够准确地反映用户的信息需求，并易于更改和扩充。除了在后续的设计工作中使用外，它也是和用户交流与数据库移植的重要工具。具体而言，为了避免将现实世界中的客观对象直接转换为机器世界中的对象，往往将它们抽象为不依赖任何具体机器的信息结构即概念模型。

关系数据库系统设计中比较流行的是E-R（Entity-Relationship）图法，这里简要介绍概念设计中的一些基本概念。

1. 实体（Entity）

客观存在并可相互区分的事物。实体可以是人，也可以是物；可以是指实际的对象，也可以是某些概念；可以指事物本身，也可以指事物与事物之间的联系。如在路面养护管理系统中，某一段选定的路面就可称为一个实体。

2. 属性（Attribute）

指实体具有的某一特性。一个实体一般都用数个属性来进行描述。如一段路面的实体就可以有里程、强度、平整度等多个属性。

3. 联系

各个实体之间具有各种各样的联系，一般来说联系可分为一对一的联系（1∶1）、一对多的联系（1∶n）、多对多的联系（n∶m）。

一般来说，直接对数据库系统的整体进行E-R设计比较困难，常用的做法是，先设计出各个分系统的E-R图，再分析各分E-R图之间的接口，将它们合并成为整个系统的E-R图。在一般养护管理信息系统中，实体主要是各种路面指数、养护维修行为等。

路面养护系统数据库的逻辑设计是整个数据库设计的关键。E-R图数据模型的设计和合成要远比这里所涉及的内容要复杂，但限于篇幅限制，不能一一详细介绍，请读者参考关系数据库的有关书籍。

（四）逻辑设计

数据库逻辑设计的基本任务是将概念设计得到的数据模式翻译成用逻辑数据模式表示的概念模式，同时将概念设计得到的用户视图转换成外模式。概念设计得到的数据模式用概念数据模型来表示，该模型主要面向现实世界和用户，与DBMS无关。而逻辑数据模式是用户从数据库所能看到的数据库模式，与DBMS相关。一般逻辑设计过程可以分3步进行。

（1）将概念结构向一般关系模型转化；

（2）将第一步得到的结构向特定的数据库软件支持下的数据模型转换；

（3）依据应用的需求和具体的数据库管理软件的特征进行调整与完善。数据库逻辑设计的结果不是唯一的。在逻辑结构设计基本完成后，应根据开发需要对设计结构进行适当的修改和调整，以进一步完善设计，提高系统的应用性能，最终确定基本数据结构。对于路面养护管理系统而言，数据库中应储存路面的基本信息、路面检测数据、路面巡查检验数据和路面养护相关的信息等，具体内容将在下文详细介绍。

（五）物理设计

对于设计好的逻辑数据模型，选择一个最符合应用环境要求的物理结构，称之为数据库的物理设计。物理设计的主要内容包括：确定数据的存储安排、存取路径的选择与调整、确定系统配置。

首先，应当确定数据的存储格式。合理的数据安排能够提高系统的性能。如果采用MS-SQL Server系统，主要是将日志设备和数据设备分开，并分别放在不同的分区上，这样能够改进系统的性能。

其次，要选择调整存取路径。对于多用户共享系统，同一数据存储应建立多条存储路径，以满足具有不同权限的用户使用。如在养护费用计划中涉及的敏感数据，需要建立多条存储路径。

最后，要确定系统的配置。对于不同规模的数据库系统，其系统配置要求各有不同。而且采用不同的DBMS也往往具有不同的系统要求。在数据库设计中，应该具体情况具体分析。

（六）数据库的建立与维护

完成上述高速公路养护数据库设计后，就可以着手建立数据库，输入数据进行测试与试运行。工作步骤如下：

1. 建立实际数据库并加载

将逻辑设计和物理设计的结果用具体的DBMS提供的数据描述语言描述出来，然后在DBMS上运行这些语句，就可以建立起实际数据库。数据库的加载也称装入数据。

2. 在正式将数据库投入运行之前，还要进行调试

通过执行数据库的各种操作，可以测试应用程序和系统性能，检查分析系统是否能够告诉公路养护管理的需求。

3. 数据库的运行与维护

数据库通过试运行的检验与各项性能测试，基本符合要求并逐步完成运行评价，达到设计目标后，便可正式投入实际使用。这标志着数据库开发设计工作基本完成，数据库开始转入维护阶段。在维护阶段，数据库的调整、修改、新功能扩充、评价等工作仍继续进行。所以数据库的维护不但是为了保证数据库的正常运转，还具有对设计完成的数据库继续提高的任务。

三、路面养护管理系统中的数据库

在路面养护管理系统中，数据库是整个系统的核心。系统所需要的各种路况数据以

不同的方式采集输入计算机后，通过数据库加以处理和管理，为系统的网级及项目级决策提供所需要的数据。

数据库在整个路面养护管理系统中主要有以下作用：

（1）通过数据转换接口与数据采集设备相连，直接接收并存储来自数据采集设备的数据；

（2）通过数据库管理模型接收并存储手工输入数据；

（3）通过数据库通信接口，接收来自其他应用系统的数据或向其他系统传输数据；

（4）存储并管理系统的模型参数数据；

（5）为网级和项目级系统提供数据；

（6）通过输出结果输出模型和路网基本数据信息。

第二节　路面养护管理系统

路面养护管理系统（Pavement Management System FMS）利用计算机技术和数据检测、采集设备，建立数据库及信息分析、处理模型，优化养护方案，有效地利用资金和养护设备等资源，使公路网中的路面处于最佳的服务水平。

路面养护管理系统可划分为网级路面管理系统和项目级路面管理系统两类，两种系统具有不同的结构和功能，分别适用于不同的管理层次。

网级路面养护管理系统是以整个路网为研究对象，它的范围包括一个地区（省、市）的公路网或一整批的工程项目。通过路面状况评价、路面使用性能预测、道路使用者费用预测、养护方案效益分析和优化决策，网级系统将实现以下功能：

（1）路网当前使用性能评价；

（2）路面未来养护需求分析；

（3）路网车速预测和评价；

（4）路面养护水平（标准）优化分析；

（5）养护预算优化分配；

（6）养护投资敏感性及风险性分析；

（7）新建、改建项目投资效益分析。

网级路面管理系统一般由数据库、使用性能评价模型、养护需求分析模型、车速预测评价模型、养护标准优化分析模型、养护预算优化分配模型、养护投资敏感性和风险性分析模型组成。各个模型的具体功能如表8-2所示。

表8-2 网级路面管理系统模型功能

使用性能评价模型	给出当前路网各项评价指标的评价结果，主要以百分比的形式出现
养护需求分析模型	提供未来10年内路面大中修养护的时间、费用、地点和方案
车速预测评价模型	从行驶质量评价角度分析预测路网车速在未来10年内的变化情况，为公路改建、拓宽提供依据
养护准优化分析模型	给公路养护工程师提供达到要求的养护水平所需要的最小投资
养护预算优化分配模型	分析不同投资水平给路网带来的变化，建立投资水平与路况的关系，以确定最佳路网投资方案和计划
养护投资敏感性及风险性分析模型	提供分析推迟或提前养护对路面使用性能、养护费用和用户费用的影响

项目级路面养护管理系统仅针对一个工程项目，它的主要任务是为管理部门对某一工程进行技术决策时提供对策，以选择费用-效益最佳的方案。它以数据库为核心，通过对路面相关的各种数据的采集形成数据库，利用这些数据进行路面使用性能评价，得出各种相关的使用性能指数，通过这些指数确定路面所处的损坏状况，由此给出各路段的养护、改建方案，对各方案加以经济分析比较，得出适合该路段的费用-效益最佳方案。当数据积累到足够程度后，便可以建立路面使用性能预估模型，对路面的各项使用性能指标进行预估。

总的来说，路面养护管理系统的发展目标是建立智能化的，既能交互式运行又有自适应能力的多目标决策管理体系。通过系统的建立和实施，可以进一步提高和改进路面的养护技术，改善现有的路网服务水平。

要建立路面养护管理系统数据库，构造路面评价、预测模型，离不开对道路运行和使用状况的了解。通过数据采集系统，取得路面使用状况的数据信息，是路面管理系统决策的依据。路面状况数据的采集，主要包括路面破损状况、路面承载能力状况、路面平整度和路面抗滑能力指数等内容。

二、路面养护管理系统

（一）系统概述及数据库设计

高速公路路面有沥青路面和水泥路面两种类型，两种路面养护管理系统具有类似的结构，它们的差别主要体现在性能参数的使用和测定方法的选择方面。

路面养护管理系统由数据库系统和各种评价、分析、预测和优化模型组成。采集所需的数据之后，根据一定的数据模型（如关系模型），将数据有效地组织、存储起来，以方便对数据的查询。反映高速公路运营状况的各种数据是各种模型和决策的基础。通过获取和处理数据，分析路面养护的需求，实现高速公路养护的合理决策。选择路面养护维修项目并组织实施，在养护工程结束后，将养护效果反馈给数据库系统。数据库的设计是整个信息系统的关键。要完整、准确地反映高速公路养护管理需求的信息，不但需要通过检测、问卷调查等各种形式采集，还必须进行有效、合理的数据组织。

（二）路面评价模型

根据储存在数据库中的数据，可以建立一定的模型对路面使用状况进行评价和分析。评价的内容包括路面破损状况、平整度、路面强度以及抗滑性能等。对于不同的评价内容有相应的评价指标。具体的评价指标见表8-3。

表8-3　路面评价指标

指标	行驶质量	破损状况	路面强度	抗滑性能
调查内容	IRI	DR	弯沉	SFC 或 BPN
评价指标	RQI	PCI	SSI	SFC 或 BPN
综合指标			PQI	

（三）路面使用性能预估模型

路面使用性能预估，是在路面工程理论和预测学理论的指导下，以调查研究和统计资料为依据，以科学的定性和定量计算为手段，对路面使用性能发展演变规律进行分析和揭示，进而做出科学的预测，为高速公路养护管理提供可靠的决策支持的过程。

公路管理部门为合理使用有限资金以维持尽可能高的路面使用性能水平，需要进行规划。为此，必须确定何时应采取养护或改建措施以及采取何种措施最为经济。在路面养护管理系统中建立使用性能预估模型可以预估路面经过某种养护或改建措施后使用性能随时间而变化的关系。

高速公路路面使用性能预估模型，是路面养护管理系统的重要组成部分，是路面管理系统赖以完善的基础，是路面养护管理系统中的一项重要内容。高速公路路面使用性能预估模型可划分为两种基本类型：一是预估其使用性能指标单一数值的确定性模型；二是预估其状态分布的概率模型。确定型模型包括基本反应、结构功能、功能性能和使用性能模型等；概率模型包括残存曲线、马尔可夫和半马尔可夫模型。

1. 确定型模型的建模方法

在现有的路面管理系统中，绝大多数采用确定型模型预测路面的基本反映（应力、应变或位移等）、结构性能和使用寿命（以累计轴载作用次数或时间计）等。这类模型的建模方法主要有力学-经验法和回归分析法两种。

力学-经验法利用由结构分析得到的路面在行车荷载作用下的应力、应变或位移的反应，预估使用性能变量随时间或轴载作用次数的变化；而回归分析法则是利用回归分析技术建立使用性能变量同影响变量（如年数、交通量、路面结构和养护水平等）的经验关系，并借此进行预估。

2. 概率型模型的建模方法

由于影响路面使用性能变化的因素，如荷载、环境、材料性能和养护水平等都具有不同程度的变异性，使用性能变化的速率是不确定的，它可能比预期的快，也有可能比预期的慢。显然，确定型模型无法反映使用性能变化速率的这种不确定性，因而并不能保证得到可靠的预估。所以，有必要研究概率型模型的建模方法，以建立能够表达使用性能不确定性变化的概率性模型，供路面管理系统尤其是网级管理系统使用。

概率型模型中应用最多且最完善的是马尔可夫模型，其主要原因之一是马尔可夫过程为这种模型提供了合理的结构。应用马尔可夫过程建模的主要步骤如下：

（1）选择使用性能变量，定义路况状态；

（2）为不同路面类型或各种养护和改建措施分别提出转移概率矩阵；

（3）利用转移概率矩阵预估某时段处于某种路况状态的概率。

（四）经济分析模型

为了确定最优的高速公路养护维修方案以及实施顺序和实施时机，需要建立路面养护管理的经济分析模型，通过费用-效益分析，对各种方案在寿命期内的费用和效果进行评价。

在高速公路的使用过程中，会经过若干次的中修或大修，这些修理活动的费用主要有以下部分：路面初期修建费用、日常养护费用、路面大中修费用，以及不同养护维修方案费用差异而体现的效益，依此进行寿命周期费用分析。

1. 分析期

进行方案比较的时间段被称为分析期。分析期受路面结构、交通状况、环境等因素影响，通常为15～30年，高速公路路面养护管理系统的分析期建议采用20年。

2. 费用组成

在分析期内，与高速公路路面相关的费用主要是各年度内的日常养护费用、小修费用和路面大中修费用。

3. 效益分析

有效的养护维修使高速公路路面使用性能得到改善，并由此使路面养护分析期内的费用发生变化。这些变化可以用用户费用的节约效益来衡量，也可以用路面使用性能的改善效果来衡量。

（五）路面维修对策分析选择

高速公路路面维修对策的确定，涉及路面现有的状况、传统的对策模式、决策者的经验知识和价值观念以及可能的政策干预等诸多因素。传统上，公路部门通常对管理目标和可获得资源等因素综合权衡后，依据工程经验为具体路段选定养护或改建对策。这种决策模式具有明显的主观性和片面性，难以保证资源的有效利用。因此，在高速公路路面养护管理系统中，有必要引入某些科学的方法，以促使路面管理决策的理性化、系统化和过程化。目前，有两类方法可用于高速公路路面维修对策的决策分析。第一类是借助某些系统化的方法总结和提炼路面养护工程长期积累的经验知识，并以过程化的形式为具有不同路况的路面选择合理可行的养护或改建对策，这类方法比较适宜于网级管理；第二类是经济分析方法，如寿命周期费用分析等，即通过对路面各种可行对策方案在分析期内支出的费用和产生的效益的分析比较，为路面选择最佳费用-效益对策方案，这类方法多用于项目级的管理。上述两种方法可分别认为是静态技术分析法和动态经济分析法。国内的一些路面管理系统中已经总结出了一些针对不同路面状况的维修对策，简要介绍如下。

1. 沥青路面养护维修对策

（1）小修保养对策

PCI评价为优、良，也评价为优、良的路段，以日常养护为主，并对局部路面破损进行小修。

（2）中修对策

PC/评价为中的路段，应进行中修罩面。

（3）大修对策

对于强度不满足要求的路段（高速公路、SSI小于0.8）应进行大修补强。

（4）抗滑处理

高速公路的PCI、路面破损状况和强度均满足要求，但抗滑能力不足（SFC小于0.4）的路段，应加铺抗滑磨耗层。

（5）改建对策

因路面不适应现有交通量或载重的需要，应提高现有路面的等级，或通过加宽等措施提高路面的通行能力。

（6）专项养护

因自然灾害致使路面遭受严重损坏，可申请专款对路面进行修复。

2. 水泥混凝土路面养护维修对策

根据不同的路面等级和路况结合有关资料确定相应的养护和改建措施如下：

（1）路况为优或良级状态，即PCI为70～100，采用小修、保养措施；

（2）中级路况状态，即PCI为51～70，需采用小修或中修措施；

（3）路况差时，PCI为31～50，需采用中修或大修措施；

（4）路况很差时，PCI<30，应采用大修措施。

三、GIS在高速公路养护管理中的应用

GIS（Geographic Information System地理信息系统）是管理和分析空间数据的计算机系统，在计算机软硬件支持下，对空间数据按地理坐标或空间位置进行各种分析处理，完成数据输入、存储、处理、管理、分析、输出等功能，对数据实行有效管理，研究各种空间实体及其相互关系，通过对多因素信息的综合分析，可以快速地获取满足应用需要的信息，并能以图形、数据、文字等形式表示处理结果。

GIS是最适合于进行地理空间数据处理的计算机应用系统。公路具有典型的线型地理特征，适用于应用GB进行形象化管理。随着GIS应用的普及，通过引入GIS技术以进一步丰富和完善路面养护管理系统功能，成为路面管理系统的发展趋势。

（一）GIS的基本数据

一个完整的GIS应用系统包括数据采集设备、计算机硬件、GIS开发平台（如流行的GIS开发系统ARC\INFO、MAPGIS等）、GIS数据及应用软件。而对于一个GIS应用软件来说，最重要的是建立一个完整、有效的数据库管理体系来管理GIS数据。现在的GIS开发软件（如ARC\INFO）一般都支持同流行商用DBMS（如ORACLE）的连接，以有效地管理GIS的各种数据。

GIS数据包括反映地理实体空间位置的数据，空间数据又分为栅格数据和矢量数据两种，两种数据的组织和编码形式不同，但是可以互相转化。通过空间数据的组织编码可以表示GIS中的3种最基本的地理实体：点实体、线实体和面实体。GIS中的另一种数据是反映地理实体属性的数据，称为属性数据，如我们用线实体表示一条高速公路，就

可以在该线实体的属性数据中加入公路的修建时间、路面状况等信息。然后通过空间数据与属性数据的连接实现高速公路信息的查询。

1. 点实体

点实体包括由单独一对（x，y）坐标定位的一切地理或制图实体。点是空间上不可再分的地理实体，可以是具体的也可以是抽象的。在公路管理中可用点表示交通标志、交通事故点、桥梁位置等。属性描述中点可以有大小、形状及颜色的变化，以区分不同类型和性质的物体。节点是点的一种，用来在地图中表示拓扑连接关系。

2. 线实体

线实体可以定义为直线元素组成的各种线性要素，直线要素由两对（x，y）坐标定义。线实体中还包括弧和链，它们都是n个坐标的集合，这些坐标可以描述任何连续而又复杂的曲线。它可以表示公路、河流等信息。线实体的属性数据中可以用来描述线的宽度、线型及颜色的变化等。

3. 面实体

面实体数据是描述地理空间信息的最重要的一类数据。在区域实体中，具有名称属性和分类属性的，用面实体表示，如行政区、植被分布等；在公路管理中，可以将养管单位的养管区域描述为面实体。面实体的数据结构要比点实体和线实体要复杂，不但能表示位置和属性，更重要的是能表达区域的拓扑特性。

4. GIS地图分层管理

GIS地图与普通地图不同，它将表示不同物理内容的地图分门别类地进行描述、存储及管理，每一部分称为一个图层。通常一个图层只表示单一的内容，如海洋、行政区、公路、河流等。GIS显示地图数据时，采用图层叠加的方法显示出所需的信息。GIS开发软件的图层管理可以确定图层的覆盖顺序、显示条件、可编辑性等。

（二）GK的基本功能及其在养护管理系统中的应用设想

GIS是对各种地理信息进行处理的一种信息管理系统（MIS）。它可用于土地、矿产、环境、河流等许多领域。作为具有线型地理特征的公路，GIS应用既有与其他领域相同的特点又有其特殊的方面。GIS在公路养护管理中的应用应包括以下基本功能：

1. 基本地图管理

公路管理部门借助于地图辅助进行公路管理。公路地图除包括行政区域划分、城市、村庄、铁路及水系等一般信息外，特别包括与公路有关的信息，如公路名称、走向、等级、里程等。应用GIS出色的地图表现能力，将公路及相关信息可视化，是GIS在公路养护管理中的基本功能。对公路地图还应包括地图的数字化及修改、放大、缩小、漫游、图层控制、坐标变换和地图输出等功能。由于公路信息是变化的信息，各种新信息应及时反映在地图的数据库结构中，以保持地图的真实性。

2. 专题地图管理

专题地图是在基本地图上，以不同的方式显示属性所形成的地图。利用专题地图可直观地了解属性信息的基本情况，如道路等级、交通量等。

（1）根据点实体属性数据的不同，可以显示出大小、颜色及形状的变化。例如，道班分布图可以用不同的符号大小和颜色表示道班的规模、人数及养护里程等信息。

（2）通过线实体的宽度及颜色的变化反映其属性数据。由于公路的线状结构，使得线实体在公路上的应用最为广泛。例如，可以用不同颜色的线表示路面的不同使用性能。同样可以用不同的颜色和宽度来表示交通量的大小。

（3）面实体利用形状和颜色的变化反映区域的不同属性数据。例如，可以用颜色来表示公路网的密度等。

3. 属性数据管理

路面养护管理系统中的数据多数具有空间属性，如路线、交通量及路况数据等。将这些数据进行地理编码，建立地图要素和属性数据之间的关系，就可以方便地在地图上显示路面养护管理系统的数据。

4. 数据查询

在GIS系统中，操作者可以在与地图要素相关的数据库中设定查询条件，选定的数据在地图上显示出来，这种查询方式叫作数据查询。这是GIS中最具有代表性的数据可视化功能。GIS的数据查询功能是公路养护管理中常用的查询方法。例如，选择路面养护管理系统中的下一年度需要进行大修的路段，地图上就会显示这些路段在路网中的确切位置。

5. 空间查询

与数据查询相反，空间查询是通过对空间范围的选定查询，在此范围之内选择相关信息的属性数据。例如，确定距市公路局50km以内的道班，只要在屏幕上以市公路局为圆心画一个50km的圆，GIS就会显示这一范围内的所有道班在地图上的位置及有关属性信息。

6. 最佳路线选择

利用GIS的最佳路线选择功能，可以确定从A点到B点的最近路线方式。最佳路线选择总是在给定的条件下，根据地图上所反映的路网关系，道路等级、路面状况等信息，由系统自动确定最佳的行进方式。

7. 缓冲区域分析

建设一条高速公路会对沿线一定范围的经济发展产生影响，高速公路的每一个出口会对以此为中心的区域经济发展产生影响，同时公路也会对沿线的环境产生影响等。GIS的缓冲区域分析可以辅助进行类似的分析工作。

缓冲区域可以分为点的缓冲区域、线的缓冲区域及面的缓冲区域。点的缓冲区域是以一个点为中心的圆形区域。线的缓冲区域是以一条线为中心的带状区域。区域的缓冲区域是一个与原区域形状相似但具有更大面积的区域。

8. 空间关系分析

由于GIS地图的各种地图要素是以不同的图层的形式进行叠加的，图层与图层之间的分析称为空间关系分析。例如，河流与公路在GIS中分别在不同的图层，若分析某一河流对公路的影响，则需要进行空间关系分析。

以上是GIS在路面养护管理系统中应用应具备的主要功能。近年来，GIS的应用研究在各行各业都是一个热点问题，随着"数字地球"的提出，GIS的发展也得到了更大的丰富。一些新的研究方向，如三维GIS、Web GK和具有时间动态分析功能的时态GIS等已取得了一定的成果，以后将会有更多更丰富的GIS功能运用在公路的现代化管理活动中。

第三节　桥梁养护管理系统

为了提高高速公路桥梁养护管理水平，建立起现代化的桥梁管理系统，是高速公路养护管理中一项非常重要的工作。公路桥梁养护管理系统是集桥梁各种静、动态数据库，数据采集方法、使用功能评价，图形、图像处理；费用分析、旧桥加固对策，统计查询功能为一体的桥梁计算机管理系统，它的主要功能和结构与路面养护管理系统相似。

一、桥梁状况数据的采集

（一）桥梁缺损状况检测

桥梁缺损状况检测的主要内容有：

1. 桥面铺装

（1）裂缝

水泥混凝土的纵横裂缝、交叉裂缝、断板、角隅断裂、接缝断裂；沥青混凝土的纵横裂缝、龟裂。

（2）坑槽

沥青混凝土的松散、坑槽。

（3）变形

水泥混凝土的拱胀、错台；沥青混凝土的拥包、车辙。

2. 桥面板

主要包括：a.裂缝；b.剥落；c.露筋；d.碎裂；e.钢筋锈蚀；f.空洞。

3. 伸缩缝装置

（1）伸缩缝装置的缺陷：

U型伸缩缝：沥青的挤出或冷缩；锌铁皮拉脱；

钢制板式伸缩缝：钢板破坏；角钢门缝隙被硬物卡死；连接螺栓损坏；橡胶伸缩缝；

橡胶件剥离损坏；锚固螺栓失效；伸缩缝本身下陷或高出。

（2）铺筑料缺损：接头周围部分铺筑料的剥落、凹凸不平、渗水。

4. 排水系

（1）尘土、树叶、泥等堵塞排水设施。

（2）泄水管、槽破损，管体脱落。

5. 栏杆及扶手

（1）不完整

由于交通事故或养护管理不当，部分栏杆及扶手残缺。

（2）缺损

栏杆及扶手出现剥落、碎裂、露筋等。

（3）脱落

栏杆扶手相互连接处脱落、开裂。

6. 人行道

（1）人行道缘石表面剥落、开裂、破碎。

（2）人行道与桥面板连接不牢固。

7. 上部结构

上部结构的基本构件依桥梁形式而定。拱桥指主拱圈，梁式桥指主梁。其缺损状况分为：

（1）缺损

混凝土剥落露筋。

（2）裂缝

各种桥型裂缝的检查部位见表8-4。

表8-4 上部结构基本构件裂缝检查部位

桥型	检查部位
简支梁	跨中、四分点、支点
连续梁	跨中、四分点、支点
悬臂梁	支点、牛腿
双曲拱	跨中、四分点、拱脚
桁架拱	受拉弦杆、腹杆、实腹段节点、拱脚处

（3）变形

①梁式桥

主梁纵曲线向下翘曲；

②拱桥

拱顶下沉、拱圈变形。

③横向联系

横向联系对于拱桥指横系梁，对于梁式桥指横隔板，其缺损情况分为：

a.横系梁、横隔板出现裂缝、剥落、露筋；

b.横系梁、横隔板与主梁或拱肋连接不牢固。

8. 下部结构

桥梁下部结构包括支座、墩台、基础，其检查数据如下。

（1）支座部分

①支座本身的损坏

a.油毛毡支座破裂、掉落、酥烂；

b.切线弧形支座滑动面、滚动面生锈；

c.摆式支座的混凝土摆柱剥落、露筋;

d.支座滑动面不平整、轴承有裂纹、切口,滚轴有偏移和下降;

e.支座螺母松动或螺栓脱落;

f.钢辊轴支座的辊轴(或摇轴)的实际纵向位移偏大或发生横向位移;

g.橡胶支座出现老化、变质。

②支座座板的损坏

a.支座座板翘起、扭曲、断裂;

b.支座座板贴角焊缝开裂;

c.填充砂浆裂缝;

d.支座座板混凝土压坏、剥落、掉角。

(2)墩台部分包括

①表面缺损

混凝土墩台剥落、露筋;圬工砌体风化、灰缝脱落。

②裂缝

水平裂缝、竖向裂缝、网状裂缝。

③位移

水平位移、竖向位移(沉降)、倾斜。

(3)基础部分

①砖石基础松散、破裂;

②桩基础受水冲刷、浸蚀,产生剥落、露筋;

③浅基础受水冲刷而掏空。

(二)桥梁缺损状况监测

桥梁缺损状况采用以目估为主、借助仪器量测为辅的监测方法。

1.表面缺损监测方法

(1)桥面铺装的龟裂、坑槽、破碎板、混凝土构件的剥落、露筋均以面积计(按缺损部位外接矩形的面积计算),并估算其可观察表面积的百分比。

(2)伸缩缝装置、支座等构件的缺损,按目测(必要时借助简单的仪器)结合应采取的养护对策规模判断其严重程度。

(3)基础缺损监测:对于水上部分采用目测处理,缺损严重者须进行开挖监测;对于水下部分,首先根据墩台身的缺损来判断基础的可能缺损程度,对于严重者,采用围堰开挖或潜水监测;对于缺损严重的深基础采用激光探测和振动检查方法。

2.混凝土裂缝监测方法

混凝土裂缝的检查，一般应检查裂缝的宽度、分布及数量。除裂缝宽度的检查需借助仪器外，裂缝检查的其他项目一般可用目测进行。

检查裂缝的宽度，一般用带刻度的放大镜（或称读数显微镜）。

检查裂缝宽度的方法是：

（1）在裂缝的起点和终点，用红铅笔或红油漆作与裂缝相垂直的细线；

（2）在表面的裂缝上，选择目测裂缝宽度较大处作为放置读数显微镜测量裂缝宽度的固定位置，量测裂缝的宽度。

3.主梁、主拱圈变形及墩（台）位移的监测方法

主梁、主拱圈变形及墩（台）位移的监测，一般以目测为主，必要时借助钢线尺、垂球等简单仪器，并结合桥梁结构缺陷特征作定性判断。对目测认为变形及位移严重的重要桥梁，再采用精密水准仪进行详细量测。

二、桥梁结构检测系统

（一）桥梁检测的目的

（1）尽早发现桥梁各部位的缺陷，及时清除隐患，从而节省维护保养所需的费用。

（2）预防桥梁坍塌，确保桥梁安全使用。

（3）建立制度化的检测法规。

（二）混凝土桥的检测方法

1.日常检查

以目视或放大镜检查桥梁各部位，以便早期发现混凝土裂缝、剥落损伤及其他异常现象，并对易发生变化的部位作重点检查。

2.定期检查

使用桥梁检查车和各种仪器全面检测桥梁各部位，并对车行道、河道。公共设施和桥周围环境进行检查。检查方式有：

（1）目视检查桥梁是否有缺陷和异常现象；

（2）敲打检查，用铁锤敲打混凝土的缺陷，看混凝土构件是否有空洞和分离现象；

（3）照相检查构件变化情况，从而评估变化原因和程度；

（4）非破坏性检查：目视检查和敲打检查后发现缺陷时，再利用各种仪器检测或钻芯取样分析。这种检查以1年或2年进行1次为宜。

3. 临时检查

在发现桥梁有异常情况时，应针对特定部位作临时检查，了解构件受影响的范围及程度。检查方法与定期检查一样。发生地区性地震、台风、火灾、暴雨或桥梁被碰撞时，应及时做临时检查。

4. 跟踪检查

凡发现桥梁构件出现裂缝、倾斜、变位或地基下沉以及环境对桥梁构件影响的变化，均应做跟踪检查。使用的检测仪器与定期检查相同。

5. 特殊检测

通过上述各种检查发现缺陷，但又无法确定是否需要修补，或无法确定用哪种方法修补时，应做进一步详细检测。检测项目有：

（1）混凝土强度试验及其他非破坏性试验；

（2）钢筋锈蚀试验；

（3）钻芯取样试验；

（4）加载重压试验。

（三）桥梁检测仪器的种类

1. 混凝土强度试验锤

这种锤的冲击能量为2.25N·m。仪器上装有记录仪，能够做连续试验。利用该锤可对制成的构件进行混凝土质量非破坏性实验，可测定构件抗压强度。

2. 混凝土孔隙及裂缝探测器

使用超声波方法测定混凝土的质量。根据测定的声波速度探测混凝土的孔隙及裂缝。

3. 钢筋探测器

测定混凝土中的钢筋位置、尺寸及混凝土层的厚度。

4. 钢筋锈蚀探测仪

利用仪器内的控制程序测定混凝土内钢筋的电位值，以便确定是否锈蚀及锈蚀程度，从而评估所需要改善的措施。

三、CBMS桥梁管理系统

1. 系统结构

交通运输部推广应用的CBMS系统采用树型结构设计，由菜单方式调用，其结构共分4层：

（1）总控制层，该层的作用一是CBMS版本信息，二是对下层进行调用；

（2）子系统层，由数据管理、基本应用、统计处理、图形图像、评价对策、维修计划和费用分析等7个子系统组成，该层由总控层调用；

（3）模块层，由若干管理模块组成，受对应的子系统调用；

（4）功能层，设有100余项独立处理功能块，处理某项具体工作，各功能块由相应的上层模块调用。

CBMS采用层层调用、层层返回的结构方式，结构清晰，各功能相互独立，便于系统维护和功能扩展。

2. 系统功能设置

CBMS采用ORACLE关系数据库建有桥梁静态、动态、文档和加固方法4个数据库、13个库文件、155项数据字段，与C语言嵌套建有数据管理、评价对策等7个子系统，100余项功能，按其特点可分为6个方面：

（1）数据管理功能

CBMS提供了很强的数据处理功能，可进行数据输入移改、查询删除、校验名份、重装、传输等处理，这些操作通过"数据管理子系统"实现。

（2）日常事务处理

提供固定检索、任意查询、快速制表、输出桥卡、汇总一览表、定检表以及近40种统计功能，满足日常管理工作需要。

（3）图像管理功能

提供彩色图像扫描、编辑、分类显示和印刷输出，通过图像信息决策，直观清晰、一目了然。

（4）编制桥梁维修检查计划功能

系统根据数据采集员现场数据采集所提出的维修检查建议，编制桥梁维修计划、特检计划和定期检查计划，输出结果按桥梁病害程度、桥龄大小、路网交通量及道路类别等关键字排序。

（5）提供维修费用估价功能

系统建立多种维修方案基价，用户键入工程数量就可估算出所需费用。

（6）评价对策功能

CBMS提供了桥梁使用功能评定及加固对策人工智能处理子系统。桥梁使用功能评定是根据桥梁的结构缺损状况、荷载承重足够性和桥面交通适应性3方面，同时考虑交通量、道路类别、绕行距离，从而为桥梁的维修改造计划的制定提供依据。CBMS采用了AHP层次分析法，其中层次分析法的评价结果以分数形式表达（CBMS中采用100分制）。模糊评判以模糊数学为理论基础，其结果采用等级制形式表示，CBMS采用1~5等级制。

第四节　附属设施养护管理系统

一、附属设施状况数据采集

高速公路附属设施状况包括：路基设施状况、挡土墙状况、涵洞状况、绿化状况、交通安全设施状况以及高速公路标志标线状况等项目。状况数据的采集采用不分段的方法，即采集数据如实反映附属设施损坏的类型、位置、严重程度等数据。

1. 路基状况数据

路基状况主要采集路肩的清洁、平整状况、横向坡度适应性等内容；边坡状况主要采集边坡裂缝或剥落、边坡冲沟、边坡塌陷等内容；边沟状况主要采集坡度适应性、阻塞状况等内容。

路基损坏状况的类型见表8-5。

表8-5　路基损坏状况及扣分说明

类别	病害类型	严重程度	损害特征	扣分
路肩	不清洁	轻	路肩上有 <15cm 的杂草	每 5m 扣 1 分
		重	路肩上有大量杂物、垃圾或有 ≥ 15cm 的杂草	每 5m 扣 1 分
	不平整	轻	路肩上有 <25cm 的深度车辙、坑槽等变形；或路肩外缘不平整，宽度差突变量 <20cm	每 5m 扣 2 分
		重	路肩上有 ≥ 25cm 的深度车辙、坑槽等变形；或路肩外缘不平整，宽度差突变量 ≥ 20cm	每 5m 扣 2 分
	接茬不平顺	轻	路肩与路面连接产生错台，错台量 <2cm	每 5m 扣 1 分
		重	路肩与路面连接产生错台，错台量 ≥ 2cm	每 5m 扣 1 分
	横向坡度不适	轻	横向坡度有轻度不适，影响了路面排水	每 5m 扣 1 分
		重	横向坡度有严重不适或没有横坡，严重影响了路面排水	每 5m 扣 2 分

续表

类别	病害类型	严重程度	损害特征	扣分
边坡	裂缝或剥落	轻	裂缝较窄，<5mm，无或很少有分支；剥落面积 <1m²	1m（m²）扣1分
		重	裂缝较宽，无或很少有分支；剥落面积≥ 1m²	1m（m²）扣1分
	边坡冲沟	轻	冲沟较轻，宽度 <15cm，或急流槽出现轻度破坏	每处扣1分
		重	冲沟较重，宽度≥ 15cm，或急流槽出现严重破坏	每处扣2分
	边坡坍塌		指挖方塌方≥ 1m³，填方冲沟，宽度≥ 15cm	1m³ 扣10分
边沟	坡度不适		边沟沟底纵坡小于规范规定，不满足排水要求	每5m扣1~2分
	水沟阻塞		边沟有淤塞，影响排水，以及应有边沟而无边沟	每5m扣2~4分

2. 挡土墙状况数据

主要采集挡土墙状况的数据有泄水孔阻塞、表面剥落、墙体损坏，如断裂、裂缝或沟缝脱落、墙体变形、坍塌等。病害类型及程度见表8-6。

表8-6 挡墙损坏状况的类型扣分说明

病害类型	严重程度	损坏特征	扣分
泄水孔阻塞	轻	有阻塞现象，可能引起墙后积水	每处扣1分
	重	严重阻塞，可能引起墙后大量积水	每处扣2分
挡土墙表面剥落		表面因风化等原因引起的面层脱落	每 1m² 扣1分
断裂	轻	裂缝宽度 <5mm	每处扣1分
	重	裂缝宽度≥ 5mm	每处扣2分
裂缝或勾缝脱落	轻	裂缝宽度 <5mm，无或分支少	每1m扣1分
	重	裂缝宽度≥ 5mm，支缝多	每lm扣2分
墙体变形	轻	沉陷、倾斜等变形损坏较轻	每处扣1分
	重	沉陷、倾斜等变形严重，急需维修	每处扣2分
坍塌		挡土墙整体大面积塌落	每处扣5分

3. 涵洞状况数据

涵洞状况主要采集孔径不适应、宽度不适应、洞身破坏、堵塞等内容。涵洞病害类型和病害程度见表8-7。

表8-7　涵洞损坏状况的类型及扣分说明

病害类型	损坏特征	扣分
孔径不适应	孔径不能满足泄洪的要求	每处扣20分
宽度不适应	由于路基的加宽或加高而造成的洞身长度相对不足	每处扣20分
洞身破坏	包括洞身开裂、填土沉陷、涵底涵墙漏水、翼墙不完整、水流作用的表面脱落等	每处扣2～4分
堵塞	洞内或洞口有淤积，影响水流通过	每处扣5～10分

4.绿化状况数据

绿化状况主要是从修剪、美观、生长状况、有无病虫害等方面定性地采集数据。空白路段：宜绿化路段一侧连续未绿化长度20m以上者；护管不善：路树、花卉修剪不整齐或修剪过度，抚育不良；病虫害未及时防治；路树影响行车视线。按其是否影响绿化植物的继续生长分为一般、严重两类。

5.交通安全设施状况数据

交通安全设施包括高速公路的护栏、隔离栅、防眩设施、隔音墙、照明设施等。护栏状况主要采集的是油漆剥落、破坏变形等内容；隔离栅状况主要采集它的不清洁、油漆剥落、损坏变形等内容；防眩设施状况主要采集它的表面损坏、设备缺损等内容；隔音墙状况主要采集它的排水阻塞、损坏变形等内容；照明设施状况主要采集它的灯泡缺损、设备损坏等内容。

6.标志标线状况数据

标志标线状况主要采集标线的污垢、磨损、脱落或覆盖等内容；标志的污垢、遮挡、变形或倾斜、油漆剥落、锈蚀、缺损状况等内容。

二、附属设施管理系统

1.系统结构

附属设施管理系统相对于路面、桥梁管理系统来说要简单，主要是通过附属设施管理系统对附属设施的状况进行评价，然后在评价的基础上进行需求分析，最后得出维修项目计划。

2.附属设施状况评价

根据对附属设施状况数据的采集，并进行相应的评分，可将结果分为好、中、差3个等级。评价时一般以1km作为一个评价路段。建议评价标准见表8-8。

表8-8　附属设施评价等级及标准

设施类型		评价等级		
		好	中	差
路基设施	路肩	≥ 90	70 ～ 90	<70
	边坡			
	边沟			
结构物	挡土墙			
	涵洞			
交通安全设施	护栏			
	隔离栏			
	防眩设施			
	隔音墙			
	照明设施			
	公路标线			
	公路标志			

在使用过程中，养护单位可以根据设施的整体状况分布、养护维修的目标要求和养护经费的限制等具体情况调整评价标准。

3. 养护维修对策

养护单位根据实际的养护管理经验，针对不同的附属设施类型分别制定养护维修对策。由于各地的具体情况不同，养护对策也各有不同。一般将损坏状况评价为：良好、一般、差3个等级。并针对主导的损坏类型，提出相应的维修措施。

4. 养护维修费用模型

附属设施的养护费用应根据各地的定额和人工、材料、机具价格，对选定的养护维修对策进行分析和测算，建立费用模型。由于附属设施的维修费用比之路面和桥梁要少，所以其经济分析模型也要较前两者要简单，但费用分析的基本步骤和内容与路面的费用分析模型相似，可参照前两节的费用模型进行附属设施的养护费用分析和估算。

第五节　高速公路综合养护管理系统

高速公路管理系统（Pavement Management System for China Expressways CPMS）是利用自动化检测技术、信息技术、系统工程技术和公路工程技术，对高速公路资产进行养护、管理与决策的集成系统。是高速公路现代化和信息化建设的重要组成部分。

CPMS的范畴为高速公路有形资产。包括：路基、边坡、中央隔离带、路面、路肩、桥涵构造物、沿线设施（标志、标线、收费站、服务区和养护工区）和绿化。CPMS是在路面管理系统的基础上开发的、适用于高速公路养护管理的系统。

一、高速公路管理系统软件组成

1.高速公路数据库/DataInfo 8.0专业版；高速公路数据库/DataInfo 8.0（C/S）

高速公路数据库分单机版（Professional）和网络版（C/S），主要数据项目包括：路线、路基边坡、路面、桥涵构造物、沿线设施、绿化、景观、沿线环境等。

2.公路模型数据库/ModelBank 5.0

3.路线评价系统/RSD 3.0

该系统对包括路基、路面、构造物、设施、绿化在内的高速公路的各个组成部分，进行视觉评价和分析。主要用于现有高速公路线形的后评价和养护工程设计的预评价。

4.路面管理系统/Cpms Network 6.0

该系统是高速公路管理系统的重要组成部分，其作用包括：公路路况评价、养护需求分析、养护预算需求分析、养护投资效益分析、养护预算优化分配、编制养护计划。

5.桥涵评价系统/BES 2.0

该系统的主要作用包括：桥梁技术等级评定、涵洞养护状况评定、隧道养护状况评定。

6.日常养护系统/ROMS 6.0（路基、路面、构造物、设施、绿化）

在高速公路日常养护管理中，通过日常巡查监测道路状况，对出现的问题或可能出现的损坏，根据专家知识进行及时科学的决策。对路基、路面、桥涵构造物、沿线设施、绿化等各种损坏，提出养护对策，指出在什么位置，出现何种损坏，需要用什么方法（人员、材料、工序、机械、现场管理等）进行养护。

7. 养护质量评定系统/MQI 3.5（路基、路面、构造物、设施、绿化）

该系统是高速公路管理系统的重要组成部分，用于高速公路养护质量检测评定。评定内容包括：路基、路面、桥涵构造物、沿线设施、绿化等方面。

8. 投资效益分析系统/HiBa 3.0

通过对高速公路养护工程项目：改建、大修、专项工程的寿命周期费用（建设费用+养护费用+运营费用+用户费用）分析，对高速养护项目进行经济评价，预测项目的经济效益，分析项目的经济可行性。

9. 养护计划编制系统/Auto Rep 3.0

根据高速公路管理系统各组成部分的分析结果，自动制作公路养护计划。

10. 前方图像管理系统/RoWⅡ（ms）7.0

通过高速公路前方图像管理系统，实现传统数据库所不能完成的视觉评价和视觉分析。

11. 安全评价系统SF_Sim5.0

通过模拟道路几何因素、路面状况、交通量和交通组成、车辆特性，预测车速曲线和车速变化速率，据此分析指定路段的行驶舒适性和道路事故发生的概率。

二、高速公路管理系统硬件组成

（1）前方图像采集系统/ROWⅡ（PS）（定位、桌面、稳定、摄像）

（2）路面破损识别系统/CiAS 2.0

（3）路况数据采集仪（MQI专用）/PCR 3.0

（4）日常养护数据采集仪/RCRPDA 3.0

（5）景观图像采集系统/RDView 2.0（软件、硬件）

（6）运行速度采集系统/SPL 2.0（软件、硬件）

（7）弯沉检测系统

（8）道路平整度检测系统

（9）抗滑性能检测系统/SCRIM

（10）距离定位系统（DPS）3.0（软件、硬件）

要使公路网保持一个良好的运营状态，提高高速公路的服务水平，需要建立一个快速高效的监测、分析、预测和维护的信息系统。使整个高速公路的使用状况时刻处于养护管理人员的掌握之中，并能快速、准确地进行维修保养。现代信息技术的发展为建立这样的一个系统提供了保障。高速公路作为一个线形的工程实体，通过与数据库技术、网络技术、地理信息技术等信息技术的结合，能够将高速公路的信息完整准确地反映在计算机里。公路养护决策人员能够在第一时间得到需要的信息以做出正确的决策。现代信息技术的发展很快，一些新的研究课题如专家系统、时态GIS、面对对象的数据库管理技术也日趋成熟，现有的管理系统将得到更进一步的完善和提高。

参考文献

[1]汪双杰, 王佐, 陈建兵. 青藏高原工程走廊冻土环境与高速公路布局[M]. 上海: 上海科学技术出版社, 2018. 02.

[2]许军. 江西省高速公路绿化养护技术指南[M]. 南昌: 江西高校出版社, 2017. 12.

[3]赵之仲, 王琨, 王宇驰. 公路工程养护及改扩建施工技术[M]. 徐州: 中国矿业大学出版社, 2017. 01.

[4]陈志斌. 公路资产核算与报告规则研究[M]. 南京: 东南大学出版社, 2017. 12.

[5]贾元华, 于洪兴, 李斌. 公路交通现代化发展理论与实践[M]. 北京: 中国铁道出版社, 2017. 12.

[6]朱江涛. 高速公路日常养护规范化管理资料编制与管理[M]. 北京: 人民交通出版社, 2016. 08.

[7]段军, 李宏杰. 高原坝区高速公路施工实用新技术[M]. 成都: 西南交通大学出版社, 2016. 07.

[8]刘艳梅. 法治视域下高速公路特许经营权研究[M]. 石家庄: 河北科学技术出版社, 2015. 08.

[9]谢峰. 高速公路路面管理智能决策模型研究[M]. 成都: 西南交通大学出版社, 2015. 09.

[10]吴景海, 王德群, 邓国瑞. 沿海地区高速公路病害精确诊断评价及维修关键技术研究[M]. 沈阳: 东北大学出版社, 2015. 11.

[11]周迎新. 沥青路面检测与养护技术研究[M]. 北京: 中国建材工业出版社, 2015. 02.

[12]李保伟, 祝秀海, 孙仁娟. 东青高速公路养护管理手册[M]. 北京: 人民交通出版社, 2014. 06.

[13]刘元德, 张建龙, 杨萍. 高速公路养护作业危险源辨识与风险防控实务[M]. 兰州: 兰州大学出版社, 2014. 11.

[14]于广和. 黑龙江省高速公路养护管理系统建设与应用指南[M]. 哈尔滨: 哈尔滨工程大学出版社, 2014. 06.

[15]柴中畅. 河南省收费还贷高速公路养护管理标准化手册[M]. 郑州: 河南人民出版社, 2014. 05.

[16]吴雅洁. 高速公路运营期成本管理与控制[M]. 北京: 知识产权出版社, 2014. 04.

[17]刘焰, 何苗. 高速公路公司股份化经营理论与实证研究[M]. 广州: 暨南大学出版社, 2014. 08.

[18]于保华. 北京高速公路巡检养护手册桥梁隧道[M]. 南京: 东南大学出版社, 2019. 12.

[19]郭术铭, 汤涛, 刘小四. 高速公路养护技术与机械化管理研究[M]. 北京: 文化发展出版社, 2019. 09.

[20]郑朝义. 高速公路日常养护技术手册[M]. 郑州: 郑州大学出版社, 2019. 04.

[21]李果, 杨坚强. 公路养护技术与管理[M]. 天津: 天津科学技术出版社, 2019. 05.

[22]王树兴. 高速公路隧道智能监控管理技术[M]. 重庆: 重庆大学出版社, 2019. 12.

[23]吴明先, 单永体, 胡林. 多年冻土区公路建设环境保护关键技术[M]. 上海: 上海科学技术出版社, 2019. 03.

[24]汪双杰, 刘戈, 纳启财. 多年冻土区公路工程施工关键技术[M]. 上海: 上海科学技术出版社, 2019. 03.

[25]任宝, 孔德超, 唐茗. 高速公路养护与灾害防治[M]. 长春: 吉林科学技术出版社, 2020.

[26]吴留星. 公路桥梁与维修养护[M]. 北京: 中国纺织出版社, 2020. 02.

[27]陈建兵, 汪双杰, 袁坤. 多年冻土区公路路基稳定性评价[M]. 上海: 上海科学技术出版社, 2020. 01.

[28]李刚占. 高海拔特殊土地区高速公路建设关键技术[M]. 北京: 人民交通出版社, 2020. 12.

[29]周建庭, 任青阳. 进藏高速公路与铁路桥梁灾害环境及对策研究[M]. 北京: 科学出版社, 2020. 09.